Stahl · KG 200

Unter Mitarbeit von Manfred Jäger

P. W. Stahl

»GEHEIMGESCHWADER« KG 200

Die Wahrheit nach über 30 Jahren

Motorbuch Verlag Stuttgart

Einbandgestaltung: Siegfried Horn,
das Bild zeigt eine B 17 (aus dem Archiv des Motorbuch Verlags).

ISBN 3-87943-543-X, 1.–3. Auflage
ISBN 3-613-01034-8, ab 4. Auflage

6. Auflage 1989

Ein Unternehmen der Paul Pietsch-Verlage GmbH & Co.

Satz und Druck: Maisch + Queck, 7016 Gerlingen.
Bindung: K. Dieringer, 7016 Gerlingen.
Printed in Germany.

Es war immer geheimnisvoll und vage: das Gesicht des »Gespenster-Geschwaders«, des »Spionage-Geschwaders«

KG 200.

Kein Wunder: niemand hat je Genaueres erfahren. Und so machten schon kurz nach dem Ende des Zweiten Weltkriegs geradezu phantastische Legenden die Runde. Alles blieb rätselhaft – wie das Gesicht der Sphinx ...

In Wirklichkeit war das Kampfgeschwader 200 ein Verband, dessen einzelne Teile gar schlecht unter *einen* Hut passen wollten und dessen Ausrüstung so flickenhaft buntscheckig war wie ein Narrenkleid. Mancher Auftrag an diese fliegende Truppe schien denn auch wirklich aus einem Narrenhaus zu kommen.

Was die Flieger des KG 200 auszeichnete, war ihre Eigenschaft als Spezialisten. In der Hauptsache handelte es sich um fliegendes Personal, das in der Lage war, Sonderaufgaben zu übernehmen, die ein durchschnittliches Front-Geschwader überfordert hätten: Kampfaufträge und Transportaufträge von besonders schwierigem Charakter unter außergewöhnlichen Begleitumständen. Und fast immer unter einem hohen Geheimhaltungsgrad. Dazu stand ihnen ein Arsenal verschiedenster Flugzeugtypen zur Verfügung – manche davon gab es überhaupt nur in wenigen Exemplaren.

Einzelne Teile des Geschwaders waren – in Gliederung und Aufbau ihrer Spezialaufgabe angepaßt – über den ganzen europäischen Kriegsschauplatz verstreut und führten ein Eigenleben für sich. Keiner wußte mehr über Struktur, Dislozierung und Tätigkeit anderer Teile, als für die Erfüllung des eigenen Auftrags notwendig war.

Auch deshalb ist manche Frage ohne Antwort geblieben – selbst für Männer, die im KG 200 flogen ...

Inhalt

Mein Bericht »Kampfflieger zwischen Eismeer und Sahara« schloß mit den Worten:
»Ich gehörte also plötzlich zum KG 200. Aber das ist eine andere Geschichte.«

Hier ist sie nun! Diese andere Geschichte . . .

Versetzung zu »Olga«

Der Krieg ging bereits ins sechste Jahr. Die Kampffliegerei war am Kreuzweg angelangt. An allen Fronten waren die Verbände nach und nach an den Boden gefesselt worden, soweit man sie nicht einfach aufgelöst hatte.
Die massierten englisch-amerikanischen Luftangriffe auf das Reichsgebiet hatten bewirkt, daß Treibstoff nur noch für Flugzeuge zur Verfügung stand, die in der Reichsverteidigung eingesetzt waren. Auch der Nachschub an Flugzeugen und Ersatzteilen war zum Erliegen gekommen.
Allenthalben wurde überzähliges Luftwaffenpersonal herausgezogen und in die kämpfenden Verbände des Heeres eingegliedert.
Erfahrene, hochdekorierte Flugzeugbesatzungen sahen sich über Nacht in einer fremden Welt: als Infanteristen an der Ostfront.
Bei uns - im KG 30 - traf Anfang Oktober 1944 überraschend ein rätselhafter Befehl ein: Kommodore, Gruppenkommandeure und Staffelkapitäne wurden nach Rosenborn in Schlesien kommandiert. Zur Ausbildung als Jagdflieger!
In Rosenborn trafen wir dann Offiziere der KG 6, KG 27 und KG 55, denen dieselbe Aufgabe wie uns zugedacht war (Faksimile-Wiedergabe des Umgliederungsbefehls siehe Anhang Nr. 1).
Das Fliegen mit der Bf 109 und der Fw 190 wäre ein reines Vergnügen gewesen, wenn wir uns nicht sehr schnell darüber klar geworden wären, daß zu einem erfolgreichen Jagdflieger weniger das fliegerische Können als vielmehr taktische Erfahrung und hervorragende Beherrschung des Schießens mit Vorhaltemaß gehörten. Dazu bedurfte es aber langer Übung und vor allem großer Kampferfahrung. Beides hatten wir nicht. Und: um Kampferfahrung in Angriffen auf die weit überlegenen amerikanischen Bomber und Begleitjäger zu erwerben, würden wir nicht lange genug leben.
General Trautloft, der uns eines Tages in seiner Eigenschaft als »General der Jagdflieger« besuchte, war der gleichen Meinung. Und er mußte es schließlich wissen! Wiederum

überraschend kam dann die Lösung des Rätsels. Gegen Ende unserer »Ausbildung« wurden wir plötzlich nach Berlin beordert, wo uns der Reichsmarschall persönlich sehen wollte.
Was wir dann erlebten, beleuchtete die Hintergründe in diesem mehr als merkwürdigen Spiel: die Jagdflieger waren bei Göring in Verschiß geraten. Und nun sollten wir das vollbringen, wozu »jene Feiglinge« nicht in der Lage waren, nämlich zu verhindern, daß Engländer und Amerikaner nach Belieben weiterhin ihre verheerenden Angriffe gegen Ziele im Reichsgebiet fliegen konnten.
Es war beschämend, wie Göring vor großer Szene die Jagdflieger in Bausch und Bogen mit unflätigen Beschimpfungen belegte und in gleichem Atemzug die Erwartung aussprach, daß wir »den Himmel über Deutschland wieder rein fegen« würden.
Ziemlich beklommen waren wir nach Rosenborn zurückgekehrt. Wenige Tage darauf erschien General Peltz, General der Kampfflieger, um uns mitzuteilen, daß wir in Kürze aus seinem Zuständigkeitsbereich entlassen würden.
Ich kannte ihn aus der Anfangszeit des Krieges, als er noch Staffelkapitän in einem Kampfgeschwader war, und fragte ihn also ganz offen, was er von der Sache halte. Ohne Zögern kam seine Antwort: »Nichts, absolut nichts!«
Hier sprach zum erstenmal jemand von der höheren Führung mir gegenüber klar aus, daß die Luftwaffe hoffnungslos am Boden lag. Daß es eine Vermessenheit sei, an eine neue Luftüberlegenheit überhaupt noch zu denken. In Süddeutschland stünden Hunderte von nagelneuen Me 262 in den Wäldern herum - jene Wundervögel also, die für uns bestimmt seien. In Wahrheit fast alle flugunklar, weil wichtige Teile - in anderen Gegenden Deutschlands hergestellt - fehlten und infolge des zusammengebrochenen Verkehrsnetzes auch nicht mehr herangeschafft werden konnten. Nach Ansicht von Peltz bestand keine Möglichkeit mehr, diese Flugzeuge frontreif zu machen.
Er fragte mich, ob ich einen anderen Verwendungswunsch hätte. Ich sagte, daß mich unabhängig von dem eben Gehörten sowieso ein ungutes Gefühl beschleiche bei dem Gedan-

ken, nach den vielen Jahren als Kampf- und Stukaflieger nun plötzlich Jäger spielen zu müssen. Die Me 262 uns, d. h. Jagdfliegern ohne Erfahrung, in die Hand zu geben, war gegen jede Vernunft. Soweit es um mich ging: wenn es etwas anderes gab, war ich bereit, hier aufzuhören.
Dann rückte er heraus: Werner Baumbach, inzwischen Kommodore des KG 200, habe ihn gebeten, mich zu fragen, ob ich bereit wäre, ein Sonderkommando zu führen - im Rahmen seines Geschwaders. Genaueres könne er mir allerdings nicht sagen. Er wisse nur, daß große Flugzeuge Sonderflüge über Weitstrecken unter schwierigen navigatorischen Bedingungen auszuführen hätten. Einer solchen Aufgabe fühlte ich mich natürlich gewachsen. Ohne zu überlegen sagte ich ja.
Ich hatte lediglich den Wunsch, daß ich meine Besatzung und einige bewährte Soldaten aus meiner Staffel mitnehmen durfte, was mir der General sofort zusagte.
Bereits am Tag darauf - es war der 3. November 1944 - saß ich im Zug nach Berlin und erreichte nach den damals üblichen durch die Luftangriffe verursachten Schwierigkeiten den Flugplatz Gatow, wo der Geschwaderstab des KG 200 lag. Und dann war es schließlich soweit: Meldung beim Kommodore, freundschaftliche Begrüßung, Austausch von Erinnerungen, Frage und Gegenfrage nach gemeinsamen Bekannten.
Baumbach sagte, für Einzelheiten über Organisation und Aufgaben des Geschwaders sei am nächsten Tage noch Zeit. Zunächst nur soviel: Ich sei als Nachfolger des Führers eines Einsatzkommandos vorgesehen, das in Frankfurt/Main stationiert sei und Versorgungsflüge in den vom Feind besetzten westeuropäischen und nordafrikanischen Raum hinein durchzuführen habe.
In erster Linie seien jetzt in diesen Räumen Agenten mit Fallschirm abzusetzen.
Meine Vorstellung gegenüber den Offizieren des Stabes wolle er ebenfalls am nächsten Tag vornehmen, sofern das Kennenlernen nicht bereits am Abend im Kasino erfolgen würde. Auf jeden Fall seien einige alte Bekannte da.
Der Abend im Kasino war dann gekennzeichnet von jenem

euphorischen Fatalismus, der für die damalige Situation geradezu typisch war.
Man saß in einzelnen Gruppen in der immer noch gepflegten Sphäre eines friedensmäßig funktionierenden Kasinos. Die Gespräche drehten sich um Belanglosigkeiten. Oder man spielte Karten.
Nur Baumbach ließ die kritische Lage und mögliche Konsequenzen für das KG 200 anklingen.
Noch verfüge das Geschwader über eine beachtliche und intakte Transportkapazität - er nannte zwei BV 222 (die größten bis dato gebauten Flugboote), dann Flugzeugtypen wie Ju 252, Ju 90, Ju 290, Ju 188, He 111, verschiedene Lastensegler und einige erbeutete und umgebaute viermotorige Feindbomber vom Typ B 24 Liberator und B-17 »fliegende Festung«. Der Einsatz gelte fast nur noch Maßnahmen für die Zeit nach dem wohl abzusehenden totalen Zusammenbruch. So würden zum Beispiel Agenten im Feindgebiet abgesetzt, die weniger Aufklärungsaufgaben hätten als »politische Aktivitäten« nach Beendigung des Krieges vorbereiten sollten.
Einzelheiten seien streng geheim. Es wurde nicht darüber gesprochen - auch nicht in diesem Kreis von Fliegern.
Etwas abgesondert schien mir eine Gruppe von jungen Offizieren. Baumbach erwähnte kurz, es handle sich um die »Selbstaufopferer«. Erst später sollte ich Einzelheiten über diese Angehörigen des KG 200 erfahren.
Der Abend im Kasino wurde laut und geriet aus den Fugen. Ich zog mich bald zurück. Schließlich dauert es ja eine Weile, bis man sich in einem Kreis meist fremder Menschen - zumal unter solchen Umständen - wohl fühlt.
Baumbach sagte mir noch, ich solle mich für den kommenden Vormittag zwecks Vorstellung und Einweisung bereit halten. Am nächsten Morgen wurde mir dann meine neue Aufgabe dienstlich eröffnet: Übernahme der Führung des Kommandos »Olga« in Frankfurt/Main. Das Geschwader hatte einige derartige selbständige Einheiten an der Westfront und an der Ostfront im Einsatz. Ihre Aufgabe bestand im Absetzen von Menschen und Material im feindlichen Hinterland.

Dem Kommando »Olga« war der Einsatzraum Westliches Europa einschließlich England, Irland und Island zugewiesen. Beabsichtigt war, das Kommando »Carmen«, das um diese Zeit noch von Oberitalien aus operierte, demnächst aufzulösen. Dessen Aufgaben, die vorwiegend den süditalienischen und den nordafrikanischen Raum umfaßten, sollten dann von »Olga« mit übernommen werden.
Über die Organisation des Geschwaders insgesamt und die Aktivitäten im einzelnen erhielt ich nur einen oberflächlichen, groben Überblick. Die Zeit reichte kaum aus, um mir meine Aufgaben bei »Olga« eingehend zu vermitteln.
Diese Einweisung erfolgte im Dienstzimmer des Verbindungsoffiziers, der für die Entgegennahme der Aufträge von den erteilenden Stellen, wie RSHA (Reichssicherheitshauptamt der SS), militärischer Abwehr und anderen, zuständig war. Nach dem »Fall Canaris« wurde zwar die militärische Abwehr im RSHA integriert, führte aber ein gewisses Eigenleben weiter, was sich deutlich in dem Unterschied von Aufgaben und Arbeitsweise gegenüber der SS (SD) zeigte. Dieser Oberstleutnant hatte zu entscheiden, ob ein Auftrag durchführbar war und welches Kommando mit der Durchführung beauftragt werden sollte.
Er hatte eine kaum mehr lösbare Aufgabe zu bewältigen. Auf der einen Seite wurde er mit Transportwünschen überschüttet, auf der anderen sank die Transportkapazität durch hohe Verluste an Besatzungen und Maschinen laufend ab. Das größte Problem bestand aber darin, daß die fordernden Stellen kaum eine Ahnung von den Möglichkeiten und Grenzen eines fliegerischen Einsatzes zu haben schienen, sonst wäre zum Beispiel nicht das Ansinnen an das Geschwader gestellt worden, eine Gruppe von drei Personen bei Nacht mitten in Paris auf einer Rasenfläche in der Größe eines Fußballfelds abzusetzen. Man war »höheren Orts« tatsächlich der Meinung, das Risiko der Entdeckung wäre hierbei geringer als bei einem Absetzpunkt in freiem Gelände weitab von bewohnten Gebieten und außerdem bliebe den Agenten der beschwerliche Anmarsch erspart...
Aber dann kam ich gleich mit der Wirklichkeit in Berührung: es handelte sich um ein Vorhaben, bei dem eine

Nachtlandung in Südfrankreich, nördlich von Montpellier, vorgesehen war. Auf einem Feld, das groß genug war, um mit einer schweren Transportmaschine eine Nachtlandung und - nach Ausladung der Fracht - einen Nachtstart durchführen zu können. Das Unternehmen sei von höchster Dringlichkeit, unterliege größter Geheimhaltung und werde noch in punkto Durchführbarkeit erwogen. Man fragte mich direkt, was ich davon hielte und ob ich im Zweifelsfalle bereit wäre, den Flug selbst zu unternehmen.
Ich mußte eine Stellungnahme ohne Kenntnis näherer Einzelheiten - zumindest was den Flug direkt betraf - ablehnen.
Es genügte ein Telefongespräch, und eine halbe Stunde später meldeten sich zwei in Zivil gekleidete Herren. Die Vorstellung erwies den einen als deutschen Hauptmann und den anderen als französischen Fliegerleutnant und - noch - deutschen Kriegsgefangenen. Der Hauptmann sei bis vor kurzer Zeit als Dolmetscher im Stabe des französischen Generals de Gaulle tätig gewesen. Dort habe er die Fäden gezogen für ein Unternehmen, das von Südfrankreich aus der neuen französischen Administration Schwierigkeiten machen solle. Mehr könne er nicht mitteilen. Nur: es sei jetzt dringend notwendig, die bereits bestehende und noch weiter auszubauende Organisation mit Menschen, Material und Geld laufend zu versorgen ... Der Fliegerleutnant sollte zu einer wichtigen Figur dieser Widerstandsbewegung werden.
Der geplante Ablauf war so gedacht: Zuerst Absetzen des Leutnants mit Fallschirm über jenem Platz, den er als künftigen Landeplatz für Versorgungsflugzeuge vorgeschlagen hatte. Dazu sollte er neben einem Vorrat an Lebensmitteln eine Ausrüstung für den Aufbau eines persönlichen Unterschlupfes sowie ein Funkgerät mit Ersatzbatterien erhalten. Diese Last sollte gleichzeitig mit ihm selbst an einem gesonderten Fallschirm abgesetzt werden.
Eine Entdeckung des Verstecks war angeblich auszuschließen, falls der Absetzpunkt nicht um mehr als einen Kilometer verfehlt wurde und das absetzende Flugzeug sich nicht auffällig benahm bzw. sich durch entsprechendes Flugge-

räusch verriet. Der Leutnant sollte sich nach einer bestimmten Zeit über Funk melden. Nach Verbindungsaufnahme zu seinen französischen Gesinnungsgenossen. Sein eigener Stützpunkt sollte lediglich die Funktion einer Verbindungs- und Nachschubstelle erfüllen. Dazu gehörte auch das Festlegen und Vorbereiten des Landeplatzes für die Versorgungsflugzeuge.
Das Landefeld selbst schien, nach der Karte zu urteilen, in der Tat nach Lage und Größe geeignet, ohne besondere Vorbereitungen als Landefeld zu dienen. Angeblich war es vor dem Krieg von der Armée de l'Air als Übungsplatz für Außenlandungen benutzt worden. (In der deutschen Luftwaffe nannte man so etwas einen »E-Hafen«.) Die Umgebung war in weitem Umkreis nur dünn oder überhaupt nicht besiedelt. Eine unbemerkte Landung erschien also durchaus möglich.
Als Navigationshilfen für den Anflug und als »Befeuerung« für die Landung mußten ein paar Taschenlampen genügen. Was aber, wenn die Wirklichkeit ganz anders aussah, als sie nach der Karte erschien?
Nun, deswegen sollte ja der sachkundige Fliegerleutnant als »Vorauskommando« abgesetzt werden, um die Durchführbarkeit des Unternehmens noch einmal an Ort und Stelle zu untersuchen und die notwendigen Vorbereitungen zu treffen. Ich nannte die nach meiner Auffassung unbedingt erforderlichen Minima hinsichtlich Länge des Platzes, Hindernisfreiheit und Entfernung von der nächsten bewohnten Stelle, von Straßen, Eisenbahnen und so weiter.
Aber dann sah ich mich doch zu der Frage gezwungen: warum denn unbedingt landen? Schließlich war eine laufende Versorgung durch Fallschirmabwurf genausogut möglich und außerdem weniger der Gefahr einer Entdeckung ausgesetzt.
Darauf erhielt ich die Antwort, es würde notwendig werden, auch Personen aus Frankreich auszufliegen, aber wesentlich sei der Umstand, daß die kleine Bodenorganisation bestimmt nicht in der Lage sei, laufend größere Fallschirmsendungen schnell und sorgfältig zu bergen.
Dies mußte ich einsehen.

Die Besprechung war zu Ende. Die beiden geheimnisvollen Gäste verabschiedeten sich.
»Was halten Sie davon?«, fragte mich der Oberstleutnant.
Ich berichtete ihm von einem ähnlichen Einsatz, den ich in den Monaten September, Oktober und November 1942 in Nordfinnland geflogen hatte.
Damals galt es, einen finnischen Fernspähtrupp, der in Karelien - weit im russischen Hinterland - operierte, zu versorgen. Entfernungen und navigatorische Voraussetzungen waren ganz ähnlich wie bei dem hier geplanten Unternehmen in Südfrankreich - jedoch mit dem Unterschied, daß dort bei Tage geflogen werden konnte und daß keine Landung im Hinterland des Feindes verlangt wurde.
»Hinzu kommt noch ein Umstand, der damals keiner Überlegung bedurfte«, sagte ich. »Es ist nämlich die Frage, wieweit die ganze Geschichte, einschließlich der beteiligten Personen, überhaupt Vertrauen verdient.«
Und ich fuhr fort: »Wer gibt mir die Gewähr, daß die Flugzeugbesatzung nach der Landung nicht sofort gefangen genommen wird? Schließlich ist so etwas doch schließlich schon vorgekommen!«
Der Oberstleutnant hatte diesen Einwand natürlich erwartet. Er hatte selbst die gleichen Überlegungen angestellt. Er meinte, er kenne die auftragerteilende Stelle gut genug, um zu wissen, daß sie absolut vertrauenswürdig sei. Man habe selbstverständlich Vorsorge getroffen, die Sicherheit der Beteiligten im Falle der Durchführung des Unternehmens auch zu gewährleisten.
Vorläufig jedoch, so meinte er, sei noch ein weiter Weg bis zum Abschluß der Vorbereitungen - ich möge mir also keine weiteren Gedanken machen.
Und dann zeigte er mir die Liste, auf der die im Augenblick für das Kommando »Olga« befohlenen Einsätze verzeichnet waren:
Fein säuberlich, nach Priorität geordnet, standen auf einem einzigen A 4-Bogen etwa 30 geheimnisvolle Zeilen. Ohne Kenntnis der Zusammenhänge konnte niemand etwas damit anfangen. Das sah etwa so aus:
»Armagnac« 3 Mann 3 + 20 kg ca. 780 km zw. 20. u. 25. 10.

Diese B 24 »Liberator« des KG 200 geriet beim Versuch zu starten in weiches Gelände.
Das Bugrad knickte ein und es kam zum Kopfstand.
Die Besatzung konnte das Wrack unverletzt verlassen, ehe es vollkommen ausbrannte.
Hildesheim, 13. April 1945

Trotz ihrer deutschen Kennzeichnung wurde diese »Liberator« bei einem Überführungsflug am 6. April 1945 von der eigenen Flak beschossen und zur Notlandung gezwungen.
Vor solchen »Verwechslungen« hatten die deutschen Besatzungen erbeuteter Feindflugzeuge eine Heidenangst.
Wer wollte es der eigenen Flak auch übelnehmen, wenn sie angesichts eines viermotorigen »Scheunentors«, das unverwechselbar das Aussehen eines amerikanischen Bombers trug, auf die Knöpfe drückte!

Übersetzt sollte das heißen, daß das Unternehmen »Armagnac«, welches aus drei Männern bestand (von denen jeder eine 20 kg schwere Zusatzausrüstung mitbekommen sollte), in einen nicht näher bezeichneten Raum im Umkreis von 780 Kilometern um Frankfurt geflogen werden sollte, um dort mit Fallschirmen abgesetzt zu werden. Der Einsatz mußte zwischen dem 20. und dem 25. Oktober erfolgen.
Die übrigen Eintragungen auf der Liste sahen ähnlich aus. In einigen Fällen waren Eindringtiefen angegeben, bei denen ich mich wunderte, mit welchem Flugzeugtyp das wohl zu schaffen war.
Auch Frauen waren als »Fluggäste« verzeichnet. Dann wieder gab es Eintragungen, wonach nur ein Mann, dafür aber Abwurflasten von 1000 kg und mehr mitzuführen waren.
Andere Einsätze waren reine Versorgungsflüge – es handelte sich also nur um den Abwurf unterschiedlichster Lasten, die von wenigen Kilo Gewicht bis zu halben Lastwagenladungen gingen. Die ganze Liste war der Auftrag für den laufenden Monat. Schon eine flüchtige Rechnung machte klar, daß dafür schon ein beachtlich großer Verband mit entsprechend vielen Flugzeugen und Personal notwendig war. Und offenbar schien niemand damit zu rechnen, daß etwa an dem einen oder anderen Tag das Wetter einen Strich durch die Rechnung machen könnte. Wie anders konnte im Falle »Armagnac« der Zeitpunkt des Absetzens auf die wenigen Tage zwischen dem 20. und dem 25. Oktober einfach verlangt werden? Bei einem Flugweg von rund 800 km Eindringtiefe! Wo doch eigentlich hier jeder wissen mußte, daß es in Mitteleuropa kaum eine Wetterlage gibt, die über einen derart großen Raum gleichmäßig verläuft bzw. unter Kriegsbedingungen zuverlässig beurteilt und vorhergesagt werden konnte!
Der Erfolg eines solchen Unternehmens hing ja einfach davon ab, daß das Absetzen der Menschen und der anderen Lasten bei Nacht und bei vorhandener Erdsicht an einem genau festgelegten Punkt erfolgte. Der Zielraum mußte tief und mit gedrosselter Geschwindigkeit angeflogen werden. Das Ziel selbst mußte direkt gefunden werden – beim ersten Mal, weil langes Herumsuchen und Kreisen erfahrungsge-

mäß sofort Verdacht aufkommen ließ und damit die ganze Aktion gefährdete.
Man gab mir zu verstehen, daß »Olga« mit der Erfüllung der Aufträge um Monate im Verzug sei. Der Grund liege wohl zweifellos darin, daß das Kommando nicht mehr über genügend Flugzeuge und Personal verfüge. Auch das Wetter habe in letzter Zeit Verzögerungen verursacht, zumal die Wetterberatung infolge des Verlustes der gesamten Westgebiete bis nahe an den Rhein und infolge Fehlens einer regelmäßigen Wetteraufklärung durch Flugzeuge mehr als mangelhaft geworden war.
Trotz Berücksichtigung dieser Umstände wie der Tatsache, daß die Einsatzforderungen in vielen Fällen die fliegerischen Möglichkeiten weit überschätzten, war ein Vorwurf gegenüber der Einsatzführung von »Olga« deutlich herauszuspüren. Dazu konnte und wollte ich natürlich nichts sagen. Schließlich habe ich es den ganzen Krieg hindurch erlebt, wie oft Stäbe gedankenlos und sachfremd undurchführbare Befehle erließen. Auch in diesem Fall hatte ich den Eindruck, daß Unmögliches nicht nachdrücklich genug abgelehnt sondern einfach per Liste nach unten weitergeleitet worden war. Sicher lag das nicht an der Einsatzführung des KG 200 sondern war offenbar in einer notwendigen »Taktik« dem RSHA gegenüber begründet.
Nun - ich wollte mir mein Urteil selbst bilden. Am nächsten Tag machte ich mich auf den Weg. Mit der Bahn.
Seit Jahren gewohnt, mich mit dem Flugzeug fortzubewegen, und wenn es auch nur ein kleiner Vogel war, den man immer irgendwo auftreiben konnte, graute mir vor der langen Fahrt im Zug. Erst hatte ich in Berlin noch eine Ju 188 übernehmen sollen, die sowieso für »Olga« bestimmt war.
Die Werft in Finow mußte dann aber absagen, weil einige Ersatzteile so schnell nicht aufzutreiben waren. Ein Zustand, der allmählich zur Tagesordnung gehörte.
Es wurde eine fürchterliche Nachtfahrt im ungeheizten Wagen. Die fehlenden Fensterscheiben waren nur notdürftig durch Pappe ersetzt. Fahrpläne hatten schon längst keine Gültigkeit mehr, seit alliierte Bombenangriffe pausenlos

auch gegen das Verkehrsnetz des Deutschen Reichs gerichtet waren.
Ich weiß nicht mehr, wie oft der Zug auf freier Strecke hielt. Wir haben Bahnhöfe ohne Halt durchfahren, weil dort Fliegeralarm war. Mein Gepäck hatte ich in Berlin gelassen. Alle hatten mir dazu geraten.
»Wir schicken Ihnen den ganzen Krempel besser mit der nächsten Maschine – das ist sicherer. Was wollen Sie mit dem Zeug mitten in einem Luftangriff?« Na ja.
Vieles ging nicht mehr wie gewohnt. Auch das Telefonieren. Verbindungen mußten dann umständlich per Tastfunk versucht werden. Man sagte mir: »Wir melden Sie per Funkspruch bei ›Olga‹ an, damit man Sie vom Bahnhof abholt.«
Mein Eintreffen in Frankfurt steht mir noch so deutlich vor Augen, als sei es eben jetzt gewesen:
Ich stehe auf dem Hauptbahnhof. Es ist Mittag. Von einer Abholung keine Spur. Dafür fordert ein strammer Feldwebel: »Papiere vorzeigen!« Er will wissen, woher ich komme, wohin ich gehe.
Der Ton paßt mir nicht ganz. Ich sage ihm, er soll nicht soviel fragen sondern den Marschbefehl lesen.
Vielleicht tue ich dem Mann unrecht. Die Bahnhofswachen haben neben ihren Sicherheitsaufgaben den wenig geschätzten Auftrag, reisende Soldaten daraufhin zu überprüfen, ob sie auch zu Recht reisen, wirklich aus dringendem Anlaß, und vertretbar im Sinne der verzweifelten Verteidigung an allen Fronten. Die Landser haben ein Schlagwort für die Tätigkeit dieser Uniformträger. Aktion »Heldenklau«.
Wer den strengen Vorschriften der Kontrolle nicht entspricht, wird kurzerhand »eingefangen« und irgendwelchen rasch zusammengestellten Marscheinheiten einverleibt und findet sich am nächsten Tag mit Sicherheit auf einem der kürzesten Wege zum Heldentod.
Der Feldwebel reißt mich aus meinen Gedanken. »Olga« – was ist das überhaupt?«
Ich kann dem Mann nicht dienen. Und so genau weiß ich es selbst ja noch nicht.
Weil ich kein Fahrzeug entdecke, das mich zum Flugplatz bringen kann, will ich von der Bahnhofswache aus telefonie-

ren. Ein älterer Hauptmann, Kriegsverdienstkreuz auf der Brust, fertigt mich kurz ab. Telefonieren - zumal zum Flugplatz - ist nicht möglich. Die Leitungen sind nach dem gestrigen Luftangriff noch nicht in Ordnung.
Ich will wissen, wie ich am besten hinkomme. Etwas säuerlich meint der ergraute Krieger: »Es kann den Herren Fliegern nicht schaden, wenn sie sich auch einmal zu Fuß bemühen müssen.«
Auf dem Bahnhofsvorplatz finde ich eine Straßenbahn, die trotz der fürchterlichen Zerstörungen rings herum offensichtlich noch irgendwohin fährt.
Ich habe Glück. Nach einiger Zeit klappert und bimmelt sie nach Süden. Über die Mainbrücke. Und hält quietschend dann endgültig in einem ruhigen Vorort, wo sie die friedliche Stille durchbricht. Es ist ein wunderschöner, sonniger Spätherbsttag.
Mit meinem »kleinen Übernachtungsgepäck« mache ich mich zu Fuß auf den Weg. In allgemeiner Richtung Süden. Ich genieße den Spaziergang durch den ausgedehnten Wald.
Dann ist Motorengeräusch in der Luft. Freund oder Feind? Hier mitten zwischen den Bäumen kommt die Frage aus reiner Neugier . . .
Über einer Lichtung erkenne ich eine Ju 188, die mit ausgefahrenem Fahrwerk in niedriger Höhe vorbeizieht - offenbar im Landeanflug. Die hohe Drehzahl der Motoren läßt darauf schließen.
Nun habe ich einen akustischen Wegweiser. Als ich das Ende des Waldes erreiche, habe ich die Autobahn vor mir, die den Flugplatz nach Osten abgrenzt.
Im Süden, sorgfältig zwischen Bäumen getarnt, stehen einige Flugzeuge. Der Platz selbst ist leer.
Zwischen den Maschinen erkenne ich ein paar Leute in dunklen Overalls. Als ich bei ihnen ankomme, bestätigt sich meine Vermutung: es ist technisches Personal, das zu »Olga« gehört.
Der Oberwerkmeister hat einen auf Holzgas umgebauten, kleinen LKW, mit dem er mich zum Gefechtsstand bringen will. Ich habe die Motorisierung also wieder eingeholt.

Wir fahren auf Wegen außerhalb des Platzes, möglichst unter Bäumen. Der Sicht entzogen.
Das kommt mir etwas übertrieben vor.
»Warten Sie erst ein oder zwei Tage ab, Herr Leutnant, dann werden Sie die Vorsicht verstehen, mit der man sich hier grundsätzlich bewegt.«
Der Gefechtsstand von »Olga« besteht aus zwei Baracken, die gut versteckt in einem Wäldchen liegen.
Wenn man so wie ich als Ablösung für einen Verbandsführer eintrudelt, dann wird man in der Regel etwas reserviert empfangen. Nicht hier. Mein Vorgänger scheint heilfroh zu sein, daß ich endlich auftauche und er »abhauen« kann. Am liebsten würde er sofort übergeben.
Auf jeden Fall, so meint er, könnte ich in der kommenden Nacht »zwecks Einarbeitung« bei der Vorbereitung und Durchführung der anstehenden Einsätze gleich dabeisein . . .
Der anwesende Einsatzoffizier, ein Leutnant mit einem Gesicht, das durch Verbrennungen fast bis zur Unkenntlichkeit entstellt ist, macht mir jedoch meine Entscheidung leicht. Er schlägt vor, mich zunächst zu meinem Quartier zu bringen. Nach Schwanheim, zu einem Zahnarztehepaar.
Schließlich sei ich die ganze Nacht durchgefahren und hätte einen ansehnlichen Fußmarsch hinter mir. Nicht geschlafen, nicht gewaschen, nicht rasiert. Und noch nichts gegessen.
So bringt er mich dann mit dem Wagen des Kommandoführers, einem ramponierten Mercedes 170 V, in mein Quartier. Unterwegs erzählt er mir Einzelheiten. Was bei »Olga« auf mich zukommen wird. Und was ich, bevor ich die Führung offiziell übernehmen würde, unbedingt wissen müßte.
Ich bin ihm dankbar dafür.
Die Situation des Kommandos sei völlig verfahren, höre ich. Bei sich häufenden Aufträgen und sowieso unzulänglichen technischen Voraussetzungen verschlechterten sich die Dinge von Tag zu Tag mehr.
Das technische Personal unter dem Oberwerkmeister, den ich bereits kennengelernt habe, arbeite mit höchstem Einsatzwillen rund um die Uhr. Dies sei der einzige Lichtblick.

Die fliegenden Besatzungen: bunt zusammengewürfelt. Qualifikation und Einsatzwillen unbefriedigend. Obwohl der Auftrag des Kommandos die Einstufung »besondere Dringlichkeit« genieße, käme von keiner Seite die entsprechende Unterstützung.
Er wolle mir das vorher sagen, bevor ich morgen die Geschäfte übernähme. Es wäre die beste Gelegenheit, anläßlich des Wechsels in der Führung auf diese Mißstände hinzuweisen und dringend Abhilfe zu fordern. Mein Vorgänger habe längst resigniert und wolle nur so schnell wie möglich weg . . .
Das waren nun keine erfreulichen Informationen. Allmählich mußte ich mich fragen, auf was ich mich da eingelassen hatte.

Agenten und »wichtige Persönlichkeiten«

Am nächsten Tag erfolgte dann die Übergabe. Auf personellem wie auf technischem Gebiet klafften große Lücken zwischen »Soll« und »Ist«.

Im Augenblick waren sechs einsatzklare Ju 188 vorhanden, dazu kamen zwei wieder flugklar aufgerüstete Beutebomber vom Typ B-17 »Flying Fortress«.

Der gesamte Dienstbetrieb litt offensichtlich darunter, daß die fliegenden und die technischen Einheiten außerhalb des Flugplatzes in Privatquartieren untergebracht bleiben mußten. Die Unterkünfte und Werkstätten auf dem Flugplatz konnten wegen der häufigen Bombenangriffe nicht mehr benutzt werden.

Man konnte nur noch improvisieren.

Die Auswirkungen auf die Truppe waren entsprechend: die militärische »Zucht und Ordnung« ließ zu wünschen übrig, weil derjenige, der gerade nichts zu tun hatte, jeder Aufsicht entzogen war.

Weil der Flugbetrieb sich ausschließlich - abgesehen von einigen Werkstattflügen - auf die Nacht beschränkte, waren die Besatzungen tagsüber weitgehend sich selbst überlassen. Innerhalb von wenigen Wochen mußte unter diesen Umständen die Moral verfallen.

Angesichts der Tatsache, daß man sich in der Heimat befand, konnte jeder, der Zeit hatte, seine eigenen Wege gehen. Unnötig zu sagen, wie diese Wege im einzelnen aussahen. Was ich vorfand, war also das, was man einen »Sauhaufen« nennt.

Was nun den Einsatz des Kommandos anbetraf, sah es nicht minder böse aus: Es war mir bereits klar, daß »Olga« - gemessen an der vorhandenen Transportkapazität - durch die befohlenen Unternehmen weit überfordert war. Daran war unmittelbar nichts zu bessern.

Von den etwa dreißig befohlenen Einsätzen waren bis jetzt (knapp vor Monatsmitte) gerade fünf oder sechs durchge-

führt. Dies waren jene Flüge, welche den geringsten Einsatzaufwand erfordert hatten. Alle übrigen Einsätze standen auf »Warteliste«.
Ich konnte mich noch im Verlauf des Vormittags überzeugen, wie sich dies auswirkte:
Halbwegs auf dem Weg nach Wiesbaden gab es ein großes Hofgut mit einem geräumigen schloßartigen Gebäude.
In dem »Schloß« waren etwa 60 Agenten der »verschiedenen« deutschen Geheimdienste untergebracht. Dazu kamen noch rund 40 Betreuer, das heißt jene Verantwortlichen, denen die Ausbildung, die Vorbereitung und die Durchführung des Einsatzes und die Führung des Agenten oder der Gruppe am Zielort durch Funk oblag.
Durch meine beiden Führer war ich vorgewarnt, daß dieser Teil meiner Einweisung noch mehr Schwierigkeiten in sich barg.
Für »Olga« bestand die Weisung, daß sich die Personen verschiedener Einsatzgruppen, gleichgültig ob es sich um die deutschen Betreuer oder um die Agenten (im Branchenjargon »V-Männer« bzw. »V-Leute« genannt) handelte, niemals gegenseitig persönlich kennenlernen durften.
Dies bedeutete zunächst lediglich, daß eine Begegnung auf dem Flugplatz verhindert werden mußte. Es war außerdem sicherzustellen, daß die V-Leute weder von den V-Mann-Führern noch von der fliegerischen Einsatzführung erfahren konnten, von welchem Flugplatz aus sie die Reise ins Ungewisse antreten sollten.
Man sorgte deshalb dafür, daß sie nur bei Dunkelheit und durch einen Nebeneingang im geschlossenen Wagen auf die Piste gebracht wurden. Hier befand sich für jede Gruppe ein eigener Vorbereitungsraum, in dem sie letzte Anweisungen für das Absetzen durch die Fallschirmspezialisten des Kommandos erhielten. Hier wurde ihnen ihr Fallschirm verpaßt. Hier wurde ihre Ausrüstung, sofern sie nicht am Körper getragen wurde, in eine zusätzliche Abwurflast mit eigenem Fallschirm verpackt. Diese Zusatzlast wurde mit dem Mann gleichzeitig abgeworfen und war mit diesem durch eine Leine verbunden, damit sie am Boden nicht verloren gehen konnte.

Vorsorglich wurden Waffen grundsätzlich in diesen Sonderlasten untergebracht. Schließlich war es nicht jedermanns Sache, wildfremde Menschen an Bord eines Flugzeugs zu haben, die bewaffnet und offenbar zu allem fähig und bereit waren . . .
Immer häufiger hatte man Abflüge verschieben müssen, und so ergab sich schließlich ein »Gedränge«, so daß manche Gruppen dann bis zu ihrem tatsächlichen Abflug vorübergehend in der Nähe des Flugplatzes untergebracht werden mußten. Diese Aufgabe war natürlich nicht Sache des fliegenden Kommandos. Dafür war der jeweilige V-Mann-Führer zuständig. Aber der beanspruchte in einem solchen Fall natürlich die Unterstützung der ortsansässigen und ortskundigen fliegenden Einheit. Er konnte und durfte sich aus Geheimhaltungsgründen im allgemeinen nicht an zuständige Stellen der Militärverwaltung wenden, wenn er Unterkunft und Verpflegung für sich und seine Leute benötigte.
So war die Einrichtung einer geeigneten Unterkunft unumgänglich geworden, wo sowohl Geheimhaltung, Betreuung und Bequemlichkeit einigermaßen gewährleistet erschienen.
Das hierfür eingerichtete »Schloß« war geeignet und reichte zunächst auch aus. Waren verschiedene Gruppen anwesend, so konnte man diese auch getrennt voneinander halten.
Als dann die Zahl der Wartenden immer größer wurde, führte dies zu einem Zustand, der selbst mir als Neuling auf diesem Gebiet unheimlich war.
Wir stellten den Wagen außer Sichtweite des Hauses ab und gingen den Rest des Wegs zu Fuß.
Das Grundstück war durch eine Mauer von der Umwelt abgegrenzt, aber das breite Einfahrtstor stand sperrangelweit offen. In dem parkähnlichen Garten vor dem Haus standen Zivilisten in der warmen Novembersonne oder spazierten im Gespräch unter den Bäumen.
Ich wurde noch einmal ermahnt, gegenseitig keine Namen zu nennen oder zu erwarten – eine offizielle Vorstellung sei nicht erwünscht.
Alle Blicke richteten sich auf uns. Die Gespräche wurden unterbrochen, jede Bewegung hörte auf.

Man hatte erkannt, daß jetzt »die Flieger« gekommen waren, Zur Abholung derjenigen, die in der kommenden Nacht »dran« waren.
Eine kleine Ecke war als Besprechungsplatz vorgesehen. Dort wurden wir sofort von einem Dutzend Männer umringt, Vertretern aller Altersklassen, denen jedoch nicht anzusehen war, welches Gewicht ihnen im einzelnen zukam.
Aus den anschließenden Gesprächen - zumeist in ungeduldigem und vorwurfsvollem Ton geführt - ging hervor, daß irgendwelche Grundsätze einer Geheimhaltung hier längst keine Geltung mehr hatten. Dies war unter den gegebenen Umständen auch gar nicht mehr möglich.
Es gab Drohungen: »Wenn mein Einsatz nicht unverzüglich zur Durchführung kommt, bin ich gezwungen, bei meiner vorgesetzten Stelle Meldung zu erstatten.«
Andere verlegten sich aufs Bitten: »Ich bin nicht mehr in der Lage, meine Leute bei Laune zu halten, wenn wir hier noch länger warten müssen.«
Und dann eben Vorwürfe - massive Vorwürfe, die zeigten, daß sie von fliegerischen Laien kamen.
Fast verzweifelt sagte einer: »Ich habe drei Franzosen, die in einer ganz wichtigen Mission so schnell wie möglich nach drüben gebracht werden müssen. Es sind Leute, welche den einflußreichsten Kreisen Frankreichs angehören. Ich habe sie selbst von langer Hand ausgesucht und ausgebildet. Sie werden in Frankreich erwartet und sind dort für den jetzigen Zeitraum angekündigt. Wenn sie nicht sofort dort erscheinen, ist alle Arbeit umsonst gewesen. Und außerdem gehen Gelegenheiten verloren, die nie wiederkehren werden.« Obwohl er es eigentlich nicht wissen durfte, flüsterte mir unser Einsatzoffizier zu, daß jene Franzosen einem einflußreichen politischen Kreis in Frankreich angehörten, der sich bei der alliierten militärischen Führung dafür einsetzen wolle, die Kampfhandlungen im Westen anzuhalten, damit die deutsche Führung alle Kräfte frei bekäme, um im Osten die Russen wieder zurückschlagen und »vernichten« zu können.
Dies war ja zu jenem Zeitpunkt eine der letzten Hoffnungen, welche die deutsche Führung - zumindest laut

Propaganda - für das Volk und die Soldaten bereithielt.
Dies und die Anspielung auf »Wunderwaffen« gab tatsächlich einer Minderheit immer noch den Glauben an eine Wendung.
Mein Vorgänger hatte Erfahrung im Umgang mit den Ungeduldigen. Er beschwichtigte mit dem Hinweis, daß ja nicht er es gewesen sei, der einzelne Gruppen viel zu früh herbestellt habe - und daß genauso wenig er es sei, der das Wetter mache. Die Herren sollten sich also - bitte - an jene Stellen wenden, welche tatsächlich dafür verantwortlich seien. Im übrigen sollten sich die Herren in Zukunft an seinen Nachfolger wenden, wobei er auf mich zeigte, ohne meinen Namen zu nennen.
Es war erkennbar, daß diese V-Mann-Führer schon längst gegenseitig über einander Bescheid wußten.
Und es war klar, daß ihre Schützlinge ebenso gegenseitig Bekanntschaft geschlossen und sich unter einander ausgesprochen haben dürften.
Da genügte eigentlich ein einziger »schräger Vogel« unter diesen Sechzig, und der Verrat war perfekt. Die übrigen konnten dann damit rechnen, daß sie nach ihrem Absprung sofort dem Gegner in die Arme laufen würden.
Meine diesbezüglichen Befürchtungen wurden mir allerdings von den Beteiligten ausgeredet. Es sei alles so abgesichert, daß eine Gefährdung der V-Leute am Einsatzort ausgeschlossen sei.
Nun, das war nicht mein Problem.
Aufgrund der zu erwartenden Wetterlage konnten wir für die kommende Nacht Flüge in Aussicht stellen. Allerdings war es unmöglich, jetzt schon anzugeben, wer sich dafür bereit halten sollte.
Wir wußten auch noch nicht genau, wieviele Maschinen und Besatzungen einsatzbereit sein würden. Ebenso war abzuwarten, in welchem Teil des riesigen Einsatzraumes die erforderlichen Wetterminima erfüllt waren. Schließlich verteilten sich die Ziele auf die Nordsee- und Kanalküste, England, Holland, Belgien, Frankreich, auf die Biskaya und die Mittelmeerküste.
Auf der Rückfahrt zum Flugplatz wurde mir bewußt, daß ich

auf dem besten Wege war, zwischen zwei Mühlsteine zu geraten. Mich hatte die fliegerische Aufgabe dieses Kommandos gereizt. Nun zeigte es sich, daß dies offenbar der kleinere Teil dessen war, was auf mich wartete.
Es galt, eine militärische Einheit zu führen, die reichlich aus den Fugen geraten war. Es galt, mit großen technischen Schwierigkeiten fertig zu werden, die angesichts der katastrophalen Lage im Reichsgebiet nicht mehr zu bewältigen waren.
Nicht zuletzt ging es darum, jene Männer und Frauen zu betreuen, die täglich und stündlich auf ihre Abberufung warteten und deren Nerven nach langen Wochen natürlich langsam brüchig geworden waren.
Als wir wieder auf dem Gefechtsstand ankamen, wurden wir von einem neuen Mann erwartet, der erklärte, er sei der Führer des Unternehmens sowieso, seine Leute habe er in Frankfurt notdürftig unterbringen können. Er habe Weisung, sich heute bei »Olga« zu melden, weil noch heute, spätestens aber morgen Nacht der Einsatz erfolgen müsse.
Wir gingen unsere Liste durch und fanden tatsächlich den Tarnnamen seiner Unternehmung. Es handelte sich um zwei Männer und eine Frau. Holländer, welche in ihrer Heimat, in der Nähe von Utrecht, auf freiem Feld bei einem kleinen Dorf abzusetzen waren.
Mit Hilfe einer Kartenskizze erläuterte er den Absetzort: eine Eisenbahnbrücke, eine Straßengabelung, ein kleines Wäldchen und gleich dahinter die Lichtung: dorthin müßten die Drei. Das Bauerngehöft gleich daneben gehöre dem Onkel des Mädchens. Dort würden sie erwartet und fänden sicheren Unterschlupf. Dies müsse ja wohl leicht zu schaffen sein, wo es sich nur um einen Katzensprung von Frankfurt nach Utrecht handele.
Klar, daß unser Gast aus allen Wolken fiel, als wir ihm sagten, daß er sich gedulden müsse, weil noch dringlichere Aufträge der Erledigung harrten.
Wir rieten ihm, sich auf mehrere Wochen Wartezeit einzurichten, worauf natürlich prompt die Bitte um Unterstützung bei der Beschaffung eines Quartiers, ausreichender Verpflegung und sonstiger Betreuung kam.

In der Hoffnung, daß die kommende Nacht etwas Luft im »Schloß« schaffen würde, konnten wir ihn auf den morgigen Tag vertrösten.
»So geht das Tag für Tag und Stunde um Stunde«, erklärten mir die »Olga«-Offiziere.
Das Wetter für die Nacht sah nicht ungünstig aus, soweit es die Wetterwarte am frühen Nachmittag beurteilen konnte. Für die Auswahl möglicher Einsatzziele war es aber noch zu früh. Mein Vorgänger erbot sich auf meine Bitte hin, den heutigen Einsatz noch selbst zu planen und durchzuführen, damit ich wenigstens einen Eindruck bekam von dem Krieg, der hier zu führen war.
Der Oberwerkmeister hatte drei Ju 188 und eine B-17 für die Nacht klar gemeldet.
Langsam zeichnete sich ab, daß Flüge nach Süd- und Südwestfrankreich wegen der ungünstigen Wetterlage nicht in Frage kamen.
Dagegen war für den holländisch-belgischen Raum, die Kanalküste, für den Raum Paris und die Bretagne gutes Wetter vorhergesagt. Der Stand des Mondes ließ für die zweite Hälfte der Nacht gute Erdsicht erwarten. Auch die gemeldeten Windverhältnisse waren günstig für zielsicheres Absetzen lebender und toter Lasten.
Wir studierten die Karten. Längst schon waren dort alle anstehenden Einsätze mit Tarnbezeichnung, Anzahl der V-Leute und deren zusätzliche Lasten eingezeichnet.
Dies entsprach zwar nicht den Geheimhaltungsvorschriften. Um aber den notwendigen Überblick zu erhalten, war es einfach unumgänglich geworden, so zu arbeiten.
Es war auch gar nicht mehr möglich, entsprechend der Regel für jeden Auftrag ein eigenes Flugzeug einzusetzen. Vielmehr mußte versucht werden, möglichst mehrere Aufträge mit einem Flugzeug gleichzeitig zu erledigen.
Die Gefahr eines gegenseitigen Verrats der einzelnen V-Leute untereinander war dadurch bestimmt nicht größer geworden, als sie durch das Zusammenleben in der Gemeinschaftsunterkunft zu befürchten war.
Die vorhandenen startklaren Flugzeuge waren in der Lage, etwa 22–25 Leute abzusetzen. Dabei konnte man für die

Ju 188 je vier bis fünf Personen rechnen und für die B-17 etwa zehn.
In der Ju 188 war im Rumpf neben der Besatzung allerdings nur Platz für eine, höchstens zwei Personen samt deren »Gepäck«. Wegen Fehlens größerer Transportflugzeuge hat man dann ein großartiges Transportmittel geschaffen, das streng geheimgehalten wurde und das ich nun zum ersten Mal sah.
Es war eine »Riesenbombe« aus Sperrholz. Sie konnte wie normale Bomben an den Bombenschlössern unter den Tragflügeln des Flugzeugs aufgehängt und auch wie eine gewöhnliche Bombe durch Druck auf den Bombenknopf am Steuerhorn ausgelöst werden. Das Ding trug die Bezeichnung PAG – das war die Abkürzung für »Personen-Abwurf-Gerät«.
Die doppelwandige Sperrholztonne des PAG hatte einen Durchmesser von einem Meter. Sie konnte in zwei Ebenen drei Personen in liegender Stellung aufnehmen. Dazu waren zwei stabile Gurtgeflechte eingebaut, auf denen (im breiteren Teil oben) zwei Personen bzw. (im schmäleren Teil unten) eine Person festgeschnallt werden konnten.
Im Kopfteil des PAG, in Flugrichtung hinten waren unter einer strömungsgünstigen Kappe drei Fallschirme untergebracht. Beim Auslösen des Geräts wurde diese Kappe durch eine sehr starke Reißleine abgezogen und gleichzeitig die Fallschirme geöffnet.

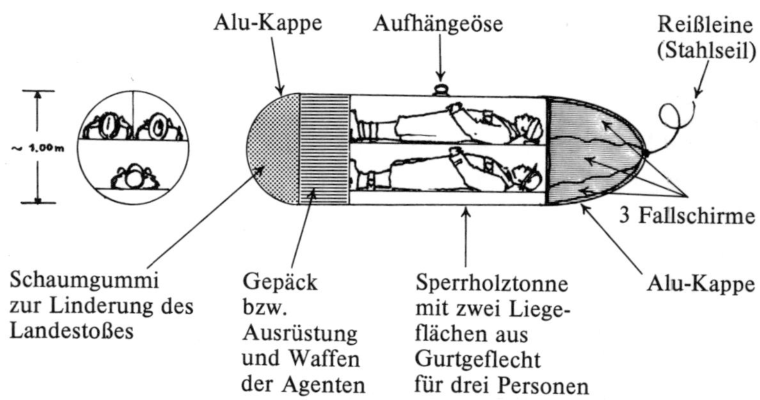

Im Fußteil konnte ein tonnenförmiger Behälter eingeschoben werden, der die gesamte Ausrüstung der Gruppe aufnehmen konnte. Den Abschluß bildete hier eine halbkugelförmige Kappe aus Aluminiumblech, die mit Gummi gefüllt war und die Aufgabe hatte, den Landestoß zu mildern.
Solange das PAG am Flugzeug aufgehängt war, bestand Anschluß an die Eigenverständigungsanlage im Flugzeug, so daß die »Besatzung« des PAG sich während des Flugs und vor allem unmittelbar vor dem Abwurf mit der Crew verständigen konnte.
Die Benutzung eines PAG vereinfachte ein Unternehmen in mehrfacher Hinsicht: Der Absetzpunkt konnte genauer festgelegt werden, als wenn die Agenten mit ihrem umständlichen Gepäck einzeln im freien Sprung das Flugzeug zu verlassen hatten. Am Boden und besonders in unübersichtlichem Gelände mußten sich die Leute nicht gegenseitig suchen. Alle zusätzliche Ausrüstung war gleichzeitig an Ort und Stelle. Der Hauptgrund für die Entwicklung und Verwendung des Geräts war aber, zu verhindern, daß die abzusetzenden Menschen sich verletzten, was bei einem »normalen« Fallschirmabsprung nachts und in unbekanntem Gelände oft zu befürchten war. Als Nachteil war lediglich zu bedenken, daß die Beseitigung des unhandlichen Unikums praktisch kaum möglich war, was bei einer Entdeckung natürlich sofort Fahndungsmaßnahmen nach den Leuten auslösen mußte. Dieser Nachteil war vor jedem Einsatz gründlich zu bedenken und mit den Betroffenen durchzusprechen.
Wir saßen den ganzen Nachmittag über den Karten und den Unterlagen der Einsatzforderungen.
Zu unserer Unterstützung hatten wir zwei Feldwebel aus den fliegenden Besatzungen und einen guten Mann vom technischen Personal hinzugezogen. Diese hatten die Kurse und Flugzeiten auszurechnen, sowie Belade- und Betankungspläne aufzustellen. Noch waren wir uns ja nicht endgültig schlüssig, welche Ziele in der Nacht angeflogen werden sollten.
Ein Kurier wurde per Krad ins »Schloß« geschickt mit dem Auftrag, alle V-Mann-Führer zu verständigen, deren Män-

ner möglicherweise in der Nacht drankommen könnten. Die Abholung wurde für Einbruch der Nacht durch Fahrzeuge von »Olga« angekündigt.

Auch zwei Versorgungseinsätze wurden eingeplant, denn eine Gruppe in Holland und eine in Paris hatten per Funk dringend Nachschub angefordert. Es handelte sich um Batterien für die Funkgeräte, um Geld und Waffen. Seit einer Reihe von Nächten warteten Männer an den schon vor dem Einsatz festgelegten Punkten im Gelände darauf, endlich das Geräusch eines tieffliegenden Flugzeugs aus der bestimmten Richtung zu hören. Sie hielten ihre Taschenlampen bereit, um die vereinbarten Lichtzeichen geben zu können.

Diese Versorgungssendungen waren - sofern es sich nicht um besonders umfangreiche Teile und Mengen handelte - in sehr stabile längliche Kisten verpackt, an denen aufgerollte rote und weiße Bänder befestigt wurden. Der Abwurf dieser Kisten erfolgte ohne Fallschirm, wobei sich die Bänder entrollten und so das Auffinden in der Nacht ermöglichten.

Erst bei Einbruch der Dämmerung erwachte dann das Kommando zu fast hektischer Geschäftigkeit. Die Besatzungen der vier Flugzeuge waren eingetroffen und versammelten sich im Raum für die endgültige Flugvorbereitung.

An verschiedenen Stellen des Flugplatzrandes heulten die Motoren der dort abgestellten Flugzeuge auf. Ein Tankwagen quälte sich über holprige Wege am Rand des Rollfeldes.

Der Oberwerkmeister erschien, meldete die Flugzeuge einsatzklar und erwähnte Beanstandungen, auf die gegebenenfalls zu achten sei. Er nahm die Anweisungen für die Betankung einer jeden Maschine mit, die sich nach der jeweiligen Eindringtiefe richteten.

Dann kam der Meteorologe, um die letzte Übersicht für das Wetter zu geben. Sein Vortrag fand im großen Flugvorbereitungsraum statt, in Gegenwart aller eingeteilten Besatzungen. Erst danach fiel die endgültige Entscheidung, welche Einsätze, besser gesagt: Einsatzkombinationen, geflogen werden sollten.

B 24 »Liberator« aus dem Bestand des KG 200. Auch hier sind deutlich unter der Tragfläche und am Seitenleitwerk die Kennzeichen der deutschen Luftwaffe zu erkennen.
Die erbeuteten und wieder flugklar gemachten Feindbomber waren eine Notlösung.
Es fehlten der deutschen Luftwaffe große und weitreichende Transportflugzeuge in der genügenden Zahl.
Deshalb verfiel man darauf, notgelandete Feindbomber wieder aufzubauen und soweit erforderlich mit deutschen Geräten auszustatten. Ersatzteile dafür lieferten die täglich einfliegenden Bomberströme in ausreichendem Umfang.

Für den Betrieb auf normalen Flugplätzen konnte das Hauptfahrwerk der Arado 232 hydraulisch angehoben werden. Dadurch wurden die elf kleineren Räderpaare vom Boden abgehoben. Die Beladung erfolgte durch eine große Hecktüre, welche hydraulisch abgesenkt wurde und dann als Rampe diente; über sie konnten auch Fahrzeuge in den Rumpf gerollt werden.

Neben Wind, Wetter, Stand des Mondes und Auffindbarkeit des Ziels mußte natürlich auch die »Feindlage« berücksichtigt werden. Die Flüge sollten ja möglichst so durchgeführt werden, daß sie auf der Gegenseite nicht sofort Verdacht aufkommen ließen, welchem Zweck sie dienten.
Deswegen wurden jene Ziele, wo die Gefahr einer Identifizierung am größten war, möglichst an den Schluß der ganzen Runde gelegt.
Wegen des späten Mondlichts sollte der erste Start nicht vor der zweiten Nachthälfte erfolgen. Für peinlich genaue Vorbereitungen blieb also genügend Zeit.
Zwischendurch erschien der »Spieß«, ein grauhaariger Feldwebel, und ließ Kaffee und belegte Brote verteilen. Er mußte recht gute Beziehungen zu irgendwelchen Quellen haben – der Reichhaltigkeit der Mahlzeit nach zu schließen...
Dann hörte man aus den verschiedenen Ecken des Platzes die Maschinen heranrollen.
Die Ju 188 und B-17 hatten weder Positionslichter noch Scheinwerfer eingeschaltet. Um zu vermeiden, daß unverhofft ein feindlicher Nachtjäger zum Schuß kam, tasteten sie sich vorsichtig durch die Dunkelheit.
Zum wichtigsten Mann wurde nun der Fallschirmspezialist mit seinen Helfern. Er verwaltete ein großes Lager von Fallschirmen verschiedenster Art. Für die V-Leute wurden sogenannte automatische Schirme verwendet. Diese öffneten sich im Gegensatz zu den Rettungsfallschirmen der fliegenden Besatzungen durch den Zug einer Reißleine, die am Flugzeug befestigt war und beim Absprung den Fallschirm aus dem Verpackungssack zog – die Leute brauchten also selbst gar nichts zu tun (und konnten auf diese Weise in der Aufregung auch gar nichts falsch machen). Für tote Lasten gab es spezielle Lastfallschirme verschiedener Größe.
Über dem Ziel war jeder Mann mit seinem Gepäck so abzusetzen, daß er es am Boden sofort zur Hand hatte, um schnellstmöglich sein Versteck zu erreichen.
Selten waren sogenannte »Empfangskomitees« an Ort und Stelle, die Zeit und Ruhe genug hatten, um alle abgeworfenen Lasten einzusammeln und wegzuschaffen. Derartige

Aktionen waren in der Weite der Landschaft im Osten denkbar, im dicht besiedelten Westen jedoch kaum.

Beim Absetzen aus dem Flugzeug selbst kam dann ein einfacher Trick zur Anwendung: Der V-Mann mußte sich an die Absprungluke stellen oder setzen. Auf ein Zeichen des »Absetzers« - meist war dies der besonders ausgebildete Bordschütze - brauchte er dann lediglich zu springen. Tat er dies nicht sofort, nachdem der Flugzeugführer das Zeichen dazu gegeben hatte, so lief er Gefahr, das Ziel am Boden zu verfehlen. Und dies war unter Umständen gleichbedeutend mit seinem Tod.

In diesem Fall mußte der Absetzer blitzschnell »nachhelfen«. Mit einem mehr oder weniger sanften Stoß. Damit der Mann rechtzeitig im Freien war, um möglichst punktgenau auf den Boden zu kommen.

Sein Gepäck mußte der Springer mit beiden Armen fest vor der Brust halten. Durch den Ruck, der beim Öffnen des Fallschirms entstand, wurde ihm sein Koffer dann aus der Hand gerissen und fiel nach unten. Dadurch wiederum entrollte und spannte sich die Reißleine des Lastfallschirms, mit dem der Koffer versehen war. Dieser Schirm öffnete sich unterhalb des Springers, und beide - Mann und Last - schwebten gemeinsam zu Boden. Sie waren durch eine zusätzliche Leine verbunden, wodurch sichergestellt war, daß die wichtige Einsatzausrüstung nicht verloren ging. Die Fallgeschwindigkeit beider Fallschirme mußte so ausgewogen sein, daß der Lastenfallschirm etwas schneller fiel als der des Mannes. Auf diese einfache Weise wurde verhindert, daß ein Schirm den anderen im Hinabschweben überholte, was natürlich die Gefahr des Verhedderns beider Schirme bedeutet hätte.

Wir hatten inzwischen endgültig entschieden, welche Einsätze geflogen werden sollten.

Zwei Lastwagen mit geschlossenem Planenverdeck rollten zum »Schloß«. Die Fahrer hatten eine Liste mit den Tarnbezeichnungen, die abgerufen werden mußten. Zwei Stunden vor Mitternacht waren die Wagen mit den Männern zurück. Getrennt nach zusammengehörenden Gruppen wurden sie in verschiedene Räume geführt. Dort wurden sie von den

Besatzungen erwartet, die sie an ihren Einsatz- bzw. ihren Absprungort bringen sollten. Mit den Flugzeugbesatzungen zusammen wurde die am Ziel zu erwartende Situation durchgesprochen. Es wurde auf den Meter genau geplant, aus welcher Richtung, in welcher Höhe und bei welcher Geschwindigkeit der Anflug auf den Absetzpunkt erfolgen mußte.

Ansiedlungen und Straßen sollten kurz vor dem Ziel möglichst nicht überflogen werden, um keinen Verdacht zu erregen. Schon in größerer Entfernung vor dem Ziel mußte ein markanter Punkt im Gelände festgelegt werden, der mit Sicherheit auch bei mäßig heller Mondnacht zu finden war. An diesem Punkt mußte dann der Endanflug mit leerlaufenden Motoren bei gedrosselter Geschwindigkeit im Gleitflug nach der Stoppuhr beginnen. Er war so berechnet, daß das Ziel in 250 Metern über Grund überflogen werden konnte. Kreisen und Herumsuchen über dem Ziel war unbedingt zu vermeiden. Auch der Abflug nach vollzogenem Absetzvorgang war so anzulegen, daß niemand am Boden Anlaß bekam, sich Gedanken zu machen.

Bei diesen letzten Navigationsvorbereitungen konnte es durchaus vorkommen, daß der Absetzort verlegt werden mußte. Die V-Leute und ihre Führer waren in der Regel Nichtflieger. Sie setzten voraus, daß es beim Stand der Technik möglich sei, bei Nacht und über große Entfernungen - auch über Feindgebiet - jeden x-beliebigen Punkt auf der Erde zielsicher anzufliegen. Sie erwarteten deshalb, daß jenes Ziel, das für sie selbst zunächst das sicherste und bequemste war, auch vom Standpunkt des Fliegers aus das richtige sein mußte.

War dies nicht der Fall, dann brach zunächst eine Welt für sie zusammen, denn sie hatten ja ihre ganze Einsatzplanung darauf abgestellt - schließlich sind die ersten Schritte auf dem Boden nach einem Fallschirmabsprung meistens auch die gefährlichsten.

Erstmals lernte ich an diesem Abend Menschen kennen, die bereit waren, für den Feind ihrer Nation zu arbeiten und dafür sogar ihr Leben aufs Spiel zu setzen. Es waren keine Abenteuertypen, wie man vielleicht erwarten konnte. Im

Gegenteil. Aussehen und Verhalten entsprachen ganz dem sprichwörtlichen »Mann von der Straße«. Ihre Kleidung war sorgfältig ausgewählt und dem Einsatzort und der jeweiligen »Legende« angepaßt, unter der die Tarntätigkeit im Bewegungsraum zu verstehen war, sowie das ganze Persönlichkeitsbild, welches ein solcher Mann sich zulegen mußte.
Sichtlich beklommen und nervös drängten sie sich um ihre jeweiligen Führer und lasen ihnen jedes Wort vom Munde ab, wenn diese den Dolmetscher zwischen ihnen und den Soldaten spielen mußten.
Nach Abschluß der Einsatzvorbereitung erschien der Fallschirmspezialist mit seinen Helfern. Es wurden Fallschirme angepaßt und Abwurflasten fertiggemacht. Dann folgte eine Belehrung über die Funktionsweise dieser Ausrüstung und das Verhalten beim Absprung.
Diese Fallschirmleute hatten sich im Laufe der Zeit, eine gute Umgangsart angewöhnt. Sie konnten viel dazu beitragen, daß die Angst vor dem ungewissen Abenteuer ganz oder teilweise verschwand.
Wurden PAG eingesetzt, so erfolgte deren Vorbereitung in einer Flugzeughalle, die die Bomben der Amerikaner bisher übrig gelassen hatten. Es ging dort noch geheimnisvoller zu, als in den anderen Vorbereitungsräumen.
Bis zuletzt wußten die Betroffenen nichts über die Art und Weise ihres Transports. Es ist verständlich, daß es Mißtrauen und Ablehnung gab, als sich zeigte, daß man nicht direkt am Fallschirm freischwebend auf den Boden kommen sollte, wie man sich das ja in den ganzen Monaten der Ausbildung vorgestellt hatte. (Praktische Übungen oder eine richtige Ausbildung im Fallschirmabsprung hat es für V-Leute nicht gegeben.)
Es bedurfte meistens langer Erklärungen über den Vorzug der Beförderung im PAG gegenüber dem individuellen Fallschirmabsprung. Skepsis, ja Abneigung wurden offen ausgesprochen. Es war ja auch keine Kleinigkeit, sich in ein enges Sperrholzfaß schnallen zu lassen, zusammen mit zwei anderen Menschen und ohne Bewegungsspielraum. Körper und Beine waren mit Gurten derart festgezurrt, daß ein Verrutschen bei böigem Wetter oder harten Flugmanövern un-

möglich war. Nur die Arme konnten die Eingeschlossenen frei bewegen. Als Beleuchtung dienten einfache Taschenlampen.
Waren die Männer und ihre Ausrüstung erst verstaut, wurde die große Kappe mit den drei Fallschirmen aufgesetzt und gesichert. Die Drei waren damit von der Außenwelt abgeschnitten und hatten keine Möglichkeit mehr, Einfluß auf ihr Schicksal zu nehmen.
Das PAG wurde mit einem Spezialwagen, auf dem es schon während der Beladung gelegen hatte, auf das Hallenvorfeld gefahren. Dort stand schon die Ju 188 bereit.
Um das Gerät, das samt Beladung etwa 750 kg wog, hochzuheben, gab es eine einfache - jedoch etwas langwierige - Methode: unter den Transportwagen wurden zwei große, aufblasbare Gummisäcke geschoben, wie man sie bei der Bergung bauchgelandeter Flugzeuge verwendete. Diese Säcke wurden langsam mit Preßluft aufgepumpt, so daß sie das Gerät zentimeterweise anhoben, bis die Aufhängeöse in das Bombenschloß einschnappen konnte. Dieser Vorgang nahm eine mir endlos lang erscheinende Zeit in Anspruch, denn es war sehr schwierig, die Öse in die richtige Position am Bombenschloß zu dirigieren. Die armen Männer in ihrem Gehäuse konnten einem wirklich leid tun, denn das Ganze ging nicht ohne lautstarke Schubserei vonstatten.
Das unförmige Ungetüm war immerhin so groß, daß sich das hintere Ende, solange das Flugzeug in Spornlage war, nur etwa 20 cm vom Boden entfernt befand.
Ich war aus jahrelangem Einsatz bei einem Kampfverband gewohnt, Feindflüge vorzubereiten und durchzuführen. Dort war es selbstverständliche Routine gewesen, einen ganzen Verband von dreißig und mehr Flugzeugen innerhalb kürzester Zeit mit Bomben zu beladen und in die Luft zu bringen. Und dabei waren die Anforderungen dort gar nicht viel anders als hier.
Es waren die fast identischen Flugzeugtypen.
Die Eindringtiefen waren die gleichen.
Auch die übrigen Voraussetzungen wie Wettermindestbedingungen, Navigationshilfen, Feindlage schienen sich nicht wesentlich zu unterscheiden.

Daß der Schein trügen kann, habe ich hier an meinem ersten Tag bei »Olga« erlebt.
Es bedurfte einer ganzen Reihe zusätzlicher Vorarbeiten und Überlegungen, bis ein Flugzeug in der Luft war, das im Auftrag einer Aufklärungs- oder »Abwehr«-Dienststelle fliegen sollte.
Besonders erschwerend fiel ins Gewicht, daß Auftraggeber und Durchführende - was das Fliegerische anbelangte - aus zwei verschiedenen Welten kamen.
Um zu verstehen, wie groß der Unterschied zwischen dem Betrieb eines normalen Bomber- oder Transportverbands und dem bei »Olga« bestand, braucht man sich nur vor Augen zu halten, daß dort eben Bomben und totes Transportgut im Masseneinsatz zu bewältigen waren, wobei eine gewisse »Fehlerquote« einkalkuliert war. Hier war genau das Gegenteil der Fall.
Die Flugzeugbesatzungen hatten auch insofern eine zusätzliche Verantwortung, als die V-Leute garantiert am richtigen Platz abzusetzen waren. Sonst wären nicht nur sie allein verloren - und der Auftrag damit nicht erfüllt - gewesen, sondern je nach Fall vielleicht eine ganze bereits existierende Organisation oder auch davon unabhängige Vorhaben unausdenkbaren Gefahren ausgesetzt worden.
Oberster Grundsatz für die Besatzung war daher der strikte Befehl, im Falle eines nicht einwandfrei identifizierten Absetzortes umzukehren und den Flug ergebnislos zu beenden. Auch wenn am Ziel verdächtige Beobachtungen darauf schließen ließen, daß die Absetzbedingungen nicht den Erwartungen entsprachen, galt der Befehl, sofort unverrichteter Dinge wieder nach Hause zu fliegen - auch wenn die Einsatzleitung Enttäuschung zum Ausdruck brachte und dabei durchblicken ließ, es handle sich wohl eher um Unfähigkeit auf seiten der Flieger.
Aber nun zurück zu den Startvorbereitungen: endlich war man fertig.
Der Mond kam als breite Sichel über den östlichen Horizont herauf. Das bleiche Licht reichte aus, um ohne Scheinwerfer an den Startplatz zu rollen.
Von dort aus wurde die Flugleitung durch Lichtzeichen ver-

ständigt, wenn eine Maschine startfertig war. Erst dann wurde die Befeuerung der Startbahn eingeschaltet. Die Maschine startete dann ohne Positionsleuchten. Sobald sie die Platzgrenze passiert hatte, wurde der ganze Lichterzauber wieder ausgeschaltet, bis das nächste Flugzeug startfertig war.
Wir waren heilfroh, als alles gut verlaufen und die Flugzeuge auf dem Weg zu ihren Zielen waren. Vom Gefechtsstand aus hielten wir Verbindung zu den Stellen der Flugabwehr und Luftraumüberwachung. Diese konnten uns Auskunft über den Weg unserer eigenen Maschinen geben. Wir taten dies aber auch, weil wir die Gewähr haben wollten, daß nicht irgendwo eines unserer Flugzeuge durch Fehlinformation als Feindmaschine angesprochen wurde (es wäre in diesem Fall sofort entsprechend bekämpft worden).
Solche »Versehen« der eigenen Luftabwehr waren zu dieser Zeit an der Tagesordnung und durchaus zu verstehen, weil ja praktisch außer hoch fliegenden Nachtjägern keine anderen eigenen Flugzeuge in der Luft waren.
Dann kam die lange Wartezeit auf dem Gefechtstand, bis die Maschinen wieder zurück waren. Denn unterwegs mußten sie ja Funkstille halten.
Während wir uns in regelmäßigen Abständen bei der Wetterwarte über die mögliche Entwicklung über den Zielräumen und das bei der Landung zu erwartende Platzwetter erkundigten, blieb Zeit genug für eine lebhafte Unterhaltung. Mit auf dem Gefechtstand befanden sich einige V-Mann-Führer, deren Schützlinge in dieser Nacht einem ungewissen Schicksal entgegen flogen.
Es waren durchweg keine Alltagstypen. Dies war sofort zu spüren, auch wenn sie nicht zu erkennen gaben, welchen militärischen oder zivilen Rang sie bekleideten. Sie waren für ihren Einsatzraum perfekt landes- und sprachkundig. Ob sie denn angesichts der fast aussichtlosen allgemeinen Lage, jetzt im November 1944, von dem Erfolg ihrer Missionen überzeugt seien, fragten wir sie.
Natürlich seien sie das, hörten wir, denn sonst würden sie doch nicht das Leben ihrer V-Leute aufs Spiel setzen. Sie selbst seien zwar auch nur »Ausführende«, aber ihre vorge-

setzten Stellen seien Ministerien oder höchste Stellen von Wehrmacht und Partei. Dort müsse ja wohl ein ausreichender Überblick vorhanden sein, um diesen ganzen Aufwand zu verantworten.

Unser Leutnant mit dem verbrannten Gesicht provozierte: »Ist nicht der eine oder andere dieser Ausländer schlicht und einfach darauf aus, durch uns nach Hause geflogen zu werden, weil er hofft, dadurch einer Gefangennahme als Spion für den Feind entgehen zu können?«

Genau diesen Gedanken konnte auch ich von Anfang an nicht loswerden.

Das wurde entschieden abgestritten, wobei die Argumente auch nicht überzeugender waren als vorher.

Mein Vorgänger, der bisherige Führer von »Olga«, war mit seinen Gedanken offenbar nicht voll bei der Sache. Er dachte natürlich mehr an seine morgige Abreise und das Schicksal, das auf ihn wartete. Trotzdem gab er eine Geschichte zum besten, die sich vor einiger Zeit bei »Olga« zugetragen hatte:

»Da wurde eine B-17 mit einem als ganz vordringlich bezeichneten Auftrag in einen Landstrich irgendwo im äußersten Südwesten Europas geschickt. Auftraggeber war eine Stelle der Partei, die »Olga« gegenüber in geheimnisvollem Dunkel gehalten wurde. Die Vorbereitungen wurden mit einem Aufwand betrieben wie in keinem Fall zuvor.

Ich als Führer der fliegenden Einheit wurde behandelt, als wäre ich weiter nichts als der Chauffeur, der Befehle auszuführen aber nichts zu fragen hat.

Die Parteifritzen, die die Vorbereitungen leiteten, schwärmten dutzendweise an. Den Uniformen nach waren diese »Goldfasanen« ziemlich weit oben angesiedelt...

Neben insgesamt zehn Personen sollte eine halbe Lastwagenladung an Versorgungsgütern abgeworfen werden.

Was es da alles gab: Herrlichkeiten, die dem normalen Sterblichen längst nur noch vom Hörensagen bekannt waren. Ganze Kisten voller erlesener Lebensmittel, Schinken, Hartwürste, Schokolade, Rauchwaren. Ein komplettes Fotolabor. Eine Reihe teuerster Kameras. Filme, Zeichenmaterial, eine komplette Kopiereinrichtung.

Natürlich Waffen und Munition.
Geld in ganzen Säcken.
Kästen mit Schmuck, Gold und anderen Wertsachen.
Selbstverständlich Kollektionen von Bekleidung verschiedenster Art und für die verschiedensten Gelegenheiten.
Die Auftraggeber hatten uns den Einblick in diese Listen nicht verwehren können - schließlich muß einer, der ein Flugzeug zu beladen hat und diese Beladung in handliche und sinnvolle Abwurflasten verstauen muß, ja genau wissen, um was es sich handelt, ob es feuergefährlich ist, ob es beschußempfindlich ist, wieviel Platz es einnimmt und wieviel es wiegt.
(Diese Fragen wollten die Auftraggeber nie verstehen, vermittelten sie doch einen Einblick in die einzelnen streng geheimen Unternehmungen.)
Im Falle des B-17 Einsatzes war sofort klar, daß nur ein Bruchteil der vorgesehenen Ausrüstung gleichzeitig mit den zehn Personen abgesetzt werden konnte.
Es waren also für einen späteren Zeitpunkt weitere Flüge vorzusehen, mit denen der Rest der Abwurflasten nachgeliefert werden konnte.
Was sich dann vor dem Abflug der Einsatzmaschine abspielte, war filmreif:
Zum vorgesehenen Zeitpunkt in der Nacht bog eine Wagenkolonne auf den Flugplatz ein.
Die forschen »Goldfasanen« stürmten in den Gefechtstand, um sich zu überzeugen, daß seitens »der Flieger« alle Vorbereitungen getroffen waren.
Sie zeigten sich ungehalten, als ihnen bedeutet wurde, daß sie lästig seien und die Belade- und Startvorbereitungen störten. Etwas pikiert baten sie sich dann aus, daß »ihre« V-Leute, Angehörige höchster ausländischer politischer Kreise, entsprechend behandelt wurden.
Dann wurden fünf Männer und fünf Frauen unter Komplimenten in den Raum geführt.
Die Männer in eleganten Anzügen, die Frauen in erlesenen Pelzmänteln, elegante leichte Schuhe an den Füßen.
Einwände, daß es sich hier wohl kaum um die geeignete Ausrüstung für einen Fallschirmabsprung in der Nacht

handle, wurden mit der Begründung zurückgewiesen, daß die Damen und Herren unmittelbar nach dem Absprung von »ihrem« Komitee in Empfang genommen würden. Und kurz danach müßten sie in »angemessener Kleidung« auftreten können, um jeden Verdacht zu vermeiden, sie seien soeben auf unübliche Weise ins Land gekommen.
Ein solcher Plan hatte sicher im Einzelfall einiges für sich, und theoretisch war er vielleicht ganz gut. Was aber, wenn einer in eine Pfütze fiel oder in eine Brombeerhecke? Ich wies darauf hin, daß leichte, elegante Damenkleidung und entsprechende Schuhe meiner bescheidenen Meinung nach ganz und gar ungeeignet für einen Fallschirmabsprung waren.
Da mußte ich tatsächlich hören, man sei belehrt worden, daß es keine Bedenken gegen diese Bekleidung der Männer und Frauen gäbe - und darauf sei ja schließlich der ganze Einsatzplan und das Verhalten unmittelbar nach dem Absprung am Einsatzort abgestimmt worden!
Dann fiel mir auf, daß die fünf Männer und Frauen in bester Stimmung, ja geradezu ausgelassen waren, als man ihnen Fallschirme und Ausrüstung verpaßte. Da wurde mir klar, daß die Bande - vornehm ausgedrückt - unter starkem Alkoholeinfluß stand. Auch das sei wohlbedacht, meinten die Betreuer. Schließlich wisse man, daß Alkohol Angst und Hemmungen beseitigen könne, was für den Absprung und das anschließende Verhalten am Boden angesichts der lebensgefährlichen Situation in den ersten Stunden vor Erreichen des vorbereiteten Unterschlupfes besonders wichtig sei.
Soviel Dummheit und Ahnungslosigkeit auf einem Platz war mir bisher noch nicht untergekommen. Das Ganze widerte uns an.
Der Einsatz wurde damals geflogen. Die zehn Figuren konnten an dem gewünschten Platz abgesetzt werden. Danach haben - zumindest wir von »Olga« - nie mehr etwas darüber gehört. Auch die große Menge Zusatzausrüstung und Nachschub blieb bei uns im Lager liegen, ohne daß sich jemals später jemand darum gekümmert hat.«
Mein Vorgänger schmunzelte: »Jetzt wissen Sie auch, woher unser Spieß heute abend die Leckerbissen hatte ...«

Meine erste Einsatznacht bei »Olga« ging ihrem Ende entgegen. Die Flugzeuge mußten bald zurückkommen.
Nervös geworden - wie immer, wenn die eigenen Besatzungen vom Feindflug zurückerwartet wurden, riefen wir in kurzen Abständen bei den eigenen Luftraumüberwachungsstellen an, ob etwa Einflüge von Westen gemeldet seien.
Unsere Maschinen waren erst dann außer Gefahr, wenn sie den eigenen Fliegerhorst sicher erreicht hatten, gelandet waren und in ihren Verstecken am Waldrand standen.
Hatte nämlich der eigene Erkennungsdienst ein Flugzeug, das bei Nacht aus dem feindlichen Raum in eigenes Gebiet einflog, als »feindlich« identifiziert, setzten sofort Abwehrmaßnahmen der Flak und auch der Nachtjäger ein.
Es war dann fast unmöglich, die eigene Luftabwehrorganisation an der Bekämpfung dieses Flugzeugs zu hindern. Dies war schon so, als auf unserer Seite alles noch intakt war.
Jetzt - Ende 1944 - wo entscheidend wichtige Nachrichtenverbindungen laufend gestört waren, klappte das Zusammenspiel zwischen den einzelnen Befehlsstellen nicht mehr so, daß man sich in jedem Fall darauf verlassen konnte.
Die Funker in unserer Funkstelle saßen gespannt an den Geräten und horchten die Frequenzen ab. Entgegen dem allgemein gültigen Befehl, strikte Funkstille zu halten, hatten unsere Flugzeuge die Weisung, sich spätestens beim Überflug der Frontlinie mit einem vereinbarten Kurzsignal zu melden. Aus diesem war dann abzusehen, wann mit der Landung auf dem Heimathorst gerechnet werden konnte.
Wir atmeten auf, als die erste Meldung einlief. Es war eine Ju 188. Aus der angegebenen voraussichtlichen Ankunftzeit konnten wir errechnen, daß sie sich etwa im Raum westlich Straßburg - also noch über Feindgebiet - befinden mußte.
Sofort verständigten wir die Flak und die Nachtjagd, um einer Fehlidentifizierung vorzubeugen, und baten um Benachrichtigung, sobald das Flugzeug vom eigenen Erkennungsdienst erfaßt war.
Während sich die übrigen drei Maschinen in kurzen Abständen nacheinander ebenfalls gemeldet hatten, liefen bei uns die Vorbereitungen für die Landung: die Flugleitung wurde

verständigt, damit die Hindernisbefeuerung und die Landebahnbefeuerung wie abgesprochen funktionierten.
Ein Flugzeugführer wurde als sachkundiger Verbindungsmann zur Flugleitung geschickt.
Der eigenen Flak am Platz wurde durchgegeben, daß eigene Flugzeuge den Platz von Westen her anflogen. Die Flak mußte außerdem Scheinwerfer und Leuchtspurmunition bereithalten, falls ein Flugzeug den vollkommen verdunkelten Platz verfehlen sollte.
Das Navigationsfunkfeuer des Flugplatzes sowie die Sender des UKW-Anflugverfahrens mußten überprüft werden.
Alle diese Aufgaben unterlagen zwar der Zuständigkeit der örtlichen Bodenorganisation. Schlechte Erfahrungen hatten aber bewiesen, daß es besser war, wenn man sich selbst um alles kümmerte.
Draußen auf den versteckten Liegeplätzen waren die Ersten Warte und das übrige technische Personal bereit, mit Taschenlampen den gelandeten Maschinen den Weg durch die Dunkelheit zu ihren »Verstecken« zu weisen.
Das Krankenrevier wurde verständigt für den Fall, daß Verwundete zu versorgen waren.
Und schließlich waren auch der Spieß und seine Helfer mit einem Thermosbehälter eingetroffen, der Milchsuppe für die Flugzeugbesatzungen enthielt.
Alles lief glatt in jener Nacht:
Die Flak gab laufend Meldung über den Standort der anfliegenden Maschinen.
Wir gingen ins Freie, um die Anflüge und Landungen beobachten zu können.
Aus westlicher Richtung war erst undeutlich, dann aber klar das Brummen eines Flugzeugs zu hören, das sich rasch näherte. Ein Scheinwerfer schickte einen kurzen senkrechten Lichtstrahl in den schwarzen Nachthimmel.
Eine Minute darauf überflog eine Ju 188 in geringer Höhe den Platz.
Dies war der Augenblick, die Befeuerung einzuschalten.
Das Flugzeuggeräusch wurde wieder leiser. Wir wußten, daß die Landung in wenigen Minuten erfolgen würde. Sehen konnten wir nichts.

Es war trotz aller Luftraumüberwachung durch die Flak in diesen Zeiten schon längst nicht mehr ratsam, über deutschem Gebiet mit eingeschalteten Positionsleuchten zu fliegen. Zu schnell konnte es geschehen, daß ein feindlicher Nachtjäger zur Stelle war, dem ein festlich illuminiertes Flugzeug eine willkommene Beute sein mußte.
Wer es sich irgend zutraute, der verzichtete beim Endanflug und Aufsetzen auf der Landebahn auch auf die hellen Landescheinwerfer.
So konnte es durchaus geschehen, daß ein gelandetes Flugzeug erst dann bemerkt wurde, wenn es in irgendeiner Ecke des Platzes die Motoren zum Rollen aufheulen lassen mußte. Ein Holzgas-Lkw rumpelte mit abgedunkelten Scheinwerfern zu den einzelnen Abstellplätzen, um die Besatzungen einzusammeln.
Die Gefechtsberichte, durch Flugzeugführer, Beobachter und Absetzer erstattet, wurden sofort in eine Kurzform gebracht, die das Wesentliche enthielt. Dann wurden sie entsprechend verschlüsselt an den Geschwaderstab nach Berlin durchgegeben. Für mich waren diese Berichte natürlich besonders interessant. Ich erfuhr so den Ablauf der Flüge, die Verhältnisse am Zielort, die Beschreibung des Absetzvorgangs, einschließlich der Beobachtungen über die Landung der Fallschirme, soweit dies im Einzelfall möglich war.
Von gleicher Bedeutung waren für mich die Beobachtungen über die allgemeinen Verhältnisse im Feindgebiet: Wurde das Flugzeug erkannt und bekämpft? Wo und wie geschah dies? Wie erfolgte der Überflug – hin und zurück – über die Frontlinien?
War Kampftätigkeit am Boden zu erkennen?
Hat die Flak geschossen? War dabei auszumachen, ob eigene oder feindliche?
Gab es Beobachtungen über Wetter, Flugbetrieb, Scheinwerfer, Leuchtzeichen am Boden? Und so weiter.
Was war an der Auswahl des Absetzorts gut, was schlecht?
Wie haben sich die V-Leute beim Absprung verhalten?
Bis dann alles erledigt war, war es längst Tag geworden und Zeit zum frühstücken. Auch liefen schon die ersten Meldungen über einfliegende Feindverbände ein.

Es blieb nur noch die Vergewisserung, daß die Flugzeuge gut getarnt möglichst weit ab vom Flugplatzrand abgestellt waren.
Dann war es sowieso ratsam, den Platz zu räumen. Alle Soldaten, die nicht unbedingt gebraucht wurden, hatten ihre Quartiere aufzusuchen und sich dort abrufbereit zu halten.
Der Gefechtsstand wurde abgeschlossen.
Längst auch war in einem Haus, das in einem weiter entfernten Dorf lag - in einem kleinen Gasthof, der kriegsbedingt geschlossen war - ein Ausweichgefechtstand eingerichtet worden.
Dort befanden sich die notwendigen Schreibstuben, eine Funk- und Fernschreibstelle, sowie die selten funktionierenden Telefonanschlüsse.
Die fliegenden Besatzungen wurden in ihre Quartiere gefahren, wo sie sich ausschlafen konnten.
Für uns ging die Arbeit zunächst noch weiter, bis dann auch wir wenigstens einige Stunden des entgangenen Nachtschlafs nachholen konnten.

Heimliche Schleichflüge

Die Führung des Kommandos lag nun in meiner Hand. Das hieß, daß ich mich in erster Linie auf die mir noch fremde Ju 188 einfliegen wollte.
Vom Oberwerkmeister des Kommandos hatte ich mir für die Abenddämmerung eine Maschine bereitstellen lassen. Den Zeitpunkt hatte ich aus zwei Gründen gewählt: einmal konnte man einigermaßen sicher sein, daß der Himmel frei war von amerikanischen Mustangs und Thunderbolts, die den ganzen Tag über im Tiefflug bereits jedes Fleckchen unsicher machten. Aus purer Langeweile beschossen sie alles, was sich am Boden bewegte. Gleichgültig, ob dies ein Bauer bei der Feldarbeit mit seinen Pferden war oder ein Schulkind auf dem Heimweg.
Eine einsame Ju 188 wäre ihre sichere Beute gewesen. In der Abenddämmerung jedoch wurde es immer ruhig am deutschen Himmel. Die feindlichen Jäger hatten sich dann auf den Heimweg gemacht, um keine Nachtlandung machen zu müssen. Und die englischen Bomber sammelten sich vielleicht erst über der Nordsee zu neuen Nachtangriffen auf deutsche Städte. Der zweite Grund war, daß ich seit längerer Zeit nicht mehr bei Nacht geflogen hatte. Um mich wieder an Nachtlandungen zu gewöhnen, waren einige Platzrunden in der Dämmerung und in die beginnende Nacht hinein gerade richtig.
Ich habe zwar meine ganzen Feindflüge und vielleicht über zweitausend Flugstunden bei Tag und Nacht auf der Ju 88 geflogen. Inzwischen war aber ein Zeitraum von mehr als einem halben Jahr vergangen, seit ich ein größeres Flugzeug unter dem Hintern hatte. Da war dann eine neue Eingewöhnung dringend erforderlich.
Wir hatten beide Versionen der Ju 188 zur Verfügung, sowohl diejenige mit den Sternmotoren BMW 801 G (1800 PS) als auch jene mit Jumo 213 A-1 (1750 PS).
Diese Triebwerke waren um gute 400 PS stärker als der Jumo 211 F/J (1340/1420 PS), der in der Ju 88 eingebaut war. Die Ju 188 war nur unwesentlich schwerer als die Ju 88. Das

bedeutete, daß sie mit den stärkeren Triebwerken erheblich bessere Flugleistungen aufweisen mußte. Man sagte der Ju 188 nach, daß sie sich in ihren Flugeigenschaften nur unwesentlich von ihrer älteren Schwester unterschied. Es kam für meine Besatzung und mich also hauptsächlich darauf an, mit der erheblich unterschiedlichen Technik dieses Flugzeugs vertraut zu werden. Deshalb wurde die Umschulung eher ein »Trockenkurs« mit anschließendem Lustflug.

Gegenüber der Ju 88 war der vordere Teil des Rumpfes mit dem Führerraum vollkommen geändert. Das ganz verglaste Dach wurde ohne die bisherige »Stufe« unterhalb der Frontscheibe des Flugzeugführers in einer durchgehenden, eingestrakten Wölbung bis zur Rumpfspitze hinuntergezogen. Dadurch war eine ungehinderte Sicht nach vorn bis nahezu senkrecht nach unten ermöglicht. Zwischen den Seitenruderpedalen war eine elektrisch beheizte Plexiglasscheibe in den Boden eingebaut, so daß der Flugzeugführer wie bei der Ju 88 die Möglichkeit hatte, auch richtig nach unten zu sehen.

Die Anordnung der Instrumente und Bedienhebel unterschied sich vollkommen von der Ju 88. Die Sicht des Flugzeugführers nach allen Seiten war nicht durch Instrumententräger oder andere Einbauten behindert. Die Tafel für die wichtigsten Navigationsinstrumente war am Kanzeldach rechts von der Mitte angebracht. Alle übrigen Instrumente und Geräte waren an der rechten beziehungsweise linken Bordseite in den Hauptgerätetafeln eingebaut.

Die Steuersäule stand in der Mitte, also rechts vom Flugzeugführer. Das Steuerhorn war an einem Schwenkarm gelagert, der wahlweise entweder vor den Platz des Flugzeugführers oder den des Beobachters geschwenkt werden konnte.

Die Sitze für Flugzeugführer, Beobachter, Funker und Bordschützen waren wie in der Ju 88 angeordnet; allerdings war für die Ju 188 ein zusätzliches - fünftes - Besatzungsmitglied vorgesehen: ein zweiter Bordschütze, der einen Waffenstand im Kanzeldach zu bedienen hatte, einen regelrechten Drehturm, der nach oben durch eine Glaskuppel abgeschlossen war, die über die Dachkontur hinausragte. Eingebaut war eine 2-cm-Kanone. Das Richten der Waffe geschah

durch Elektromotore, die durch einen kleinen Hebel - ähnlich einem Steuerknüppel - gesteuert wurden.
Diese Kanone bedeutete sicher eine beachtliche Verstärkung der Abwehrbewaffnung für das Flugzeug, vorausgesetzt, daß sie richtig bedient wurde. Was sie allerdings bei unseren heimlichen Nachtflügen nützen sollte, war eine andere Frage. Der Oberwerkmeister, der bei unserer Einweisung dabei war, erklärte, daß bei »Olga« noch kein einziger Schuß aus dieser Waffe abgegeben worden sei.
Auf der Stelle befahl ich den Ausbau aus allen Maschinen. Erstens sparten wir dadurch fast 400 kg an Gewicht ein und zweitens erhielten wir in der Kanzel noch Platz für einen weiteren Mann.
Ein entscheidender Unterschied gegenüber der Ju 88 lag außerdem in der Technik zur Betätigung von Fahrwerk, Landeklappen, Sturzflugbremsen - kurz allem, was durch Hydraulik bewegt wurde. Wurden dort die entsprechenden Steuerschieber durch direkte Gestänge mit Hebeln in dem Bedientisch beim Flugzeugführer betätigt, so waren diese Gestänge hier durch elektrische Leitungen und die Bedienhebel durch Schalter und Knöpfe ersetzt.
Die hydraulischen Steuerschieber wurden durch Elektromagnete betätigt.
Wir fühlten uns in dem hochmodernen Vogel eigentlich sofort wohl, nachdem jeder seinen Arbeitsplatz genau studiert und »auswendig gelernt« hatte.
Allerdings hatten wir schon vorher die verschiedenen Betriebshandbücher gründlich durchgearbeitet. Es genügt ja nicht, wenn man bei einem großen Flugzeug die Funktionsweise und Anordnung von Hebeln, Knöpfen und Instrumenten kennt. Dies reicht zwar nach einer angemessenen Umschulung aus, um die Maschine unter normalen Bedingungen fliegen zu können. Im Falle einer Störung in der Technik - oder wenn unvorhergesehene fliegerische Umstände eintreten - genügt es nicht mehr. Dann kann technische Unkenntnis tödlich sein.
Im Krieg, wo unter Feindeinwirkung geflogen werden muß, wo immer mit unvorhersehbaren Wetterlagen zu rechnen ist und wo oft bis zur äußersten Grenze der Reichweite ohne

zusätzliche Reserven geflogen werden muß, sind die Anforderungen an Können und Wissen der Besatzungen ungleich höher als in einem zivilen friedlichen Flugbetrieb, wo jedes vermeidbare Risiko von vornherein ausgeschlossen wird.
(Eben deshalb ist es mir immer unverständlich geblieben, warum in unserer Luftwaffe die Ausbildung in allen Sparten umsomehr vernachlässigt wurde, je länger der Krieg dauerte und je komplizierter die Technik und je schwieriger die Fliegerei überhaupt geworden war.
Gerade hier in der Ju 188 hatten wir ein Flugzeug, das sich in vielen technischen Details und in seinen Flugleistungen von vergleichbaren Maschinen derart unterschied, daß der sichere und erfolgreiche Einsatz ganz davon abhing, wie gut Flugzeugführer und Besatzung mit ihm vertraut waren.)
Wir ließen die Triebwerke an und führten alle Prüfungen durch, die vor einem Start notwendig sind.
Der anschließende Flug führte bei schwindendem Tageslicht im Tiefflug in die weitere Umgebung von Frankfurt. Für mich war es ein lange nicht mehr verspürtes Vergnügen, mit einem großen und schnellen Flugzeug ohne einen bestimmten Auftrag über die spätherbstliche Landschaft zu fliegen.
Die beiden Jumo 213 A-1 mit ihrer Startleistung von 1750 PS machten aus dem unbeladenen Vogel fast ein Sportflugzeug. Wir übten die Handhabung der gesamten Technik - elektrohydraulische Betätigung von Landeklappen, Fahrwerk und Sturzflugautomatik, Umpumpanlage für Benzin und Öl, Enteisungsanlage, Funkanlage, Waffenbedienung, Bombenautomatik, Triebwerksüberwachung, auch die Notbetätigung der Hydraulik - eben alle für den sicheren Flug notwendigen Griffe und Tätigkeiten - bis wir sie blind beherrschten.
Bei den anschließenden Landeübungen in die beginnende Nacht hinein empfand ich die fortschrittliche Auslegung des Platzes für den Piloten gegenüber der Ju 88 als große Erleichterung. Dort mußte ich für die Vorbereitung der Landung die Anschnallgurte lockern, um mit meinem linken Arm alle Hebel auf dem langen Bedientisch sicher erreichen zu können.
Hier dagegen war es ein leichtes Spiel mit Schaltern und

Knöpfen, welche in bequemer Reichweite lagen. Die Trimmung des Höhenruders, mit deren Hilfe Landegeschwindigkeit und Gleitwinkel geregelt wurden, geschah durch einen Schaltknopf am Steuerhorn. Es war also nicht mehr notwendig, ein Handrad irgendwo an der Seitenwand zu drehen.
Alle Anzeigen und Schauzeichen für die Stellung von Fahrwerk, Landeklappen, Trimmung und Luftschrauben waren in einem einzigen Vielfachanzeigegerät zusammengefaßt. Es vermittelte die entsprechende Information entweder durch Lichtzeichen oder durch Symbole. Man war mit einem einzigen Blick über den augenblicklichen Zustand des Flugzeugs informiert und hatte fast unbehindert Zeit, sich auf die Landung und auf die »Umgebung« zu konzentrieren.
Als wir nach der letzten Landung in der Dunkelheit über die schmale Eisenleiter nach unten kletterten und den Boden wieder unter den Füßen hatten, waren wir froh und zufrieden.
Zumindest was das Flugzeug anbelangte, sollten unsere Aufgaben bei »Olga« wohl zu meistern sein.
Es waren dann auch gerade gute 24 Stunden vergangen, als wir nach ebenso dramatischen Vorbereitungen, wie wir sie am Vortag erlebt hatten, in unsere Kanzel kletterten, um zu unserem ersten Nachteinsatz seit langer Zeit zu starten.
Ich hatte mich gleich zum ersten Einsatz nach meiner »Amtsübernahme« selbst eingeteilt. Es war die Nacht vom 23. auf den 24. November 1944.
Vor uns lag ein Rundflug, der zunächst nach Holland, dann über Belgien in den Raum nordwestlich Paris und zurück führen sollte.
In Holland warteten V-Leute im Raum südlich Rotterdam auf dringend benötigte Versorgung, während über belgischem Gebiet ein Mann abzusetzen war, den wir mit in der Kanzel hatten. Für einen Platz an der Seine, knapp 100 km nordwestlich von Paris, war ein PAG bestimmt, in dem sich drei etwas verängstigte Franzosen befanden.
Vor mir waren bereits zwei andere Ju 188 gestartet. Weitere Flugzeuge standen für diese Nacht nicht zur Verfügung, weil sie nicht einsatzklar waren.

Die Nacht war noch stockdunkel, als ich quer über den Platz auf den Startpunkt am Anfang der Landebahn zurollte. Der Startposten blinkte in kurzen Abständen mit einer Lampe und zeigte mir damit die Richtung an.

Ich rollte auf die Betonbahn und drehte das Flugzeug in die Startrichtung. Dann erfolgte die sorgfältige Überprüfung des gesamten Flugzeugs und die Vorbereitung zum Starten.

Nach dem vorangegangenen Übungsflug und nach unzähligen Nachtflügen mit der »älteren Schwester« der Ju 188 mochte dies als einfache Routine erscheinen.

Dazu habe ich es aber in meiner ganzen Fliegerei nie kommen lassen. Im Gegenteil, ich wurde im Laufe der Jahre immer pedantischer bei diesen Prüfungen vor dem Start und habe mich nie damit begnügt, einfach die Triebwerke abzubremsen. Erst als ich alles in Ordnung fand - Drehzahlen, Luftschrauben-Automatik, Temperaturen, Ladedruck, elektrische Anlage, Generatoren, Navigationsanlage, Treibstoff- und Ölvorrat, Umpumpanlage und die gesamte übrige Technik, gab ich dem Startposten durch kurzes Aufblinken mit dem Landescheinwerfer das Zeichen, daß ich startfertig sei.

Im nächsten Augenblick flammte die grün-weiß-rote Befeuerung der Landebahn auf. Ich konnte starten.

Nach dem Vorschieben der Leistungshebel verschwand das flaue Gefühl in der Magengegend, das man vor jedem Feindflug empfand, gleichgültig, ob es der erste oder wie bei mir etwa der dreihundertste war.

Man war dann nur noch Auge, Ohr und »Gespür« für das Flugzeug und für die Umgebung im engen Gehäuse, wie auch draußen.

Nach überraschend kurzem Anrollweg konnte ich das Flugzeug vom Boden nehmen. Die erheblich größeren Leistungsreserven der Ju 188 wurden spürbar. Dazuhin war ich es bisher gewöhnt, mit Flugzeugen auf Feindflug zu gehen, die bis zur Grenze des Zulässigen beladen waren, während meine Maschine heute vergleichsweise wenig zu tragen hatte.

Die Uhr zeigte genau 20.00 Uhr.

Ich war im flachen Steigflug noch nicht bis zur Platzgrenze gekommen, als die Befeuerung bereits wieder ausgeschaltet wurde. Die Besatzungsmitglieder meldeten nacheinander ihren jeweiligen Arbeitsplatz und technischen Bereich ebenfalls klar.

Mit dem Flugmeldedienst war abgesprochen, daß ich südlich von Köln den Rhein überfliegen würde. Dann wollte ich weiter in geringer Höhe bleiben, bis zu meinem ersten Ziel im Süden von Rotterdam.

Irgendwo westlich des Rheins mußte ich über die Front hinweg. Es war nicht möglich, den genauen Verlauf der Hauptkampflinie zu erfahren. Auch über die Abwehrlage - Flak, Nachtjäger - gab es natürlich keine Informationen.

Die Uhr zeigte 20.10 an, als ich die automatische Kurssteuerung einschaltete, die ich auf einen Kurs von 325 Grad eingestellt hatte. Wir mußten dann an der angegebenen Stelle über dem Rhein sein. Dies war auch der erste Punkt auf der Flugstrecke, wo es möglich sein mußte, trotz der strikt durchgeführten Verdunkelung Erdorientierung aufzunehmen.

An Bord wurde kein Wort gesprochen.

Ich beobachtete die Instrumente für Triebwerke, Treibstoffverbrauch, Temperaturen, sowie die Höhenmesser und die Uhr. Außer dem Aufblinken einiger weniger Lichter war unter uns stockschwarze Dunkelheit.

Obwohl wir noch über eigenem Gebiet waren, hatten wir doch dasselbe ungute Gefühl wie auf einem Einsatzflug tief im feindlichen Hinterland.

Das kam einfach daher, daß wir uns allein und verlassen fühlten. Und in der Tat waren wir dies ja auch. Längst existierte keine richtig funktionierende Bodenorganisation mehr, die über die Bewegung eigener Flugzeuge Bescheid wußte.

Wir konnten uns vorstellen, wie die Menschen - Zivilisten wie Soldaten - in den Dörfern und Städtchen unter uns ängstlich aufhorchten, als sich das Geräusch unseres Flugzeugs näherte. Da oder dort mochte sogar eine Sirene aufheulen.

Die ganze Situation war für uns gespenstisch und unheimlich. Und sie war in noch höherem Maße deprimierend: da waren wir unterwegs auf einem Feindflug weit in das gegnerische Gebiet hinein, flogen noch über der eigenen Heimat und wurden hier, doch irgendwie für Fremde gehalten, mißtrauisch beobachtet. Ich vermeinte, diese Art Feindseligkeit direkt zu spüren.

Mein Beobachter Hans Fecht wurde langsam unruhig: die Uhr war soweit abgelaufen, daß man in wenigen Minuten den Rhein sehen mußte. Er ließ den Strahl seiner Taschenlampe kurz über die Navigationskarte huschen, um sich noch einmal das Bild einzuprägen, das wir über dem Strom zu erwarten hatten.

Und da erhielten wir auch die Bestätigung, daß wir zur richtigen Zeit und am richtigen Punkt den mächtigen Vater Rhein überflogen. Zwar ließen nur einige reflektierende Lichtschimmer markante Biegungen erkennen. Dies reichte jedoch, um den Standort genau zu bestimmen, den Kurs für den nächsten Abschnitt einzustellen und erneut die Stoppuhr zu drücken. Voraus war erst schwach, dann schnell deutlich werdend lebhaftes Lichterspiel am Horizont zu erkennen.

Dies mußte die Frontlinie sein!

Ich war unsicher, ob ich höher gehen oder besser näher am Boden bleiben sollte. Es war eine Situation, wie wir sie bei unseren bisherigen Feindflügen noch nicht gehabt hatten.

Wir wußten nicht, was drüben auf uns wartete. Und wir wußten nicht, wie man uns hüben einschätzte.

Ja, es war uns sogar unbekannt, wo die Grenze zwischen hüben und drüben genau verlief.

Meine Flughöhe betrug etwa tausend Meter über Grund, und ich beschloß, diese Höhe vorläufig beizubehalten. Je nach der Situation über dem Frontbereich konnte ich mich dann immer noch so oder so entscheiden. Der Fahrtmesser zeigte knappe 370 Kilometer pro Stunde.

Und aus dem Aufflackern und Zusammenfallen von Lichtfontänen am Horizont entwickelte sich in Augenblicken eine übersichtliche Darstellung des Kampfgeschehens am Boden.

Man sah Leuchtspurgarben, man sah Artillerieabschüsse und -einschläge. Es gab Leuchtzeichen, farbige Leuchtkugeln und Scheinwerferstrahlen.

Leuchtspurmunition von leichter Flak flog uns plötzlich entgegen. Aus beiden Richtungen: aus dem Bereich, den wir soeben überflogen hatten, und aus der Gegend vor uns.
Wahrscheinlich schoß man also von beiden Seiten der Front auf uns.
Ich drückte etwas an und schob die Leistungshebel etwas mehr nach vorn.
Augenblicklich wanderte der Zeiger des Fahrtmessers auf die Vierhundert-Kilometer-Marke zu, und im nächsten Augenblick waren wir aus dem Bereich der Bodenabwehr heraus.
Was sich aber unseren Augen dann bot, ist kaum zu beschreiben: Wir befanden uns jetzt in geringer Höhe über dem frontnahen Hinterland des Gegners.
Wir bekamen einen optischen Eindruck von dem gewaltigen amerikanischen Aufmarsch und von der unübersehbaren Menge von Nachschub, die da herangeschafft wurde.
Offenbar waren alle Verdunkelungs- und Luftschutzvorschriften außer Kraft gesetzt worden. Aus dem Hinterland bewegten sich, soweit man sehen konnte, Fahrzeugkolonnen auf die Front zu.
Man fuhr mit voll aufgeblendeten Scheinwerfern.
Deutlich waren die Hauptstraßen erkennbar, von denen sich fächerförmig Nebenstraßen in Richtung Front verzweigten.
Aus unserer Flughöhe hatten wir eine Sicht von fünfzig bis siebzig Kilometer in das Hinterland hinein. Und da schien es keine auch noch so kleine Straße zu geben, die nicht in beiden Richtungen von einem ununterbrochenen Lichterwurm belegt gewesen wäre. Es war ein Bild, wie wir es in vielen Jahren Krieg nie zu sehen bekommen hatten.
Auch Dörfer, Städte, Bahnhöfe waren hell erleuchtet.
Für uns war es unmöglich, auch nur annähernd zu schätzen, welches Ausmaß in Zahlen oder Tonnen dieser gewaltige Aufmarsch haben könnte.
In unserem Flugzeug war es inzwischen lebhaft geworden. Wir machten uns gegenseitig auf unsere Beobachtungen aufmerksam. Hier wurde uns so eindrucksvoll wie überhaupt nur möglich klar, daß diese herandrängende Masse durch unsere eigenen Kräfte nicht mehr aufzuhalten war.

Unsere Anwesenheit im feindlichen Luftraum wurde offenbar gar nicht zur Kenntnis genommen. Kein Scheinwerfer, kein Schuß Flak.
Mit deutschen Flugzeugen schienen die Amerikaner überhaupt nicht mehr zu rechnen. Eine Beobachtungs- oder Abwehrorganisation aufzubauen, war in ihren Augen wohl nicht mehr nötig.
In der Nähe unseres Zielraums war es dann auch nicht schwer, sich zu orientieren.
Vorn am Horizont war gut der Lichtdom zu sehen, unter dem sich die Stadt Rotterdam befinden mußte. Auch das Netz von Straßen, das durch die Lichterschlangen markiert war, zeigte dorthin.
Unser Zielraum lag direkt vor uns.
Den Ablaufpunkt, eine Straßengabelung nördlich der Stadt Breda, überflogen wir genau.
Ich drosselte die Triebwerke, schloß die Kühlerklappen, reduzierte die Geschwindigkeit auf 250 km/h, stellte die Landeklappen auf halbe Stellung an und ging in den genau berechneten Sinkflug über.
Die Sekunden liefen auf der Stoppuhr ab.
Der Beobachter ging nun ganz ungeniert mit seiner Taschenlampe um - irgendwelche Vorsicht, wie wir es aus den Nachtflügen früherer Zeit über England kannten, schien hier nicht mehr erforderlich.
Der Boden kam näher.
Wir trieben jetzt Kleinorientierung. Der Platz, auf welchem unsere Ladung erwartet wurde, mußte jetzt knapp vor uns liegen.
Unsere voraussichtliche Ankunft war kurz vor dem Start an die holländischen V-Leute durch Funkspruch angekündigt worden. Sie hatten die Nachricht quittiert, so daß wir erwarten konnten, daß das vereinbarte Erkennungszeichen an dem angegebenen Ort aufleuchten würde.
Es sollten drei blinkende Taschenlampen sein, in einem Dreieck aufgestellt, dessen Spitze nach Norden zeigen mußte.
An dieser Spitze sollten wir abwerfen.
Ausdrücklich war vereinbart, daß das Flugzeug keine Such-

schleifen fliegen würde, falls der Platz nicht auf Anhieb gefunden wurde.

Angesichts der hell erleuchteten Dörfer und der überdeutlich erkennbaren Straßen war es nicht schwer, den Abwurfplatz genau anzufliegen.

Gleich mußten die Taschenlampen aufblitzen.

Die Bodenklappe in der Bordschützenwanne hatten wir längst aufgekurbelt. Der Absetzer stand bereit, um die beiden länglichen Holzkisten im richtigen Augenblick hinauszustoßen.

Um mehr Geräusch zu machen, gab ich etwas Gas und ließ die Luftschrauben höher drehen. Das muß wohl richtig gewesen sein, denn gleichzeitig mit mir erkannte mein Beobachter, daß es voraus schwach blinkte. Wir sahen zunächst nur eine Lampe, dann eine zweite in größerem Abstand davon. Die dritte Lampe konnten wir nicht erkennen. Weil wir jedoch sicher waren, am richtigen Platz zu sein, drehte ich in die Abwurfrichtung ein, hielt auf die nördliche Lampe zu und gab dann das Zeichen zum Abwurf.

Der elektrische Höhenmesser zeigte 250 Meter über Grund, als zwei stabile Holzkisten, jede 50 x 20 x 20 Zentimer groß, nach unten taumelten.

Wenn alles funktionierte, mußten sich an jeder Kiste die fünfzig Meter langen roten und weißen Leinwandbänder abrollen, die das Auffinden erleichtern sollten.

Noch eine kurze Zeit flog ich in der Abwurfrichtung weiter, um zu vermeiden, daß durch auffälliges Abdrehen irgendjemand am Boden auf den Abwurfplatz aufmerksam werden könnte.

Motoren und Flugzeug brachte ich wieder auf die Einstellung für Marschflug und drehte nach den Kursangaben des Beobachters in die neue Flugrichtung Südwesten ein.

Mein erster Auftrag bei »Olga« war erfüllt.

An Bord herrschte jetzt eine gehobene Stimmung. Um den Absetzpunkt für unseren Belgier zu erreichen, hatten wir uns eine Flugzeit von knapp zwanzig Minuten errechnet. Es klappte wie am Schnürchen - einfach deswegen, weil die Navigation durch die hellerleuchteten Orte und Straßen unter uns friedensmäßig einfach war.

Wir wünschten dem Mann alles Gute, bevor er samt seinem Gepäck über dem gewünschten Platz auf der Klappe nach unten rutschte.
Der Mond war inzwischen hoch über dem Horizont, so daß wir im Weiterflug sogar sehen konnten, daß die Fallschirme für Mann und Gepäck sich geöffnet hatten.
Während wir damit beschäftigt waren, den neuen Kurs in Richtung auf unser nächstes Ziel zu bestimmen und an der Kurssteuerung einzustellen, machte uns der Funker »Hein« Hallert auf eine rätselhafte Erscheinung am Himmel aufmerksam:
Er hatte beobachtet, wie hinter uns und quer zu unserem Kurs ein Flugzeug in nördlicher Richtung flog, das einen auffälligen Feuerschweif hinter sich herzog. Sofort waren wir alarmiert.
Ich drückte die Ju 188 auf höhere Fahrt und ging näher an den Boden heran.
Es war dann zu beobachten, daß der Feuerstrahl unbeirrt in nördlicher Richtung auf die Küste zu weiterflog und schnell außer Sicht kam.
Noch zwei weitere Feuerstrahlen konnten wir in kurzer Folge beobachten, wie sie in mittlerer Höhe hinter uns unseren Kurs kreuzten.
Keine Frage: das waren V-1! Fliegende Bomben auf ihrem Weg zu Zielen an der englischen Küste. Nun hatten wir diese Wunderdinger mit eigenen Augen im Einsatz gesehen - waren ihnen sogar in der Luft begegnet!
Alle Hoffnung auf deutscher Seite für eine Wende der katastrophalen Lage stützten sich in diesen Wochen und Monaten ja auf jene »Wunderwaffen«, die von der politischen Führung schon lange angekündigt worden waren:
die fliegende Bombe »V-1« (korrekte Typenbezeichnung Fi 103),
die weitreichende Großrakete »V-2« (A4-Gerät),
die superschnellen neuen Flugzeuge mit den revolutionären Raketen- oder Strahlturbinen-Triebwerken, Me 163, Me 262 und Ar 234,
Bomben, die vom Flugzeug aus ins Ziel gelenkt werden konnten,

Fla-Raketen, die ferngelenkt jedes Flugzeug treffen sollten,
neue Geräte auf dem Gebiet des Funk- und Funkmeßwesens,
Großflugzeuge mit bisher nie erreichten Eindringtiefen.

Wenn jetzt die zahlenmäßige Überlegenheit der Gegner des Reichs auch eine totale Niederlage zu erzwingen schien, so würden diese überlegenen technischen Waffen in Kürze eine Wende herbeiführen, welche für die Feinde Deutschlands vernichtend sein mußte. Zumindest würden sie zur Einleitung von Verhandlungen zwingen.

Nun hatten wir sie gesehen!

Ganze drei Stück!

Angesichts des gigantischen Aufmarsches, der sich unter uns von Horizont zu Horizont vollzog, der offenbar das gesamte westliche Hinterland wie ein Spinnetz überzog, hätte es - jetzt gleich - tausender und aber tausender solcher überlegener Waffen bedurft, um diesen Feind noch aufzuhalten.

Inzwischen waren wir in einen leichten Steigflug übergegangen, um einen größeren Überblick für die Orientierung zu bekommen.

Die belgisch-französische Grenze rückte näher.

Plötzlich wurde knapp voraus die Befeuerung eines Flugplatzes eingeschaltet.

Eiskalter Schreck und blitzartige Reaktion!

Mit einem Griff zum Schalter kuppelte ich die Kurssteuerung aus und zog eine Steilkurve in die dunkle Seite des Himmels hinein.

Dabei war ich mir voll bewußt, daß das unförmige PAG mit seiner Menschenfracht unter meinem Flugzeug hing, von dem ich nicht wußte, wie es auf starke Beschleunigungen reagierte.

Natürlich durfte ich nicht riskieren, dieses Sperrholzfaß zu verlieren. Deswegen gab ich mir Mühe, so weich wie möglich zu kurven und doch schnellstmöglich aus dem Sicht- und Hörbereich dieses Flugplatzes herauszukommen.

Im Wegkurven meldete jedoch der Bordschütze aus seiner Bodenwanne die nächste Überraschung:

Von unten wurden grüne Leuchtkugeln geschossen.

Also keine Flak und keine Nachtjäger oder sonstige Teufeleien, wie wir sie auf unseren Englandflügen laufend und in ständig wechselnden Variationen erlebt hatten.
Man forderte uns auf zu landen!
Also was tun?
Lakonisch sagte Hans Fecht in die Eigenverständigung: »Amiens«.
Es war klar, daß man uns unten für ein eigenes Flugzeug hielt, das entweder erwartet wurde oder das sich offenbar verflogen haben mußte.
Gleichgültig, was man von uns halten mochte: es war klar, daß wir höchstwahrscheinlich von jetzt ab beobachtet wurden, daß unser weiterer Flugweg unter Kontrolle stand.
Eine ähnliche Situation hatten wir in bald sechs Jahren Krieg noch nicht erlebt.
Wir befanden uns auf einem Feindflug mitten in der Nacht und tief im feindlichen Hinterland.
Wir waren erfaßt und nicht als Feind sondern als Freund »identifiziert« worden.
Wie mußten wir uns jetzt verhalten, um unter diesem Etikett weiterfliegen zu können?
Wir waren außerdem kein »normales« Flugzeug, sondern ein Einsatzmittel für Spione.
Wir durften keinesfalls unsere »Zuladung« aus irgendeiner Notlage heraus verlieren oder an einem anderen Platz als dem vorbestimmten abwerfen.
Sollten wir abbrechen und so schnell wie möglich eigenes Gebiet anfliegen?
Oder sollten wir gar auf das Spiel eingehen und »Luftnot« simulieren, etwa die Positionslichter einschalten?
Während ich den vorbestimmten Kurs weiterflog, wogen wir alle Für und Wider gegeneinander ab. Der Beobachter rechnete aus, daß wir in knapp 25 Minuten am nächsten Ziel sein mußten.
Wir entschlossen uns zum Weiterflug.
Es blieb uns nichts übrig, als so zu tun, als wäre nichts Ungewöhnliches geschehen. Tatsächlich wurden wir nur noch einmal belästigt, bevor wir voraus die markanten Schleifen der Seine erkannten: eine Gruppe von drei benachbarten

Scheinwerfern gab irgendwelche Blink- oder Winkzeichen, welche offenbar uns gegolten haben, die wir jedoch nicht deuten konnten.
Durch die Sprechanlage verständigten wir unsere Franzosen im PAG, daß das Ziel in Sichtweite sei und daß wir sie am gewünschten Ort - einem Wiesengürtel innerhalb einer U-förmigen Seineschleife - absetzen würden.
Nichts sagten wir ihnen darüber, daß wir offensichtlich nicht als Feind sondern als eigenes Flugzeug angesehen wurden. Ihnen konnte es kaum etwas nützen, uns aber für künftige Flüge schaden, falls einer von den Dreien - aus welchem Grund auch immer - »plauderte«.
Der Abwurf des PAG war weit weniger dramatisch als das Absetzen unseres Belgiers mit seinem Fallschirm direkt aus der Kanzel: Mit gedrosselten Triebwerken und geringer Geschwindigkeit ließ ich die 188 im flachen Gleitflug auf das gut sichtbare Ziel zugleiten. In westlicher Richtung überflog ich, 250 Meter über Grund, die Flußschleife. Ich konnte dabei, weil der Mond genügend Licht hergab, vermeiden, bebautes Gelände zu überfliegen. Am richtigen Punkt brauchte ich dann nur noch auf den Bombenknopf zu drükken. Es folgte der gewohnte Sprung des Flugzeugs nach oben, weil es um fast achthundert Kilo leichter geworden war. Dann gab es einen zweiten Ruck, als die dicke Reißleine aus Stahl die Kappe des PAG abriß und die Fallschirme herauszog.
Ohne Gas zu geben, flog ich in der gleichen Richtung weiter. So vermied ich auch hier, daß die Aufmerksamkeit eines zufälligen Beobachters auf den Abwurfplatz des PAG gelenkt wurde.
Erst als der Boden gefährlich nahe kam, gab ich wieder vorsichtig Gas, um langsam auf Höhe zu kommen und in einem weiten, nach Süden ausholenden Bogen auf Heimatkurs zu gehen. Die Besatzung hatte natürlich gespannt das fallende PAG verfolgt.
Einwandfrei hatten sich die Fallschirme in nicht allzu großem Abstand vom Boden geöffnet. Das Auftreffen selbst konnten sie nicht mehr beobachten, weil meine 188 dafür zu tief gekommen war.

Ein Fehlwurf war allerdings angesichts der guten Sichtverhältnisse und des sehr glücklich ausgewählten Absetzorts nicht zu befürchten. Es blieb also nur zu hoffen, daß es den Dreien gelang, ihren sicheren Unterschlupf unauffällig und unerkannt zu erreichen.
Eine Funkmeldung über das geglückte Unternehmen sollten sie erst in einigen Tagen an ihren Einsatzführer und Betreuer in Deutschland absetzen.
Unser Flugweg führte uns in respektvollem Abstand nördlich an Paris vorbei in direkter Linie auf Frankfurt zu. An den Anblick der ununterbrochenen Lichterketten der Fahrzeuge auf allen Haupt- und Nebenstraßen unter uns hatten wir uns längst gewöhnt. Die Lage von Paris war als ein heller Fleck am südlichen Horizont klar auszumachen.
Mein Beobachter stieß mich in die Seite und zeigte nach vorne und machte mich auf vorbeiziehende rote und grüne Lichter aufmerksam. Es handelte sich unmißverständlich um die Positionslichter eines Flugzeugs, das in der gleichen Höhe wie wir schräg vor uns unseren Kurs kreuzte. Fast gleichzeitig strahlte vorn rechts ein Scheinwerfer senkrecht in den Himmel.
Und im nächsten Augenblick erkannten wir die Befeuerung eines Flugplatzes am Horizont vor uns.
Ich wich etwas nach Norden aus, um unbemerkt zu bleiben.
Dann sahen wir weitere Positionslichter durch den Himmel ziehen. Und es wurde uns klar, daß wir mitten in den Nachtflugbetrieb eines Feindflugplatzes hineingeraten waren. An der Aufreihung der Flugzeuge war deutlich zu erkennen, daß in Linksplatzrunde geflogen wurde.
Alles machte einen derart friedlichen Eindruck, daß ich es nicht lassen konnte, mich in die Platzrunde mit einzureihen. Der Flugplatz kam in Sicht - hell erleuchtet.
Ein deutsches Flugzeug flog unerkannt im Nachtflugbetrieb des Gegners mit!
Ich brauchte jetzt nur noch die Positionslichter einzuschalten und hätte - ohne aufzufallen - landen und durchstarten können.
Was für eine Nacht!

Rundum friedensmäßig beleuchtete Ansiedlungen.
Auf allen Straßen Kolonnenverkehr, voll aufgeblendet. Ein Flugplatz mit friedensmäßiger Befeuerung.
Einen Augenblick lang dachten wir daran, uns direkt hinter eines der Flugzeuge zu hängen und aus unseren Bordwaffen zu schießen (noch waren sie ja nicht ausgebaut) oder im Tiefflug über den Platz zu brausen, um denen da unten einen Schrecken einzujagen.
Was aber hätte das genützt?
Ebenso nutzlos wäre es gewesen, im Tiefflug mit unseren kümmerlichen Bordwaffen die Fahrzeugkolonnen anzugreifen. Wir hätten uns damit nur den eigenen Salat zertrampelt, wenn wir die da unten auf uns aufmerksam gemacht hätten.
So flogen wir eben unseren alten Kurs in Richtung Frankfurt weiter.
Die Fahrzeuge unter uns schwärmten nach und nach fächerförmig aus. Dies war das Zeichen, daß die Frontlinie nicht mehr weit sein konnte.
Ich ließ meine 188 ganz langsam auf Höhe gehen, weil bald wieder mit Flakbeschuß aus den Infanteriestellungen zu rechnen war. Mit der größeren Höhe erlangten wir den besseren Überblick und hatten das gleiche Bild wie beim Frontüberflug in westlicher Richtung:
Aufleuchtende Detonationen schwerer Artilleriemunition.
Auch das Aufblitzen der Abschüsse.
Dann bunte Leuchtmunition und Ketten von Leuchtspurgeschossen.
Ich erhöhte die Geschwindigkeit und drückte in einen leichten Gleitflug.
Herrlich, wie der nunmehr leichte Vogel Fahrt aufholte!
Es wurde wieder mit leichter Flak nach uns geschossen – schlecht liegend.
Dann war plötzlich Ruhe um uns und unter uns.
Trotz des schwachen Mondlichts erschien die Nacht wieder stockdunkel. Die deutsche Seite hatte sich in völlige Dunkelheit verkrochen.
Dieser Wechsel überfiel uns wie ein Schlag:
Alles unter uns war tot. Nur hie und da blitzte die Reflexion

des Mondlichts von einer Fensterscheibe oder einer Wasserfläche zu uns herauf.
Noch nie ist uns bisher die vollkommene Überlegenheit des Feindes so deutlich geworden. Drüben friedensmäßige Sorglosigkeit und gigantische Aufmärsche. Hüben totale Ohnmacht, Angst und Schwäche.
Wir sahen uns an und waren unfähig, ein Wort zu sagen.
Längst hatten wir das Navigationsfunkfeuer in der Nähe von Frankfurt in unserem Peilempfänger.
Nach den Peilungen korrigierten wir unseren Kurs und konnten ausrechnen, daß wir in fünfzehn Minuten landen würden.
Durch ein kurzes Funksignal, das uns quittiert wurde, gaben wir die voraussichtliche Landezeit nach unten.
Die Befeuerung der Landebahn leuchtete auf.
Motoren drosseln, Landeklappen ausfahren, Luftschrauben verstellen, Zusatzpumpen einschalten - alle diese notwendigen Handgriffe vollzog ich, während ich in die Landekurve ging.
Dann setzten wir auf. Noch im Ausrollen wurde die Befeuerung wieder ausgeschaltet. Aus der Richtung unseres Abstellplatzes am Waldrand blinkte grünes Licht.
Vorsichtig rollte ich darauf zu, immer bemüht, nicht in einem Bombentrichter zu landen.
Nach einem Flug von knapp fünf Stunden stellte ich die Triebwerke ab.
Die Stille überfiel uns.
Wir kletterten aus der Maschine.
Und erst jetzt fanden wir die ersten Worte zu den Eindrükken dieser Nacht.
Es mußte doch der militärischen und der politischen Führung bekannt sein, wie es drüben hinter der Westfront aussah. Trotzdem tat man so, als ob die eigene Lage nur eben mal zwischenzeitlich ungünstig geworden sei.
Man war angeblich mehr als je davon überzeugt, daß genügend eigenes Potential vorhanden sei, um mit einem endgültigen großen Schlag das Kriegsglück zu wenden. Hat das Wort von den Wunderwaffen den Glauben wirklich noch einmal aufflackern lassen?

Die Ju 188, Weiterentwicklung der Ju 88 – äußerst modern in der Cockpitauslegung und leistungsstärker als der ältere Schwestertyp – wurde bei der I./KG 200 bevorzugt für Agentenflüge eingesetzt.

Die Ju 290, ursprünglich in größerer Stückzahl als Fernaufklärer über dem Atlantik und als Langstreckentransportflugzeug eingesetzt, bildete ein Kernstück der Transportkapazität des KG 200. Mit ihr wurden Menschen und Material für Geheimaufträge bis in den Orient befördert.

Das mächtige Hauptfahrwerk der Ju 290 läßt ahnen, wie groß und schwer dieses Flugzeug war.

Auch die wenigen vorhandenen V-Muster der sechsmotorigen Ju 390 gehörten zum Flugzeugbestand des »Geheimgeschwaders«. Die Aufnahme entstand im Frühjahr 1945 auf dem Flugplatz in Prag.

Niemand wußte so recht, um was für Waffen es sich dabei handeln sollte. Wir kannten, teilweise aus eigener Anschauung und teilweise vom Hörensagen, wie gesagt, einige davon: die Düsenflugzeuge Me 262 und Ar 234, die »V-1« und »V-2«, das neue Raketenflugzeug Me 163, neue Fla-Raketen, Lenkbomben, die vom Trägerflugzeug aus ins Ziel gesteuert werden konnten ...

Bis dato hatte die Erfahrung aber gezeigt, daß diese neuen technischen Waffen keinesfalls ausreichten, um das Blatt zu wenden. Darüber sprach man bereits offen.

Wenn trotzdem von Führung und Propaganda nach wie vor und in verstärktem Maße mit neuen Waffen von vernichtender Wirkung gedroht wurde, so konnte das doch nur bedeuten, daß die eigentliche »Wunderwaffe« erst noch kam. Manche glaubten noch daran, die meisten hatten innerlich wohl die Hoffnung längst aufgegeben. Oder?

Mit meinem Beobachter machte ich mich sofort daran, einen umfangreichen Bericht über unsere Aufklärungsergebnisse im rückwärtigen Feindgebiet zu verfassen. Aber zuerst gaben wir den Führern unserer abgesetzten V-Leute Bescheid. Diese waren erleichtert, als sie hörten, daß ihre Schützlinge - soweit wir dies beobachten konnten - am richtigen Ort und unversehrt den Boden erreicht hatten.

Während wir die Eindrücke aus dieser Nacht niederschrieben, wurde uns noch einmal bedrückend klar, welche Lawine da auf die deutschen Linien zurollte. Es war so überwältigend, daß wir kaum die Worte fanden, um das Bild vollkommen zu beschreiben.

Zahlenangaben oder auch nur Schätzungen aufzuführen, war vollkommen unmöglich. Wir versuchten Vergleiche gegenüber dem Nachschub der Russen im Winterkrieg 1941/42 anzustellen: Obwohl wir dort bei Tag und Nacht die gewaltigen Mengen an Menschen und Material gesehen hatten, die auch in einem ununterbrochenen Strom herangeschafft wurden, - obwohl wir also sicher einen vergleichbaren Eindruck hatten, blieb uns nur die Formulierung, daß das, was sich derzeit im Westen abspielte, ein Vielfaches dessen war, was die Ostfront ins Wanken gebracht hatte.

Ein Geschwader ohne Vorbild und Beispiel

Eine vollkommen unfliegerische Aufgabe gehörte gleichsam als »Resteverwertung« zum Auftrag des Kommandos »Olga«.

Da saß - es war die Zeit, als die Front an den Rhein herangerückt war - irgendwo im Raum Paris ein eigener Agent.

Dieser war mit einem Funksprechgerät ausgestattet, das auf UKW-Frequenz arbeitete.

Seinen wirklichen Aufenthaltsort, wie auch seinen Auftrag, haben wir nie erfahren. Wir kannten nur seinen Decknamen, der zudem häufig wechselte.

Im Gegensatz zu seinen »Kollegen«, die alle mit Kurzwellengeräten für Tastfunk ausgerüstet waren, konnte er nun nicht mehr direkt in Verbindung mit seiner diesseitigen Führungsstelle treten. Dies lag an der Ausbreitungscharakteristik der Ultrakurzwelle, mit der man zwar mit verhältnismäßig geringer Sendeleistung große Reichweiten erzielen kann - aber nur unter der Voraussetzung, daß zwischen Sender und Empfänger eine quasi-Sichtverbindung besteht.

Die Reichweite ist begrenzt durch den Erdhorizont, was zwischen zwei Bodenstationen einer Entfernung von dreißig bis fünfzig Kilometern entspricht.

Baut man eine der Stationen jedoch in ein Flugzeug ein, das hoch fliegen kann, so sind Reichweiten über mehrere hundert Kilometer möglich.

Das Funksprechgerät, das man dem Agenten in die Hand geben hatte, bevor er sich durch die alliierten Truppen überrollen ließ, war das nämliche FuG 16, das auch in unseren Flugzeugen eingebaut war.

So war es möglich, eine ausgezeichnete Verbindung zu dem Informanten zu halten.

Natürlich gab es einen genauen Zeitplan, der sich auf jene Nachtstunden beschränkte, zu denen gewöhnlich Flugzeuge von »Olga« über dem französischen Raum flogen.

Der ständig wechselnde Sprechcode bestand aus einem Zahlenschlüssel.

Wir von »Olga« waren natürlich gar nicht glücklich über die zusätzliche Aufgabe, einen Mann mitführen zu müssen, der langatmige Funkgespräche mit seinem Agenten abwickelte. Galt es doch als Grundsatz, über Feindgebiet unbedingte Funkstille zu halten. Hinzu kam noch, daß jener V-Mann-Führer jedesmal einen Platz in der Maschine beanspruchte, der für die Beförderung eines Agenten verloren ging. Zudem zeigte sich, daß die Funkgespräche unnötig langatmig verliefen, weil der V-Mann-Führer ungeübt war und wohl auch gehemmt und etwas ängstlich.

Schließlich konnten wir im Interesse unserer eigenen Sicherheit durchsetzen, daß der Mann zuhause blieb. Den Sprechverkehr führten wir von da ab selbst durch.

Dies ging wesentlich schneller, war sicherer und blieb wohl auch ohne entscheidende Übermittlungsfehler.

Ich erinnere mich noch an einen Flug in dieser Zeit.

Es war eine helle Mondnacht über Frankreich.

Die Uhr zeigte nach Mitternacht und ging auf ein Uhr zu.

Wir flogen nördlich an Paris vorbei in westlicher Richtung.

Ein PAG mit drei Männern und deren Ausrüstung beladen hing unter dem Flügel. Es war für den Raum Brest bestimmt. In der Kanzel hockten außer der Besatzung noch zwei Franzosen mit ihren Köfferchen und verfolgten mit geweiteten Augen den Flug und jede Bewegung der Besatzungsmitglieder.

Der Beobachter kramte aus seiner Kartentasche ein Papierblatt heraus und machte sich bereit zu schreiben.

Er mußte eine kleine Lampe einschalten, die seitlich abgeblendet war, aber genügend Licht hergab.

Aus dem Plan las er die Frequenz ab, die für diesen Tag gültig war, ebenso den heutigen Rufnamen des einsamen Mannes am Boden.

Inzwischen überflogen wir hell erleuchtete Dörfer und Städte. Straßen und Plätze waren schon weihnachtlich geschmückt.

Genau zur vorgesehenen Minute drückte der Beobachter den Sprechknopf des Senders und sprach den für dieses Mal festgelegten Anrufcode:

»Bahnhof von Lokomotive – bitte melden«.

Sofort kam die Antwort: »Lokomotive von Bahnhof – ich verstehe Sie gut.«
»Beginnen Sie!«
»91864 37368 12509 . . . . . .
Der Beobachter begann, den Zahlenwurm zu notieren, dessen Durchgabe lange Minuten dauerte.
Endlich kam das »fini« von unten.
»Habe verstanden«.
Das waren die einzigen Worte, die gleichzeitig Bestätigung, Abschiedsgruß und gute Wünsche ausdrücken mußten.
Im gleichen Atemzug begann nun der Beobachter seinerseits Zahlenkombinationen zu senden, die er von einem Zettel ablas, ohne deren Bedeutung zu kennen. Möglicherweise enthielten sie Weihnachtswünsche neben anderen Anweisungen.
Ungeduldig verfolgte ich den Ablauf des Funkgesprächs, denn ich war mir im klaren darüber, daß es vom Gegner abgehört wurde. Diese wenigen Minuten Gespräch reichten nämlich völlig aus, um mein Flugzeug als den einen Gesprächspartner zu identifizieren.
Ich mußte also einfach damit rechnen, daß der weitere Flugweg zumindest vom Boden aus verfolgt wurde, was den Erfolg des Auftrags, unsere lebende Fracht unerkannt abzusetzen, in Frage stellen konnte.
Mit Beschuß durch Flak, ja sogar mit Nachtjägern mußte ich von jetzt ab rechnen.
Natürlich hätten wir den Funksprechverkehr auch auf dem Rückweg nach Erledigung unseres wichtigeren Auftrags abwickeln können. Aber dem standen die vorher festgelegten zeitlichen Absprachen entgegen.
Leider gab es keine Koordinationsstelle, die solche Gesichtspunkte berücksichtigen konnte. Es war das alte Lied.
Im Falle einer Bekämpfung hätte ich den Flug sofort abbrechen müssen, weil eine solche geheime Mission wie das Absetzen von Agenten im feindlichen Hinterland nicht mehr weitergeführt werden kann, wenn der Gegner bereits mitspielt.
Auch Auswirkungen auf alle künftigen Agentenflüge waren dann zu befürchten.

Für die Besatzungen von »Olga« bestand demzufolge strikte Weisung, jeden Flug sofort abzubrechen, wenn sie den Eindruck hatte, identifiziert zu sein. Die Sache blieb natürlich so oder so am Flugzeugführer hängen. In keinem Fall war es ein leichter Entschluß. Schließlich landeten wir lieber zuhause mit dem Gefühl, den Auftrag erfüllt zu haben, als mit der Meldung eines Mißerfolgs. Abgesehen davon waren wir in jenen Wintertagen mit den häufigen Schlechtwetterlagen den ständig steigenden Anforderungen sowieso nicht mehr gewachsen. Da nützten alle Anstrengungen des technischen Personals draußen auf den weit auseinandergezogenen Liegeplätzen der Flugzeuge nichts. Die Bereitschaft der Besatzungen, auch unter ungünstigen Wetterbedingungen zu fliegen, verlor dann ihren Sinn, wenn keine Gewähr mehr dafür gegeben war, daß das geheime Ziel auch gefunden werden konnte und daß ausreichende Sicht für das punktgenaue und unauffällige Absetzen von Menschen und Lasten möglich war.
Leider gab es seitens der »Auftraggeber« nur selten eine Bestätigung über Erfolg oder Mißerfolg solcher Einsätze.
Das lag in erster Linie an der gebotenen und strikt durchgeführten Geheimhaltung. Auch die immer chaotischer werdende Lage auf dem Gebiet der Nachrichtenverbindung spielte vielleicht eine Rolle.
Immerhin bildete sich zu einigen Agentenführern beziehungsweise deren Organisation so etwas wie eine »halboffene« Zusammenarbeit aus. Es waren unsere »Dauerkunden«, die man im Laufe der Monate wenigstens als Person, wenn auch hinter der Mattscheibe eines Decknamens, näher kennen lernte.
Von ihnen erfuhren wir im einen oder anderen Fall, was aus ihren und unseren Schützlingen geworden ist, nachdem wir sie in der halbdunklen Nacht unter uns verschwinden sahen. Es war auf jeden Fall entscheidend wichtig, die Flüge so unauffällig wie möglich abzuwickeln.
Dies sahen schließlich auch die Führer jenes »Sprechfunkers« bei Paris ein und bemühten sich, die Funksprüche - in beiden Richtungen - so kurz wie möglich zu halten. Wir brauchten denn auch nie das Gefühl zu haben, daß jener

Funkagent enttarnt worden wäre oder daß unsere Flüge mit jenen Geistergesprächen in Verbindung gebracht worden wären. Noch bei den allerletzten Flügen von »Olga«-Besatzungen über französischem Gebiet kurz vor dem Ende des Kriegs bestand die Verbindung.
Für die fliegenden Besatzungen von »Olga« wie auch für die Spezialisten am Boden, hatte sich all dieses zur täglichen Routine entwickelt. Die Legenden um das KG 200 zwingen jedoch die Frage auf: Was hat es wirklich auf sich mit diesem geheimnisvollen Verband - mit »Selbstmord«-Einsätzen, Staatsstreichunternehmen, mit Zyankalikapseln für die Flieger, mit »Killer«-Aufträgen wie in Hollywoodfilmen, mit Huckepack-Flugzeugen und was sonst noch?
Nun, schon während der Zeit seines Bestehens galt das Geschwader als der am meisten geheimnisumwitterte Verband der deutschen Luftwaffe. Was aber nach dem Kriege da oder dort vermutet oder in Einzelheiten kolportiert wurde, baute erst jene Legende auf, die mehr Irreführung als Wahrheit enthält. Dabei ist die Wahrheit schon abenteuerlich genug.
Tatsächlich unterlagen die Kriegshandlungen des KG 200 einer »besonderen« Geheimhaltung. Besonders geheim waren aber im gleichen Maße Existenz und Aktivität einer jeden anderen militärischen Einheit im Kriege. So gesehen bildet das KG 200 keine Ausnahme.
Seine Angehörigen waren normale Luftwaffensoldaten - wie in jedem anderen Geschwader auch. Sie waren allenfalls entsprechend ihren besonderen Aufgaben nach Befähigung und Erfahrung ausgewählt und eingesetzt worden.
Es gab keinen eigenen Soldateneid oder eine besondere Verpflichtungsformel für sie, ebenso wie es in das Reich der Märchen gehört, daß sie auf ihren Flügen Giftkapseln mit sich führten, um einer möglichen Gefangennahme durch Selbstmord entgehen zu können.
Der Befehl zur Aufstellung des Geschwaders erging am 20. Februar 1944.
Es war der Zeitpunkt, zu dem sich die Aktivitäten der deutschen Luftwaffe fast nur noch auf die Verteidigung des Reichsgebiets gegen die pausenlosen Luftangriffe der englisch-amerikanischen Bomberflotten beschränkten.

Die deutschen Kampfgeschwader waren an den Boden gefesselt, weil der knappe Treibstoff nahezu ausschließlich für die Tag- und Nachtjagd eingesetzt werden mußte.
Nicht viel anders erging es deshalb den Transport- und Aufklärungsgeschwadern und entsprechenden kleineren Verbänden.
Produktion und Nachschub von Flugzeugen und Treibstoff, wie auch das Ausbildungswesen, waren völlig auf das sogenannte »Jägerprogramm« konzentriert, um das gesteckte, ans Utopische grenzende Ziel zu erreichen, nämlich »den Himmel über Deutschland wieder rein zu fegen«, wie Hermann Göring und die Propaganda es versprochen hatten.
Was von den Kampfgeschwadern, den Transport- und Aufklärungsverbänden übrig geblieben war, das waren eigentlich nur noch jene Einheiten, die mit sogenannten Sonderaufgaben betraut oder mit besonderer Bewaffnung ausgerüstet waren: etwa das KG 100, das ferngelenkte Gleitbomben Hs 293 und »Fritz X« gegen besondere Ziele einsetzen konnte. Oder Teile des KG 66 und des KG 30, welche mit der Huckepack-Flugzeug-Kombination »Mistel« ausgerüstet waren, die auch unter der Tarnbezeichnung »Beethoven« bzw. »Vater und Sohn« lief.
Auch einige Transport- und Aufklärer-Gruppen waren noch »am Leben«, etwa die FAG 5, die teilweise mit Langstrekkenflugzeugen der Typen Ju 90 und Ju 290 ausgerüstet war und für die U-Boote Aufklärung über dem Atlantik betrieb, aber auch zu Sonderaufgaben wie Lufttransporten über weite Strecken herangezogen wurde.
Dasselbe galt für den »Versuchsverband Ob. d. L.«, der spezielle Aufgaben zu fliegen hatte, die normale Geschwader nicht durchführen konnten oder sollten: Aufklärung mit Höhenflugzeugen aus Flughöhen oberhalb 12 000 m, sowie Erprobung, Umbau und Einsatz von Beuteflugzeugen und Beutegerät, u. a.
Wenn auch alle diese Einsatzarten und Aufgaben unter dem Druck der Verhältnisse am Anfang des Jahres 1944 auf ein unbedingt erforderliches Mindestmaß beschränkt worden waren, so blieb eine ganz bestimmte »Sonderaufgabe« gleichbleibend dringlich – ja sie wurde sogar zunehmend

wichtiger: es war die Verbringung von eigenen Aufklärungs- und Sabotage-Agenten in das feindliche Gebiet sowie deren laufende Versorgung und - in bestimmten Fällen - deren Rückholung.

Auch reguläre Soldaten wurden hinter der Front aus Flugzeugen abgesetzt, wenn es die taktische Lage erforderte oder wenn es galt, bestimmte Aufklärungsaufgaben zu lösen. Es brauchten dies nicht unbedingt ausgebildete Fallschirmspringer zu sein.

Vor der Aufstellung des KG 200 wurde die Durchführung solcher Aufgaben jeweils Besatzungen übertragen, die zu normalen Transport-, Aufklärungs- oder Kampfverbänden gehörten. Ausschlaggebend war lediglich die Qualifikation der Besatzung und das für den Einzelfall erforderliche Flugzeug. Dies wiederum hing vom jeweiligen Auftrag ab:

Ging es um große Eindringtiefe?

Mußten besonders große Lasten transportiert werden?

War es ratsam - wie im frontnahen Bereich - ein möglichst schnelles Flugzeug zu verwenden?

Einer der Hauptgründe für die Aufstellung des KG 200 ist es gewesen, daß es für die Auftraggeber der Agentenflüge - in erster Linie das Reichssicherheitshauptamt der SS und die militärische Abwehr - immer schwieriger wurde, von den zusammenschrumpfenden und teils in Auflösung begriffenen Transport- und Kampfgeschwadern die notwendigen Flugzeuge samt dazu gehörender Einsatzbetreuung zu bekommen.

Abgesehen davon war es natürlich nur vernünftig, wenn man für die Durchführung der fliegerischen Aufgaben, die das Zusatzetikett »Sonder« trugen, einen eigenen selbständigen Verband aufstellte.

Die Auftraggeber hatten damit einen einzigen zuständigen Ansprechpartner, wenn es für sie darum ging, für ihren jeweiligen Bedarf auch die »maßgeschneiderte« Ausführungskomponente zu gewinnen.

Ausbildung, Auswahl von Flugzeugen und Besatzungen, technische Betreuung und Nachschub konnten besser koordiniert und effektiver gehandhabt werden.

Der Umgang mit den verschiedensten geheimnisumwobe-

nen Dienststellen der politischen und militärischen Führung war übersichtlicher und verzettelte sich nicht mehr auf alle möglichen Befehlsstellen und Frontverbände der Luftwaffe.
Bereits am 29. Februar 1944, also neun Tage nach dem Aufstellungsbefehl, stand der Geschwaderstab und der Stab der I. Gruppe des KG 200. Eine entsprechende Meldung ging an die Luftflotte »Reich«, welcher das Geschwader unterstellt wurde.
Der bisherige »Versuchsverband Ob. d. L.« - früher Aufklärungs-Gruppe Ob. d. L. (mit einer Tradition, die noch aus der Friedenszeit herrührte) - und die »Transportkolonne XI Ost« bildeten den Grundstock für die geplanten drei Staffeln der I. Gruppe. Die Ju 290 der FAG 5 wurden gleichzeitig von ihren Basen am Atlantik in das Reich zurückverlegt und standen der I./KG 200 zur Verfügung.
Eine II. Gruppe wurde gebildet, welche zunächst die technische Betreuung der vielen verschiedenartigen Flugzeugtypen übernehmen und darüber hinaus als Ausbildungs-Gruppe fungieren sollte. Das Geschwader ist dann sehr rasch weiter ausgebaut und aufgefüllt worden.
Im Zuge dieses Aufbaus kam es zu einer verwirrenden Kette von Änderungen der inneren Gliederung des Geschwaders. Ebenso weitete sich der Aufgabenkreis immer mehr aus. Im Grunde genommen hatte sich nur der Aufbau der I. Gruppe logisch und planmäßig vollzogen.
Unter ihren Kommandeuren Major Gartenfeld (Februar - März 1944) und Major Koch (April 1944 - Kriegsende) entstanden nacheinander drei Einsatzstaffeln und eine gut ausgerüstete technische Kompanie mit eigener großer Werft.
Dieser zügige und ungestörte Aufbau war durch die Aufgabenstellung der Gruppe und deren Dringlichkeit bedingt:
Sie war jener fliegende Verband, der alle Lufttransporte durchzuführen hatte, die mit Aufklärungs- und Sabotage-Agenten im feindlichen Hinterland zusammenhingen. Sie hatte ebenfalls alle Transportflüge auszuführen, welche Sonderunternehmen der verschiedenen Wehrmachtteile im Feindgebiet betrafen.
Auftraggeber Reichssicherheitshauptamt der SS und militä-

rische Abwehr waren auch in schweren Krisenzeiten gut dafür, daß die Bereitstellung von knappen Materialien, Flugtreibstoff, Gerät und Personal vorrangig vor allen anderen Bedarfsträgern gesichert war.
Die Aufgabenverteilung war wie folgt:
1. Staffel = Ferneinsätze,
2. Staffel = Einsätze im Frontnahen Gebiet,
3. Staffel = Ergänzung und Ausbildung.
Aus den Staffeln wurden sogenannte Kommandos gebildet, die weitgehend selbständig waren. Sie erhielten ihre Einsatzaufträge direkt vom Geschwaderstab. Die Führer der Kommandos hatten die Disziplinargewalt selbständiger Staffelkapitäne. Dies ergab sich einfach aus der Situation, daß sie weitab vom Gruppenstab ganz auf sich gestellt waren.
Ihr Standort wechselte je nach Auftrags- und Frontlage. Jeweils ein solches Kommando befand sich im Bereich der nördlichen Ostfront (z. B. in Finnland), auf dem Balkan für Einsätze hinter der südlichen Ostfront, und in den Nahen Osten, in Oberitalien für den Raum Süditalien und Afrika, in Westdeutschland für die gesamte Westfront - später einschließlich Italien, Nordafrika, Spanien und - neben bisher Frankreich - auch der britischen Inseln.
Zur Verschleierung ihrer wahren Zugehörigkeit führten die Kommandos Tarnbezeichnungen wie »Olga«, »Carmen«, »Toska«, »Clara« . . .
Ihre Ist-Stärken wechselten ständig. Sie schwankten von der Größe einer übergroßen Frontstaffel bis zu einigen wenigen Besatzungen, die gerade noch in der Lage waren, einen begrenzten Auftrag durchzuführen.
Der Führer eines solchen Kommandos hatte also - besonders wenn es sich um ein großes handelte - keine gerade einfache Aufgabe zu erfüllen.
Er war Flieger, Einsatzleiter und Zahlmeister zugleich. Seine Verantwortung erstreckte sich auf die Wahrung der Geheimhaltung der besonderen Aufgabe nach außen wie auch innerhalb des Kommandos.
Er hatte sicherzustellen, daß die verschiedenen »Auftraggeber« und deren Agenten, die bei ihm aus- und eingingen, sich nicht gegenseitig kennenlernten. Dies ging so weit, daß

die Agenten aus keinem Zeichen schließen durften, von welchem Flugplatz aus sie die Reise ins Ungewisse angetreten hatten.
Der Kommandoführer mit seinen Spezialisten war der letzte Berater, wenn es darum ging, die Ausrüstung der Agenten sinnvoll zusammenzustellen und in Lasten zu verpacken, welche geeignet waren, zusammen mit dem Agenten so abgeworfen zu werden, daß sie nicht verloren gingen.
Er hatte dafür zu sorgen, daß die Springer über Verhalten bei Absprung und Landung unterwiesen wurden, denn in der Regel hatten sie ja keine entsprechende Ausbildung erhalten. Wahrscheinlich hatten die meisten einen Fallschirm vorher noch nie zu Gesicht bekommen. Es galt also, ihnen Vertrauen einzuflößen und die Angst zu nehmen.
Schließlich war der Kommandoführer im Umgang mit den örtlichen Verwaltungs-, Partei- und Militärbehörden ganz auf sich allein gestellt.
Wie vielfältig die Aufgaben der I./KG 200 waren, läßt sich am besten an der Vielzahl von Flugzeugmustern erkennen, über die sie verfügte.
Zum Bestand zählten die Typen:
Ar 96 (Schul- und Übungsflugzeug; Ganzmetalltiefdecker)
Ar 196 (Seeaufklärer, Ganzmetalltiefdecker mit Schwimmern)
Ar 232 A »Tatzelwurm« (2mot Kampftransporter, Hochdekker mit Vielradfahrwerk)
Ar 232 B »Tatzelwurm« (4mot Version)
Bf 108 (Reise- und Verbindungsflugzeug)
Bü 131 (offener Schul-Doppeldecker)
Bü 181 (Schulflugzeug, freitragender Kabinentiefdecker)
DFS 230 (Lastensegler)
Do 217 (2mot Bomber)
Fi 156 Fieseler »Storch« (Kurzstart- und Kurzlandeflugzeug, Nahaufklärer)
Fw 44 (Sportflugzeug, offener Doppeldecker mit Kabelverspannung)
Fw 189 (Nahaufklärer)
Go 242 (Lastensegler)
He 111 (2mot Standardbomber)

He 177 (4mot Fernbomber)
Hs 126 (Nahaufklärer, offener abgestrebter Hochdecker)
W 34 (1mot Junkers Fracht- und Verkehrsflugzeug)
Ju 87 (Sturzkampfbomber, Schlachtflugzeug)
Ju 88 (Standardbomber)
Ju 188 (2mot Bomber, Weiterentwicklung der Ju 88)
Ju 252 (3mot Transporter, Weiterentwicklung der Ju 52)
Ju 352 (3mot Transporter, Weiterentwicklung der Ju 252)
Ju 290 (4mot Großtransporter bzw. Fernaufklärer)
Kl 35 (Schul- und Sportflugzeug, offener freitragender Tiefdecker)
Si 204 (2mot Reiseflugzeug, Besatzung: 2, Passagiere: 8)
Dazu kamen noch verschiedene Segelflugzeuge, sowie Seeflugzeuge der Muster
He 59 (2mot Doppeldecker)
He 115 (2mot Mehrzweckflugzeug, freitragender Mitteldekker)
Do 18 (2mot Langstreckenflugboot)
BV 138 (3mot Fernaufklärer-Flugboot)
BV 222 »Wiking« (6mot Großflugboot für Transport und Aufklärung)
Außerdem verfügte die Gruppe noch über folgende ausländischen Flugzeugmuster und Beuteflugzeuge:
SM 79 (italienischer 3mot Bomber/Aufklärer)
SM 82 (italienischer 3mot Bomber/Aufklärer)
Piaggio 108 (italienischer schwerer 4mot Bomber)
LeO H 246 (französisches 4mot Großflugboot)
LeO 451 (2mot Bomber, freitragender Mitteldecker)
Amiot 143 (zum Transportflugzeug umgebauter, alter französischer 2mot Bomber)
Bloch 160 (französisches Kurzstreckenverkehrsflugzeug für 18 Passagiere)
Douglas DC-3 (2mot Verkehrsflugzeug)
B-17 »Flying Fortress« (amerikanischer 4mot Bomber)
B-24 »Liberator« (amerikanischer 4mot Bomber).
Die II. Gruppe des Geschwaders kam nie dazu, ihre ursprünglich gedachte Aufgabe als Ergänzungs- und Ausbildungs-Gruppe wahrzunehmen.
Erst im September 1944 trat sie erstmals in Erscheinung, als

sie mit einer Anzahl Fw 190 (BT) ausgerüstet wurde. Diese Jagdflugzeuge waren zu Bombenträgern umgerüstet worden und konnten je eine Bombe oder einen Lufttorpedo mit bis zu 1400 kg Gewicht tragen.
Drei Staffeln sollten aufgestellt werden, wozu es jedoch nie kam. Dies lag in erster Linie daran, daß die Fw 190 nicht gerade geeignet war, derart große Lasten unter Einsatzbedingungen zu tragen.
Es hat bei der Erprobung und Umschulung schwere Unfälle gegeben, weil insbesondere das Fahrwerk und die Reifen die Belastung nicht ausgehalten haben.
Immerhin flogen wenige Fw 190 (BT) der II./KG 200 von Stavanger (Norwegen) aus Einzelangriffe bei Nacht gegen englische Kriegsschiffe in der Nordsee.
Mitte November 1944 wurde die bisherige III./KG 66 (Mistel) in das KG 200 aufgenommen und bildete den Grundstock für die neue II./KG 200. Die bisherige II. Gruppe wurde umbenannt in III./KG 200 (BT). Außer den »Mistel«-Flugzeugen verfügte die neue II./KG 200 noch über Begleit- und »Beleuchter«-Flugzeuge der Typen He 111 und Ju 188.
Ebenfalls im November 1944 wurde eine IV./KG 200 aufgestellt. Diese Gruppe sollte nun zuständig sein für das gesamte Schulungs- und Ausbildungswesen des Geschwaders. Das Personal stammte vorwiegend aus der früheren III./KG 200, welche II. Gruppe geworden war.
Aus purer Verlegenheit wurden der IV. Gruppe auch jene 80–100 freiwillige »Totaleinsatz«-Männer unterstellt, deren Betreuung am KG 200 hängen geblieben war.
Die zentrale technische Basis des Geschwaders war auf dem Fliegerhorst Finow bei Berlin eingerichtet. Hier wurden die Flugzeuge auf den Einsatz vorbereitet, die notwendigen Umbauten und Einbauten vorgenommen, was natürlich besonders auf die amerikanischen Beutebomber B-17 und B-24 zutraf. (Es ist später immer wieder behauptet worden, das KG 200 habe über hunderte dieser Beutebomber verfügt. Darin haben jedoch die ehemaligen Gegner die Möglichkeiten des Geschwaders und – ihre eigenen Verluste weit überschätzt.) Hier lagerten Ersatzteile und hier befanden sich die Spezialisten für Fallschirm- und Lastenabwurf.

Der erste Kommodore des Geschwaders war Oberst Heigl, der im Herbst 1944 von Oberstleutnant Baumbach abgelöst wurde.
Kurz vor Kriegsende wurde das Geschwader, dessen einzelne Gruppen und Kommandos in alle Winde zerstreut waren, in aller Form durch höchsten Befehl aufgelöst.
Dieser Befehl drang allerdings nicht mehr zu allen fliegenden Einheiten durch, sodaß einige Kommandos und Einzelbesatzungen noch bis zur Kapitulation und sogar darüber hinaus ihren geheimnisträchtigen Dienst versehen haben.
Nach dem Ende des Kriegs veranstalteten die Sieger eine umfangreiche Triebjagd nach ehemaligen Angehörigen des »Spionage-Geschwaders Hitlers«.
Sie stießen dabei lediglich auf Soldaten und Offiziere der Luftwaffe, die nichts anderes getan hatten, als ihr fliegerisches Handwerk auszuüben, auf Soldaten, die nichts aussagen konnten über Einzelheiten geheimdienstlicher Unternehmungen während des Kriegs, auf Flieger, die nicht einmal imstande waren, Namen jener Männer und Dienststellen zu nennen, welche bei ihnen als »Auftraggeber« aufgetaucht waren. Sie konnten dies einfach deshalb nicht, weil die ihnen bekannten Namen und die Bezeichnungen von Dienststellen falsch waren: Tarnbezeichnungen und Decknamen.
Und allem nach war das Transportieren von Agenten und deren Versorgung nur eine der vielfältigen Aufgaben dieses Geschwaders gewesen. Zu diesen zählte:
Planung und Vorbereitung strategischer Bombenangriffe mit »Sonderwaffen« gegen die sowjetische Energieversorgung,
Bereitstellung von Langstreckenflugzeugen für den Transport strategisch wichtiger Materialien aus dem fernen Ausland (z. B. aus Japan),
Bekämpfung wichtiger Ziele an Schlüsselstellungen der Fronten mit Bomben und ferngelenkten Flugkörpern,
Erprobung neuer Waffen,
und zu guter letzt: Bereitstellung von Flugzeugen auf Land und See, um hochgestellten Persönlichkeiten der politischen Führung die Flucht zu ermöglichen.
Manches davon blieb Planung, manches halbfertiges Stück-

werk. Und in einem Fall war man sogar dem Gegner gewaltig auf den Leim gegangen.

Offensichtlich hatten aber Angehörige des Geschwaders niemals etwas getan oder tun sollen, was nicht vereinbar gewesen wäre mit den allseits anerkannten Regeln der Kriegführung.

War das alles?

Wenn man genau sein will: ja. Aber was für Ideen waren da zu Plänen gediehen!

Welche abenteuerlichen Vorstellungen führten zu wirklichen Versuchen!

Unternehmen »Zeppelin«

Zu den mehr als fantastischen Episoden gehört eine Aktion, die alle Elemente eines modernen Thrillers in sich birgt. Geradezu ans Utopische grenzende Vorstellungen hatten einen Plan reifen lassen, der mit unbeirrbarer Konsequenz perfektioniert und dann tatsächlich ausgeführt wurde. Doch der Reihe nach:

Es geschah immer wieder, daß die Einsatzleitung des KG 200 aufgefordert wurde, geeignete Flugzeuge für Landungen im feindlichen Hinterland bereitzustellen. Für den Bereich der Westfront mußten solche Forderungen abgelehnt werden - einfach deswegen, weil die dichte Besiedlung dieses Raums und die geographischen Gegebenheiten solche Unternehmungen nur in extremen Ausnahmefällen zugelassen hätten.

Wie gesagt, es war nicht immer leicht, den fliegerischen Laien im RSHA und auch bei der militärischen Abwehr so etwas klar zu machen.

Anders war die Situation in den riesigen Weiten Rußlands.

Dort gab es genügend ausgedehnte Flächen, die sich ohne besondere Vorbereitungen für die unbemerkte Landung eines Flugzeugs eigneten. Es gab dort Räume, welche so dünn besiedelt waren, daß unter der Voraussetzung einer sorgfältigen Auswahl des Landestreifens und Gewährleistung absoluter Geheimhaltung sowohl die Landung wie auch der Wiederstart einer Maschine durchgeführt werden konnte, bevor der Gegner in der Lage war zuzugreifen.

Im Juli 1944 wurde der Verbindungsoffizier des KG 200 zum Reichssicherheitshauptamt nach Berlin gerufen.

Geheimbesprechung!

Das brauchte nicht unbedingt etwas Außergewöhnliches zu bedeuten. Er kannte diese Besprechungen aus vielen Anlässen. Man würde ihm die Einsatzforderungen für die nächsten Wochen übergeben. Man würde versteckte oder offene Vorwürfe äußern - wegen nicht durchgeführter Agentenflüge in der abgelaufenen Periode. Vielleicht aber würde man sich, was selten genug vorkam, zu einer Anerkennung der

Blohm und Voss – BV 222 »Wiking«
Der gewaltige Rohrholm des Flügels wird mittels eines Zwölfeinhalb-Tonnen-Krans aufgesetzt. Der Holm nahm gleichzeitig den Treibstoff für die sechs Motoren (6 x 1000 PS Bramo 323 Rz bzw. 6 x 1000 Ps Jumo 207 C) auf.

BV 222-Großflugboot vor dem Abflug.

Die Bilder von BV 222-Großflugbooten des KG 200 an der Boje (oberes Bild) und auf der Ablaufbahn (unteres Bild) zeigen die Ausmaße dieses Flugzeuges.
Nach einem geheimen Plan sollten sie kurz vor Kriegsende – voll beladen mit allem, was zum Überleben für Monate ausreichen sollte – »wichtige« Persönlichkeiten in einen abgelegenen Fjord in Grönland bringen. Der Plan kam jedoch nicht zur Ausführung.

Das Großflugboot BV 222 »Wiking« wurde für Langstrecken-Transporte über See eingesetzt. Einige dieser »Flugschiffe« lagen beim KG 200 in ständiger Alarmbereitschaft. Sie waren dafür vorgesehen, höchste Persönlichkeiten der politischen Führung im Falle des endgültigen Zusammenbruches außer Landes zu bringen.

Die BV 238 V1 im Landeanflug auf der Unterelbe.

einen oder anderen gelungenen Unternehmung bereitfinden.
Sicher war auf alle Fälle, daß man mehr von ihm fordern würde, als das Geschwader in der Lage war zu erfüllen. Bereitstellung von noch mehr Flugzeugen für Aufgaben des RSHA. Flüge über Länder oder Kontinente hinweg, die die Reichweite der vorhandenen Flugzeuge weit überstiegen. Transport von Lasten, die ganzen Schiffsladungen gleichkamen.
In den höchsten Führungskreisen von Partei und SS schien es sich einfach noch nicht herumgesprochen zu haben, daß man das Jahr 1944 schrieb, daß die Wehrmacht und die Kriegswirtschaft mit dem Rücken zur Wand kämpften und täglich neue vernichtende Schläge der Gegner hinzunehmen hatten.
»Dem deutschen Soldaten ist nichts unmöglich«, hieß es da immer noch.
Im RSHA wurde der Oberstleutnant direkt in das Zimmer des Chefs geführt. Dieser forderte ihn auf Platz zu nehmen. Die Türe hinter seinem Rücken wurde geschlossen. Nur die beiden Männer waren im Raum.
Kaltenbrunner begann mit einem Räuspern. Er habe eine Angelegenheit zu besprechen, die allerhöchster Geheimhaltung unterliege. Außer ihm selbst wisse niemand im Hause Bescheid, auch jetzt könne er keine Einzelheiten nennen.
Nun, das war noch nicht ungewöhnlich. Selten kam es vor, daß die Führung und die fliegenden Besatzungen des KG 200 etwas über den Auftrag der geheimnisvollen Fallschirmspringer erfuhren, die sie über feindlichem Gebiet abzusetzen hatten. Sie waren auch nicht mehr neugierig, was diese Aufträge anbetraf. Gewöhnung stumpft ab.
Wenn jedoch der allgewaltige Chef des RSHA persönlich in Erscheinung trat, dann handelte es sich um keine gewöhnliche Angelegenheit mehr sondern um größte Bedeutung und Dringlichkeit . . .
»Das KG 200 hat ein Flugzeug bereitzustellen, das in der Lage ist, bis kurz vor Moskau zu fliegen, dort zu landen und eine größere Last unbemerkt und sicher abzusetzen – und außerdem noch eine oder zwei Personen. Das geplante

Unternehmen ist kriegswichtig, vielleicht sogar kriegsentscheidend! Durchführung möglichst bald, zumindest aber bevor herbstliches oder gar winterliches Wetter einsetzt. Der Landeplatz darf nicht weiter als 100 Kilometer von Moskau entfernt sein. In der Nähe des Landeplatzes muß eine Straße sein, welche direkt nach Moskau führt.«

Kaltenbrunner dämpfte seine Stimme: »Ihr Auftrag ist es, einen Mann abzusetzen, der in Moskau selbst tätig werden soll. Dieser Mann soll die Strecke vom Landeplatz des Flugzeugs bis Moskau mit einem Kraftfahrzeug zurücklegen, das im Flugzeug mitzuführen ist. Sie müssen wenigstens diese Einzelheit kennen, weil Sie das bereitzustellende Flugzeug entsprechend wählen müssen.«

Und nach einer kleinen Pause:

»Glauben Sie, daß das zu machen ist? Für Ihre Vorbereitungen müssen vier Wochen ausreichen, weil allerhöchste Führungsstellen dem Auftrag die größte Dringlichkeit beimessen.«

Im weiteren Verlauf der Besprechung konnte es nicht ausbleiben, daß der Einsatzleiter des KG 200 doch mehr erfuhr, als der Auftraggeber eigentlich preisgeben wollte.

Nach allem, was da mehr oder weniger andeutungsweise gesprochen wurde, konnte es sich nur um ein Attentat auf die Person Stalins handeln!

Dieses Unternehmen war offenbar gründlich vorbereitet worden. Man hatte einen übergelaufenen russischen Offizier für die Aufgabe gewonnen. Dieser hatte sich freiwillig bereit erklärt, den »roten Zaren« zu töten.

Auf deutscher Seite mag man sich von dieser Tat eine Signalwirkung versprochen haben. Anscheinend war man der Vorstellung verfallen, die westlichen Kriegsgegner würden ihr Bündnis mit der Sowjetmacht einer kritischen Prüfung unterziehen und womöglich revidieren oder sogar aufkündigen. Und: eine so veränderte politische Lage könnte Anlaß für die behutsame Einleitung von Verhandlungen mit dem Ziel eines Waffenstillstandes sein.

Man hoffte wohl auch, das Schwergewicht dann an die Ostfront verlegen und die heranstürmenden russischen Massen aufhalten und schlagen zu können.

»Was das rein fliegerische Problem angeht«, sagte schließlich der Einsatzleiter des KG 200, »so sollte die Sache zu machen sein. Das Geschwader verfügt über einige Kampftransporter vom Typ Ar 232A und Ar 232B. Diese zwei- bzw. viermotorigen Flugzeuge können bis zu vier Tonnen Zuladung tragen. Das Heckteil des großen Rumpfes kann so nach unten geklappt werden, daß es als Beladungsrampe dient. Auch größere Fahrzeuge können über diese Rampe direkt in den Rumpf gefahren werden. Die Entladung ist genauso problemlos. Das Fahrwerk der Arado 232 ist so konstruiert, daß Landungen auch auf unvorbereiteten Plätzen möglich sind. Damit kommen auch regelrechte Buckelwiesen als Landeplätze in Frage. Es handelt sich um ein Hauptfahrwerk von drei größeren Rädern und 22 kleineren Rädern, die der Maschine den Spitznamen »Tatzelwurm« eingetragen haben und es dem großen Flugzeug erlauben, auf Flächen zu landen, wo jedes andere Flugzeug zu Bruch gehen würde ... auch die Reichweite bis in den Großraum Moskau müßte zu schaffen sein.«
»Sie halten diesen Auftrag also mit bereits vorhandenem Gerät für durchführbar?«
»Von der fliegerischen Seite aus: ja – allerdings hängen Einzelfragen wie genaue Zeiten für Anflug, Landung und Rückflug in erster Linie von dem gewählten Landeplatz ab, der erst noch zu erkunden wäre ... auch die Wetterlage kann den Ausschlag geben. Es wäre zum Beispiel denkbar, eine tiefliegende Wolkendecke für Hin- und Rückflug auszunützen. Das Flugzeug bräuchte dann nur für Landung und Wiederstart die Wolken zu durchstoßen, vorausgesetzt, daß das Auffinden des Landeplatzes ohne Schwierigkeiten möglich ist ... eine Landung in heller Mondnacht ist auch denkbar, setzt jedoch ein Gelände voraus, das schon beinahe einem normalen Flugplatz gleichkommt. Auch die erste Morgendämmerung bietet Chancen, einigermaßen unauffällig zu landen. Schwierig wird dann allerdings der Rückflug bei vollem Tageslicht. Wenn keine geschlossene Wolkendecke vorhanden ist, worin sich das Flugzeug gegen Sicht verstecken kann, dann wird es zur sicheren Beute der russischen Luftabwehr – irgendwo auf dieser langen Strecke

von über 600 Kilometern - und das würde dann bedeuten, daß der Erfolg des ganzen Unternehmens zum Scheitern verdammt oder wenigstens in Frage gestellt wäre. Bevor also die Frage nach Durchführbarkeit und Termin beantwortet werden kann, muß das Geschwader eine ganze Reihe von Fragen klären und Vorbereitungen treffen.«

Wohl oder übel mußte sich der Chef des RSHA, so ungeduldig er auch war, damit einverstanden erklären, daß »schnellstmöglich« ein Vorschlag für die Durchführung dieser schwierigen fliegerischen Aufgabe vorgelegt würde. Dann erst könne man weiter sehen.

Ein wochenlanges Hickhack folgte.

Die Flieger mußten sich immer wieder gegen unwirkliche Vorstellungen der SS zur Wehr setzen. Schließlich einigte man sich auf einen Landeplatz in der Nähe der berühmten »Rollbahn« zwischen Smolensk und Moskau sowie einen Ausweichplatz in der Umgebung von Rschew und deren genauer Erkundung durch ein Vorauskommando. Dieses Kommando sollte »sofort« mit Fallschirm abgesetzt werden und Kleinorientierung betreiben: feststellen, was sich seit Abzug der Deutschen in dieser Gegend verändert hatte - nicht nur geländemäßig sondern auch im Hinblick auf Bevölkerung und geltende Maßnahmen am Ort.

Es galt vor allem zu erkunden, ob die Aktion an dem gewählten Platz unbemerkt ablaufen konnte. Dies war in dem vergleichsweise dicht besiedelten Raum nahe der Hauptstadt und unweit einer Hauptstraße und einer wichtigen Eisenbahnlinie nicht ohne weiteres zu erwarten.

In großer Eile wurden geeignete Freiwillige, meist russische Kriegsgefangene, deren Zuverläßigkeit seit langem überprüft wurde, ausgewählt und überhastet für ihre Aufgabe ausgerüstet.

Ihre Verbringung an den Einsatzort war dann für das KG 200 quasi alltägliche Routine.

Nach überraschend kurzer Zeit meldete der Führer des Vorauskommandos die Erfüllung seines Auftrags. Er hatte ostwärts Smolensk einen Platz gefunden, der alle Voraussetzungen für eine unbemerkte sichere Landung erfüllte. Nach seiner Beschreibung war es möglich, die »Rollbahn« in

Richtung Moskau mit einem Kraftfahrzeug von dort aus ohne weiteres zu erreichen.
Ähnlich günstige Verhältnisse bot der erkundete Ausweichplatz, der etwa fünfzig Kilometer weiter nordostwärts gefunden war. Hier allerdings befand man sich schon in recht bedenklicher Nähe von Moskau. Deshalb sollte dieser Platz auch nur in einem Notfall benutzt werden.
Die Arbeit des Vorkommandos konnte dank einer gut funktionierenden Funkverbindung, dank ausgezeichneter Landeskenntnisse der Männer und dank günstiger Wetterbedingungen schneller, als zu befürchten war, abgeschlossen werden. Lediglich in größeren Abständen wurden noch kurze Funksprüche gewechselt. Man interessierte sich für das Wetter im Zielraum, aber mehr noch für alle Umstände, die sich auf die Sicherheit des Flugzeugs und des Agenten mit seinem »kriegsentscheidenden« Auftrag auswirken konnten.
Natürlich hatten diese Funksprüche auch eine Kontrollfunktion. Oft genug war es ja vorgekommen, daß Spionage- und Sabotage-Agenten früher oder später ein falsches Spiel trieben - gezwungen oder aus Opportunität -, daß sie, vom Gegner entdeckt, zum Schein weiterarbeiteten, mit dem Ziel der Desinformation, der direkten Irreführung oder auch, um dem einstigen Auftraggeber wichtige Informationen zu entlocken.
Mittlerweile waren seitens des KG 200 alle Vorbereitungen abgeschlossen worden, um das Unternehmen »Zeppelin«, wie man es inzwischen getauft hatte, ablaufen zu lassen.
Ein Flugzeug vom Typ Ar 232 B stand bereit. Aus Gründen der Sicherheit hatte man die viermotorige Version der zweimotorigen vorgezogen.
Eine Besatzung unter Führung eines Oberleutnants hielt sich für den Flug zur Verfügung. Sie war nur soweit in den Auftrag eingeweiht, wie es die Durchführung der schwierigen fliegerischen Aufgabe erforderlich machte: Sie kannte den vorgesehenen Landeplatz und den ausgewählten Ausweichplatz von Landkarten und allen erdenklichen sonstigen Unterlagen her genau. Sie wußte, daß ein Mann - vielleicht begleitet von einer Frau - zusammen mit einem

schweren Motorrad mit Beiwagen unbemerkt abzusetzen sei. Sie hatte den Befehl, nach dem Ausladen des Agenten und seines fahrbaren Untersatzes sofort wieder zu starten, ohne sich um diesen und sein weiteres Schicksal zu kümmern. Je kürzer der Aufenthalt am Boden, desto besser.
Bei der Flugzeugbesatzung handelte es sich nicht etwa um Freiwillige. Warum auch?
Alle fliegenden Besatzungen der I./KG 200 waren beileibe keine »Todesflieger«, die sich freiwillig zu Sonderaufträgen mit ungewissem Ausgang gemeldet hatten.
Sie waren Soldaten wie jeder andere Flieger auch. Ihr Schicksal hatte sie eben zu diesem Verband der deutschen Luftwaffe verschlagen, der ungewöhnliche fliegerische Missionen zu erledigen hatte. Der eine oder andere mag diesem »Schicksal« vielleicht etwas nachgeholfen haben, weil er sich besonders interessante Erlebnisse erhoffte oder weil er glaubte, daß diese Art von Fliegerei mit Geheimauftrag besonders honoriert würde. Sicher ist, daß im Regelfall die Eignung, die fliegerische Qualifikation für eine Versetzung zum KG 200 ausschlaggebend war.
Das Risiko für Leib und Leben war eher geringer als zu dieser Zeit bei den »normalen« Verbänden der Kampfflieger, Jagdflieger, Aufklärer oder Transportflieger, weil Feindberührungen ja unter allen Umständen vermieden werden sollten.
Für den Fall einer Gefangennahme durch die Kriegsgegner hatten KG 200-Besatzungen allerdings mit der Möglichkeit zu rechnen, daß sie zunächst die gleiche Behandlung erfahren würden wie die von ihnen transportierten Spione und Saboteure. (Falls es ihnen nicht gelang, glaubhaft zu machen, daß sie mit diesen und ihren Aufträgen eigentlich nichts zu tun hatten.)
Dies galt natürlich ganz besonders für Einsätze hinter die Ostfront, wo bekannt war, daß die Sowjets schon mit normalen Kriegsgefangenen nicht gerade zimperlich umgingen.
Man konnte allerdings insoweit von Freiwilligkeit sprechen, als ein Flugzeugführer und seine Besatzung durchaus die Möglichkeit hatten, sich von einem befohlenen Einsatz befreien zu lassen. Allerdings mußte die Begründung stichhal-

tig sein: die gestellte Aufgabe mußte ihre Fähigkeiten übersteigen.
So gesehen bestand also die Besatzung für »Zeppelin« aus ganz normalen Soldaten im Kriegseinsatz. Lediglich ihre Erfahrung und ihr Können mag sie von anderen unterschieden haben.
Als Absprungplatz wurde ein Flugplatz im Baltikum, in der Nähe von Riga, gewählt. Dort befanden sich noch eigene Truppen. Der Flugweg betrug von dort etwa 600 Kilometer. Es war die kürzeste, zu jener Zeit noch mögliche Strecke. Dieser Gesichtspunkt war wichtig, weil jeder längere Anflugweg auf Kosten der Zuladung des Flugzeugs gegangen wäre. Man hätte soviel Treibstoff mehr gebraucht, daß an der »Nutzlast« Abzüge notwendig geworden wären.
Flugzeug, Besatzung und das dazugehörige technische Personal wurden auf den Einsatzplatz verlegt und hielten sich dort zur Verfügung.
Alle Vorbereitungen waren mit gewohnter Routine und unter Wahrung strengster Geheimhaltung abgewickelt worden.
In Berlin beim Geschwaderstab einerseits und bei den Planern der SS andererseits ging es jetzt nur noch um die Festlegung des Zeitpunkts.
Klare Vollmondnacht?
Morgendämmerung?
Abenddämmerung?
Wetterlage?
Sicherheitslage im Zielraum?
Auch die Auftraggeber im RSHA hatten einen kleinen Einsatzstab auf den Flugplatz bei Riga verlegt. Der notwendige Kontakt zwischen diesem und dem kleinen Einsatzkommando des KG 200 war hergestellt worden.
Dabei hatte die Besatzung der Ar 232 B notwendigerweise eine ganze Menge von dem streng geheimen und bisher bestens behüteten Unternehmen »Zeppelin« erfahren.
Sie lernten einen russischen Major kennen, der ihr »Fluggast« sein würde, und eine junge Russin, die angeblich Leutnant in der Roten Armee gewesen war und ebenfalls mit dem Major bei Smolensk abgesetzt werden sollte.

Die unauffällige junge Frau war erst nachträglich in das Unternehmen aufgenommen worden. Ihre Aufgabe sollte es sein, den Funkverkehr mit der »Zentrale« in Deutschland durchzuführen. Während der Vorbereitungen und der Ausbildung hatte sich zwischen beiden ein so enges Verhältnis herausgebildet, daß sie dann spontan geheiratet hatten.
Mit dem Ehepaar wurde das Beladen und Entladen des Flugzeugs geübt, um mit einem Minimum an Zeit klarzukommen und das Risiko einer vorzeitigen Entdeckung des gelandeten Flugzeugs so klein wie möglich zu halten und außerdem sicherzustellen, daß sie den gefährdeten Landeplatz ohne Verzug verließen. Das Fahrzeug, mit dem sie als Angehörige der Roten Armee getarnt Moskau erreichen sollten, war eine russische Beutemaschine vom Typ M 72. Im Beiwagen waren alle Dinge verstaut, die für die Durchführung des Auftrags notwendig waren. Waffen natürlich, und auch Sprengmittel. Außerdem das Funkgerät und Lebensmittel.
Das nervenaufreibende Warten auf eine günstige Wetterlage dauerte diesmal nicht lange. Eine ausgedehnte Schlechtwetterfront, die von Westen heranzog, schien genau die Bedingungen zu schaffen, daß der Hin- und der Rückflug »unsichtbar« in den Wolken erfolgen konnte.
In der Nacht vom 5. zum 6. September war es soweit. Der Zielraum meldete eine geschlossene Wolkendecke mit einer Untergrenze von nur wenigen hundert Metern über Grund. Ideal für eine unbemerkte Landung im ersten Morgengrauen.
Der Pilot und sein Navigator berieten sich noch einmal eingehend mit dem Meteorologen auf der Flugwetterwarte. Windrichtung und Windstärke für Anflug und Landung mußten möglichst genau bekannt sein. Außerdem ging es um die Frage, in welcher Höhe mit Vereisung der Tragflächen zu rechnen war.
Als Hilfe für die Navigation stand leider kein günstig gelegenes eigenes Funkfeuer zur Verfügung; lediglich der Rundfunksender Petrosawodsk am Ladogasee konnte zu Funkpeilungen herangezogen werden.
»Besser als nichts«, sagten die Flieger, »auch wenn es wegen

der großen Entfernung und ungünstigen Peilwinkel fast unmöglich sein wird, genaue Peilungen durchzuführen!«
Auf die Minute genau hob die schwere Maschine vom Boden ab und stieg langsam in die Nacht hinein.
Das Geräusch der Motoren wurde schnell schwächer ...
Das Unternehmen »Zeppelin« lief!
Und niemand konnte es mehr anhalten.
Die wenigen Eingeweihten, die dem Start zugesehen hatten, suchten fröstelnd den provisorischen Gefechtsstand auf.
Sie sahen zur Uhr und wußten, daß sie mindestens fünf Stunden warten mußten, ehe Erfolg oder Mißerfolg feststand.
Der Pilot hatte die - vollkommen überflüssige - Weisung, am Ziel keinerlei Risiko einzugehen und umzukehren, wenn ihm am Landeplatz etwas auffallen sollte, das die sichere Durchführung seiner Aufgabe gefährden könnte.
Jeglicher Funkverkehr war untersagt.
Es bestand nur Hörbereitschaft auf beiden Seiten.
Endlich zog die Morgendämmerung herauf. Konturen der Umgebung des Flugplatzes wurden erkennbar. Graue tiefhängende Wolken bedeckten den Himmel.
Dann kam der Zeitpunkt der frühesten Rückkehrmöglichkeit. Aber die Zeit verstrich. Kein Motorengeräusch war zu hören, kein Funkspruch kündigte die baldige Landung an.
Die Spannung wuchs, während die Uhr unerbittlich weiterlief. Auch in Berlin waren die Nerven zum Zerreißen gespannt.
Bisher lag dort nur der Funkspruch vor: »Unternehmen Zeppelin gestartet.« Der war vor Stunden eingegangen.
Beim Einsatzkommando des KG 200 auf dem Flugplatz bei Riga mußte man sich eingestehen, daß die Arado 232 B ihren Treibstoff inzwischen längst aufgebraucht hatte und daß mit ihrer Rückkehr nicht mehr gerechnet werden konnte, es sei denn, daß sich das Flugzeug nach der Landung im Feindgebiet doch länger am Boden aufgehalten hatte ...
Man konnte nichts tun als warten.
Schließlich entschloß man sich, trotz strikt befohlener Funkstille, zu einer Funkanfrage an die überfällige Besatzung.

Keine Antwort.
Auch keine Antwort auf weitere Anfragen.
Man fragte Flugplätze, soweit es überhaupt noch welche gab, die in denkbarer Reichweite des Flugzeugs lagen, nach dem Verbleib der Arado.
Ergebnislos.
Endlich, nach langen Stunden, eine Nachricht aus Berlin.
Beim RSHA war ein Funkspruch des Majors eingegangen: »Das Flugzeug hat bei der Landung Bruch gemacht, alle Besatzungsmitglieder sind unverletzt. Besatzung hat sich in zwei Gruppen geteilt und will versuchen, sich nach Westen durchzuschlagen. Wir sind mit unserem Motorrad unterwegs nach Moskau. Bis jetzt ohne Behinderung.«
Damit war Klarheit geschaffen.
Beim KG 200 mußte man den Oberleutnant und seine fünf Männer als vermißt betrachten. Nur weltfremde Optimisten konnten daran glauben, daß es ihnen gelingen könnte, sechshundert Kilometer - Luftlinie! - zu Fuß zurückzulegen, ohne entdeckt zu werden. Zu viele Flüsse und andere Hindernisse waren da zu überwinden, wo es einfach unmöglich war, sich zu bewegen, ohne vom Feind bemerkt zu werden.
Gewiß, die Flieger waren für einen solchen Fall ausgebildet und auch ausgerüstet. Sie hatten genügend russisches Geld bei sich. Sogar original-russische Zigaretten und Lebensmittelrationen hatte man ihnen mitgegeben, damit sie sich im Ernstfall notdürftig »tarnen« konnten. Sie trugen Karten am Körper, die ihnen die Orientierung auf einem Rückmarsch erleichtern sollten. Rußlandkenner, deren es in der deutschen Wehrmacht wahrhaftig genug gab, hatten sie beraten und geschult, haben aus eigener Erfahrung Hinweise gegeben für Überlebensmöglichkeiten, haben Ratschläge erteilt über Verhalten im feindlichen Hinterland, haben gewarnt und geraten - dies war ein selbstverständlicher Teil der Vorbereitung dieses Einsatzes gewesen.
Ganz bewußt hatte man jedoch darauf verzichtet, ihnen falsche Ausweise - etwa russische - mitzugeben.
Diese hätten schon allein deswegen nichts genützt, weil die Flieger dazu auch Kenner der russischen Sprache oder zu-

mindest einer Sprache aus dem baltischen Raum hätten sein müssen. Außerdem durfte keinem regulären Soldaten (und das waren die Flieger ja) zugemutet werden, daß er sich außerhalb der Haager Landkriegsordnung oder der Genfer Konvention stellt, die ihn auch in der Gefangenschaft schützten.

Die einzige Hoffnung auf ein Lebenszeichen der Besatzung lag jetzt noch darin, daß sie sich mit Hilfe eines tragbaren Funkgeräts melden würde, das zu ihrer Ausrüstung gehörte. Nicht nur zu den vereinbarten Zeiten sondern ohne Pause saßen deshalb in den großen Funkzentralen Soldaten an den Geräten und hörten alle denkbaren Frequenzen nach einem Zeichen der Arado-Besatzung ab.

Tatsächlich kam 24 Stunden später eine Verbindung zustande. Sie bestätigte in einem kurzen Spruch die Meldung des russischen »Majors«: »Bei Landung auf Ausweichplatz Flugzeug beschädigt. Rückmarsch in zwei Gruppen zu Fuß.«

Aber dann kam keine Botschaft mehr. Nach mehreren Tagen ergebnislosen Wartens mußte damit gerechnet werden, daß die Flieger in Gefangenschaft geraten waren.

In Briefen an die Angehörigen hieß es dann: »... muß ich Ihnen leider mitteilen, daß Ihr Sohn ...«

Inzwischen meldete aber der »Stalintöter« einen fast reibungslosen Ablauf seiner Mission.

Er sei unbehelligt nach Moskau gekommen.

Er habe den vorbereiteten Unterschlupf bezogen.

Der Kontakt zu einem Mittelsmann, der als deutscher Agent im Kreml saß, sei aufgenommen.

Er bereite nunmehr die Durchführung des Auftrags sorgfältig vor.

Es lief alles fast ein bißchen zu schön, um wahr zu sein, sodaß einige Leute im RSHA doch etwas mißtrauisch wurden.

Man stellte Kontroll- und Fangfragen.

Man wandte alle jene Tricks an, die einen vom Feind gesteuerten Funkverkehr als solchen entlarven.

Es dauerte nicht lange, bis man nicht mehr umhin konnte, das Unternehmen »Zeppelin« als gescheitert anzusehen.

Die Meldungen des »Majors« und seiner Frau waren falsch. Sie waren möglicherweise unter dem Druck des Gegners abgegeben worden, der die Agenten gefaßt hatte. Sie mußten schon kurz nach der Landung in die Hand der Russen gefallen sein. Irgend etwas war schief gelaufen. Aber was?
Das Funkspiel wurde kurzerhand abgebrochen.
Monate später brachte der Bericht eines zurückgekehrten V-Mannes etwas Licht in die ungeklärte Angelegenheit: der Mann - ein Kriegsgefangener, freiwillig für die deutsche Abwehr tätig - war als Angehöriger des Vorauskommandos für das Unternehmen »Zeppelin« mit dem Fallschirm im Raum Smolensk abgesetzt worden. Es war ihm gelungen, sich zu Fuß durchzuschlagen und die deutschen Linien wieder zu erreichen.
Er berichtete nun, daß bereits das Vorauskommando zur Erkundung geeigneter Landeplätze vom Feind erkannt worden war. Die Agenten wurden gezwungen, ihren Auftrag durchzuführen, als ob sie nicht geschnappt worden wären. Sie mußten also die Funkverbindung mit Berlin weiterführen, und zwar so, daß gar kein Verdacht aufkommen konnte.
Als die Meldungen über die Lage und Beschaffenheit der erkundeten Plätze in Berlin einliefen, ahnte dort niemand, daß gleichzeitig alle Vorbereitungen getroffen wurden, um nach Landung des Flugzeugs dessen Besatzung zu überwältigen und sich dann auch der »Fracht« anzunehmen, von der auch die Russen noch nicht wußten, in was sie bestehen sollte. Die Beteuerungen des Vorkommandos, nichts über den Zweck und auch nicht über den Zeitpunkt einer etwa geplanten Aktion zu wissen, wurden zuerst nicht geglaubt, mußten schließlich aber hingenommen werden. Man behielt die Leute in der Nähe des gewählten Landeplatzes, an dem nun ein starkes Kommando zusammengezogen wurde. Es war groß genug, um ein Entkommen des Flugzeugs auf jeden Fall zu verhindern. Als dann in der Morgendämmerung des 6. September die Arado aus den Wolken tauchte und sich zur Landung anschickte, muß wohl eine Panne passiert sein. Plötzlich nämlich schoß die russische Flak aus allen Rohren und vertrieb das Flugzeug wieder, das man schon sicher in der Hand zu haben glaubte.

Dem zurückgekehrten Agenten - so sagte er - sei es dann gelungen, in der allgemeinen Verwirrung zu entkommen und auf abenteuerliche Weise nach monatelangen Irrwegen die deutsche Seite wieder zu erreichen.

Man konnte sich jetzt nur den Kopf darüber zerbrechen, weshalb der Pilot der Arado nicht sofort kehrt gemacht und mit seiner brisanten Fracht eben unverrichteter Dinge nach Hause geflogen ist - immer unter der Annahme, daß er nicht von der Flak abgeschossen wurde. Es bleibt sein Geheimnis, warum er nicht auf den Gedanken kam, daß er auch auf dem Ausweichplatz dem Feind in die offenen Arme fliegen würde.

Natürlich wurde seitens des KG 200 sofort überlegt, was man zur Rettung der Besatzung tun könnte.

Eine schnelle Ju 188 flog über das Zielgebiet. Unter heftigem Beschuß vom Boden her konnte sie zwar das Wrack der Ar 232 B entdecken. Von der geflüchteten Besatzung fand man jedoch keine Spur.

Nach dem Krieg ist in der Ostpresse über den Fall berichtet worden. Mit allem Vorbehalt sei hier der Rest des Geschehens - aus russischer Sicht - wiedergegeben. Er entbehrt nicht einer pikanten Note.

Die Arado hatte tatsächlich den Ausweichplatz angeflogen, und dieser war nicht bewacht! Die Russen haben wohl zu fest daran geglaubt, daß ihnen der Fisch dort ins Netz gehen würde, wo sie sich so perfekt für seine Ankunft vorbereitet hatten.

Daß die Flak geschossen hatte, muß ein Mißverständnis gewesen sein - die Befehlswege und Zuständigkeiten waren dort in solchen Fällen anscheinend genauso mehrdeutig wie auf unserer Seite. Der Pilot der Arado hatte abgedreht und flog nun in Richtung auf den Ausweichplatz. Östlich Wjasma wurde er erneut erfaßt - er war auf den Luftverteidigungsriegel vor Moskau gestoßen. Er mußte nach Norden fliegen und dann wieder nach Westen.

Die Luftabwehrstellen hatten das mit ständigen Kurskorrekturen fliegende Flugzeug unter Kontrolle. Das ganze Verhalten zeigte, daß es sich bei dem Piloten um einen erfahrenen Fuchs handelte. Schon wollte man die Jagdabwehr auf

die Arado ansetzen, als die russischen Sicherheitsorgane sich einschalten und durchsetzen konnten: das Flugzeug wurde nur genau weiterverfolgt. Ein eventueller Landeplatz sollte jedoch sofort gemeldet werden.
Etwa gegen 03.00 Uhr Ortszeit war festzustellen, daß das Flugzeug in der Nähe von Karmanowo niederging.
Dies wurde der nächstgelegenen Abwehrstelle mitgeteilt. Ein starker Trupp machte sich auf den Weg. Das Auffinden der Landestelle wurde durch einen Feuerschein erleichtert. Dann stießen sie auf das Flugzeug. Offensichtlich hatte die Landestrecke nicht ausgereicht, und die Maschine war beim Ausrollen mit der rechten Tragfläche von einem Baum gestoppt worden. Der rechte Außenmotor war herausgerissen und nach vorne geschleudert worden. Er hatte gebrannt und den Weg gewiesen.
Aber die Szene war leer. Keine Spur von einer Besatzung. Eine Suche in der Umgebung blieb erfolglos ...
Inzwischen bewegte sich ein Beiwagenkrad mit zwei vermummten Gestalten auf Rschew zu. Die Sicht war schlecht. Plötzlich tauchte eine Straßensperre auf. Der Fahrer war zu einer Vollbremsung gezwungen. Die schwere Maschine kreiselte auf der nassen Fahrbahn. Ein fröstelnder Posten forderte die Papiere. Der Fahrer wies Soldbücher auf die Namen Major Tawrin und Unterleutnant Schilowa vor, Fronturlaubscheine, Fahrzeugpapiere für das Motorrad. Sie schienen in Ordnung zu sein. Beim Hervorholen der Papiere hatte der Posten auf der Uniformbluse des Majors den Orden eines »Helden der Sowjetunion« aufblitzen sehen. Der Posten wollte schon die Papiere zurückgeben, da machte der Major die schicksalhafte Bemerkung: »Beeilen Sie sich bitte, wir sind schon die ganze Nacht unterwegs!«
Der Posten stutzte. Es hatte bis vor kurzem wie in Strömen geregnet. Die Bekleidung der Motorradfahrer und ihr Fahrzeug waren jedoch auffallend trocken und sauber ...
Der Posten alarmierte die Wache, und das war dann das Ende der Unternehmung »Zeppelin«.
Es ist heute müßig, Betrachtungen darüber anzustellen, was alles geschehen wäre, wenn ...
Die Agenten waren lange und gründlich vorbereitet worden.

In Moskau stand eine Unterkunft für sie bereit. Sie führten konventionelle Waffen und Giftgeschosse, Magnetminen und Funkzünder mit sich, verfügten über 428 000 Rubel in echten Scheinen, über 116 echte und falsche Stempel, Formulare und unausgefüllte Personalpapiere. Sie hatten alles, was für einen solchen Auftrag erforderlich war. Nur kein Glück.
Oder sollte es daran gelegen haben, daß es »bei Preußens« für einen Schirrmeister und einen Kammerfeldwebel immer noch undenkbar war, Fahrzeuge und Sachen abzuliefern, die nicht vorher ordentlich und gründlich gereinigt waren?
Na, sie konnten und durften ja nicht wissen, wofür die Dinge gebraucht wurden!
Man hätte die Planung dieser Sache nicht ausschließlich den Militärs überlassen sollen. Bei einer so fantastischen Angelegenheit hätte es vielleicht eines Filmregisseurs bedurft. Der hätte bestimmt daran gedacht, die Maschine - und die Uniformen - vor der Verladung noch mit der entsprechenden Patina zu überziehen.
Und dann?

Viel Wagemut umsonst

Im Juni 1944 flogen Ju 290 des KG 200 Agenteneinsätze von Zillistea in Rumänien aus hinter die Ostfront.
Dabei wurden in der Kalmückensteppe auch Landungen auf unvorbereiteten Plätzen durchgeführt, um Agenten wieder zurückzuholen, nachdem diese ihren Auftrag durchgeführt hatten.
In einem Fall sollten Leute zurückgeholt werden, die kurze Zeit zuvor mit Fallschirmen abgesetzt worden waren. Sie hatten auftragsgemäß den Landeplatz für die Ju 290 selbst erkundet und dessen Lage durch Funk vorausgemeldet.
Das Flugzeug landete im Morgengrauen.
Die Besatzung wurde aber nicht von den abgesetzten Agenten erwartet, sondern von bewaffneten Russen - sie wurde gefangen genommen.
In diesem Fall versuchte der Gegner dann ein Funkspiel, indem er die Besatzung melden ließ, daß der Rückflug wegen einer technischen Störung am Flugzeug nicht möglich sei. Sonst wäre alles in Ordnung. Eine Reparatur hätte jedoch Aussicht auf Erfolg, falls es möglich sei, ein Hilfsflugzeug mit Ersatzteilen und Fachkräften zu entsenden.
Dazu kam es aber nicht. Die »Handschrift« des Funkers erregte Verdacht, weil sie sich stark von der unterschied, die man von dem richtigen kannte.
Nach zwei Tagen Hinauszögern der Hilfsaktion, das unter wechselnden Vorwänden vor sich ging, stand ohne Zweifel fest, daß die Ju 290-Besatzung dem Feind in die Hände gefallen sein mußte. Der einzige offene Punkt war: ob mit flugklarer Maschine oder nicht.
Ohne etwas zur Rettung von Menschen und Flugzeug tun zu können, mußte das Unternehmen aufgegeben werden.
(Die komplette Besatzung gehörte zu den Spätheimkehrern aus russischer Gefangenschaft; sie betrat erst 1951 wieder westdeutschen Boden.)
In einem anderen Fall war ein Spitzenagent in der Nähe von Moskau mit dem Fallschirm abgesetzt worden. Er wurde

über längere Zeit aus der Luft versorgt und mit Fotogerät ausgestattet.
Er hatte den Auftrag, in höchste militärische Führungsstellen vorzudringen und dort Informationen und geheimes Material zu beschaffen.
Dieser Mann hatte nach Beendigung seines Auftrags einen Landeplatz in der Nähe von Tula, südlich von Moskau, ausgesucht, von dem aus er mit einer He 111 wieder abgeholt werden sollte.
Für die Abholung aus dieser verhältnismäßig dicht besiedelten Gegend kam nur eine Nachtlandung in Frage.
Der Agent erhielt den Auftrag, den gewählten Platz durch drei Feuer zu markieren.
Die He 111 kam zum verabredeten Termin auch tatsächlich gut an den Boden.
Als der Agent mit seinem umfangreichen Gepäck – angeblich hatte er geheime russische Aufmarschpläne erbeutet – dann an Bord genommen werden sollte, erschienen gleichzeitig bewaffnete russische Kommandos. Es gelang dem Piloten der He 111 gerade noch, unter dem Beschuß durch die Russen wieder wegzustarten. Ohne V-Mann und ohne Beute kam das Flugzeug wieder nach Hause – lediglich mit einer Anzahl von Einschüssen, die glücklicherweise keine lebenswichtigen Stellen getroffen hatten ...
Ob hinter diesem Vorfall Verrat durch den Agenten steckte oder ob dieser durch unvorsichtiges Verhalten die Russen auf sich aufmerksam gemacht hatte, konnte nie geklärt werden.
An dieser Stelle ist vielleicht ein Wort über die Zuverlässigkeit der Fallschirmagenten – hier besonders der an der Ostfront eingesetzten – am Platze.
Aus meinem Freundeskreis weiß ich zufällig, daß sich eines der Hauptausbildungs- und -betreuungszentren im Riesengebirge auf dem Schwarzenberg befand. Unweit der alten Schwarzenbergbaude residierte in dem ursprünglich als Luftwaffenerholungsheim gebauten, supermodernen Berghotel das sogenannte »SS-Jagdkommando G«. Es stand unter der Leitung eines aus dem Baltikum stammenden Hauptmanns des Heeres, also nicht eines SS-Offiziers. Aber

damit begannen die Merkwürdigkeiten erst. Das Gebiet des Schwarzenbergs war zum Sperrgebiet erklärt worden. Einzige direkte Zugangsmöglichkeit bestand über eine abenteuerliche Seilschwebebahn. Die wenigen Hausgäste, die Zutritt erhielten, mußten eine dreifache Kontrollsperre passieren, bevor sie das Gebäude betreten konnten. Die Wachtposten hatten Befehl, beim geringsten Anzeichen von Verdacht von der Schußwaffe Gebrauch zu machen.
Trat man ein, so bot sich ein Bild der Fülle - man hätte denken können, es herrsche Frieden und alles sei im Überfluß vorhanden: hier lagen achtlos Zigarettenschachteln herum - »Atikah«! - man denke: im sechsten Kriegsjahr, und eine angebrochene Flasche Remy Martin stand herrenlos auf einem Tischchen. Es ist komisch, daß sich einem etwas ausgehungerten Normalmenschen solche Dinge zuerst ins Bewußtsein drängten . . .
Nun, es fehlte wirklich an nichts. Das Haus verfügte über ausgesuchte Nahrungs- und Genußmittel und eine fantastische Küche, es gab ein Kino mit den neuesten (nicht nur deutschen) Filmen, es gab ein ganzes russisches Ballett, viele nette Mädchen - es war alles vorhanden, um einem Menschen die Rückkehr in dieses paradiesische Anwesen so verlockend wie nur möglich erscheinen zu lassen. Dabei war dieser Beweggrund gar nicht so entscheidend, wie man glauben möchte. Für die Einstellung dieser Agenten gab es ein ganz anderes Kriterium: nach Abschluß der Ausbildung und vor dem ersten Einsatz hatten sich die Aspiranten einer besonderen Bewährungsprobe zu unterziehen. Diese bestand in einem Probeauftrag, der etwa der gedachten Verwendung entsprach. Zum Beispiel erhielt der Prüfling den Befehl, an einer bestimmten Rheinbrücke an einer bestimmten Stelle Phantom-Sprengladungen anzubringen - Brücken gehörten im deutschen Reich zu den besonders geschützten Objekten (wie anderswo auch). Es galt, diese Aufgabe technisch richtig durchzuführen, ohne von den Sicherheitsorganen entdeckt zu werden. Für den Fall der Entdeckung trugen sie einen verschlossenen und versiegelten Umschlag bei sich, mit dem sie sich ausweisen konnten, womit sie allerdings eine entsprechende Nachfrage beim RSHA auslösten. Das

wiederum bedeutete, daß die Prüfung nicht bestanden war. Es ist vorgekommen, daß Prüflinge lieber den Tod riskiert haben als von dem Umschlag Gebrauch zu machen! Soviel also zur Einstellung dieser Menschen, auch noch im Februar 1945.

Was sich da alles auf dem Schwarzenberg zusammengefunden hatte, waren zwar in der Hauptsache ehemalige russische Kriegsgefangene und jetzt Freiwillige, aber es gab auch eine Reihe Deutscher darunter - etwa einen Ritterkreuzträger der Waffen-SS aus einer alten Baltenfamilie, der schon mehr als zehnmal hinter der Leningradfront abgesprungen war und sich nach Erfüllung seines Auftrags zu Fuß wieder zu den deutschen Linien durchgeschlagen hatte, oder eine vormalige Krankenschwester aus Breslau, die ihre Familie auf furchtbare Weise verloren hatte.

Durch Berichte deutscher Soldaten, die in den Jahren 1951 und 1952 aus russischer Gefangenschaft zurückkamen, erfuhr die Tätigkeit von Sabotageagenten, welche durch das KG 200 eingeflogen wurden, zumindest in einem mir bekannt gewordenen Fall eine nachträgliche Bestätigung: diese deutschen Kriegsgefangenen waren nämlich beim Wiederaufbau eines großen Kraftwerks an der Wolga eingesetzt gewesen, das in der letzten Phase des Kriegs durch Saboteure zerstört worden war!

Insgesamt wurden durch Besatzungen des KG 200 in West und Ost, in Afrika, im hohen Norden und im Nahen Osten an die tausend Agenten im feindlichen Hinterland abgesetzt.

Für die Flieger war dies eine durchaus interessante Aufgabe. Wenn auch das Gefühl des Geheimnisumwitterten im Laufe der Zeit an Reiz verlor, blieb die Einmaligkeit der fliegerischen Probleme doch eine dauernde Herausforderung.

Natürlich gab es bittere Verluste, besonders bei den Flügen im Westen.

Verglichen mit den Verlusten der Kampfflieger, Transporter oder Jäger waren sie jedoch verhältnismäßig gering.

Trotz langer und gründlicher Vorbereitungen sind auch besonders ehrgeizige Vorhaben dann doch gescheitert. Dafür ein anderes Beispiel:

Im Frühjahr 1944 begannen beim Geschwaderstab KG 200 entsprechend abgeschirmte Vorarbeiten für die Errichtung einer Kette von geheimen Flugstützpunkten in Afrika.
Zwar war zu jener Zeit das Drama um die deutsche Afrika-Armee längst abgeschlossen. Trotzdem blieb Afrika, besonders mit einigen Häfen an der Westküste und auch in Südafrika sowie natürlich an den Mittelmeerküsten mit Ägypten, ein militärisch und politisch wichtiger Raum – aber auch ein empfindlicher.
Ägypten galt als Schlüsselbasis gegenüber dem Nahen Osten, dessen arabischen Stämmen eine ständige politische und militärische Dominanz demonstriert werden mußte. Dies galt erst recht für die Auseinandersetzungen nach dem erwarteten deutschen Zusammenbruch und der damit verbundenen »Neuverteilung« der Welt.
Auf deutscher Seite war bekannt, daß die Alliierten von verschiedenen Häfen an den afrikanischen Küsten aus einen gut funktionierenden Lufttransportdienst aufgebaut hatten. »Drehscheibe« war dabei der Flugplatz in Fort Lamy im französischen Tschad.
Von den Häfen Freetown und Monrovia im Westen Afrikas bzw. von Durban in Südostafrika flogen Transportflugzeuge große Mengen an Nachschubgütern über Fort Lamy nach Kairo in Ägypten.
Die deutsche Führung war nun sehr daran interessiert, den Umfang dieser Transporte herauszufinden und diese, wenn möglich, nachhaltig zu stören.
Eine Operation von großem Ausmaß war bereits vorbereitet, als das KG 200 damit beauftragt wurde, Pläne für die Durchführung auszuarbeiten und von der fliegerischen Seite das Erforderliche zu veranlassen.
Es galt, Funkagenten und Sabotageagenten einzufliegen, laufend zu versorgen und, wo nötig, auszutauschen.
Dies bedeutete angesichts der Kriegslage und der beschränkten Zahl geeigneter weitreichender Transportflugzeuge eine schier unerfüllbare Aufgabe.
Als südlichste Ausgangsbasis stand damals noch der Flughafen Athen-Kalamaki zur Verfügung. Die Entfernung von dort bis nach Fort Lamy beträgt dreitausend Kilometer – zu

den Häfen an der afrikanischen Westküste waren es gute fünftausend Kilometer.
Es gab kein Flugzeug, welches derart große Strecken im Hin- und Rückflug ohne Zwischenlandung zum Wiederauftanken zurücklegen konnte - von der Mitführung einer entsprechenden »Nutzlast« ganz zu schweigen.
Man war sich also von vornherein darüber klar, daß entlang den Flugstrecken zwischen Athen und den Zielen in Afrika Stützpunkte benötigt würden, wo die eigenen Flugzeuge landen konnten, um aufgetankt und technisch versorgt zu werden.
Solche Stützpunkte gab es nicht - wenigstens nicht für Flugzeuge der deutschen Luftwaffe. Also wurde beschlossen, sie selbst zu erstellen. Unbemerkt vom Gegner natürlich.
Geeignete Möglichkeiten hoffte man in den Räumen der mittleren und westlichen Sahara zu finden. Auch ein längst aufgelassener Wüstenplatz der ehemaligen italienischen Luftwaffe bot sich an. Von dort aus wären wenigstens die Häfen und Flugplätze im westlichen Afrika zu erreichen gewesen.
Es fanden sich Experten, die die geographischen und klimatischen Gegebenheiten der Wüste genau genug kannten, um Empfehlungen und Ratschläge geben zu können, in welchen Großräumen Voraussetzungen für die Errichtung geheimer Flugstützpunkte vorzufinden waren.
Die politische Führung drängte auf eine möglichst baldige Durchführung.
Der Bereitstellung von technischen Mitteln und Zuweisung von Personal wurde höchste Priorität eingeräumt, und der Sache die höchste Geheimhaltungsstufe.
Die Flieger beim KG 200 planten, überlegten erneut und rechneten. Sie verwarfen bereits gefaßte Entschlüsse wieder. Immer wieder tauchten Zweifel an der Durchführbarkeit auf. Andererseits waren sie natürlich von der Aufgabe fasziniert - man bedenke doch: es war die Zeit der Entdeckungsflüge, der Eroberung der Luft durch das Flugzeug. Das hatte der Krieg zwar verwischt, aber der Gedanke, an neue Grenzen vorzustoßen, hatte etwas Überwältigendes an sich!
Man mußte diese Sache einfach versuchen . . .

Ingenieure wurden zu den Beratungen zugezogen. Es galt, den Überblick über den echten Bedarf an Material, Flugzeugen und Personal zu gewinnen.
Die Auftraggeber aus den Ministerien und militärischen Führungsstellen in Berlin drängten immer wieder.
Langsam nahmen die Planungen Form an.
Die vorhandenen Möglichkeiten und die erforderlichen Notwendigkeiten waren klar definiert. Die aufgrund dieser Unterlagen erarbeiteten Vorschläge wurden akzeptiert.
Weil eine Erkundung von Landeplätzen in unvorbereitetem Wüstengelände nur aus der Luft keine sicheren Ergebnisse versprach, sollte ein sachkundiger Vorauserkunder eingesetzt werden. Dieser sollte an Stellen, die ihm geeignet erschienen, landen und nach genauer Untersuchung seine Entscheidung treffen.
Für diese Aufgabe kam nur ein kleines Flugzeug in Betracht, das mit kleinsten Start- und Landestrecken auskommen konnte. Natürlich bot sich hier in erster Linie der Fieseler »Storch« an. Dieser kam jedoch wegen seiner zu geringen Geschwindigkeit und Reichweite nicht in Frage.
Erneute Überlegungen führten zu dem Versuch, die schnelle und weiter reichende viersitzige Reisemaschine Messerschmitt Bf 108 als Erkundungsflugzeug einzusetzen.
Aber auch hier ergab sich, daß die Reichweite zu gering war.
Die Forderung lautete: Reichweite mindestens 2500 Kilometer bei einer Zuladung von zwei Mann und Überlebensausrüstung unter Tropenbedingungen für mindestens zehn Tage.
Das bedeutete, daß die Bf 108 irgendwie in ihrer Reichweite »gestreckt« werden mußte, aber ohne sie mit zusätzlichem Treibstoff beladen zu müssen. Und da gab es nur eine einzige Möglichkeit: man mußte sie auf einem Teil der Strecke hinter ein großes Flugzeug hängen und schleppen, wie das ja schon hundertfach bei Lastenseglern praktiziert worden war.
Es dauerte nur Tage, dann war eine He 111 als Schleppflugzeug ausgerüstet und die Bf 108 mit einer Kupplung zum Einklinken des Schleppseils versehen.
Flugversuche bestätigten, daß die Sache funktionierte.

Der einzige kritische Punkt lag im Anlassen des Motors nach Lösung vom Schleppflugzeug. Der Argus-Motor AS 10 C der Bf 108 mit seinen 250 PS war nämlich dafür bekannt, daß er nicht gerne ansprang. Es war schon vorgekommen, daß Monteure sich stundenlang plagten, bis das Ding endlich anfing zu tuckern.

Als Vorauserkunder mit dieser Bf 108 wurden dann ein junger Oberleutnant als Pilot und ein Feldwebel als besonders erfahrener Funker und Navigator bestimmt. Diese beiden waren auch die ersten »aus der Truppe«, die von dem streng geheimen Vorhaben etwas erfuhren. Sie wurden selbstverständlich gefragt, ob sie bereit seien, das große Risiko auf sich zu nehmen.

Das Risiko nämlich, nicht in erster Linie durch die gegnerische Luftabwehr gefährdet zu sein, sondern in der Wüste verdursten zu müssen. Und damit war unausbleiblich dann zu rechnen, wenn verschiedene unglückliche Umstände zusammentrafen: wenn das Flugzeug im unbekannten Gelände mit ungewissen Landebedingungen zu Bruch ging und gleichzeitig die Funkverbindung mit dem Einsatzstab zuhause abriß oder gar nicht erst zustandekam.

Dann bestand nur noch eine hauchdünne Chance, daß eigene Suchflugzeuge Erfolg haben und sie versorgen konnten.

Falls der Motor nach dem Ausklinken nicht ansprang, dann war natürlich die Gefahr einer Bruchlandung nicht auszuschließen. Die Besatzung würde sich dann zu Fuß durchschlagen müssen, bis sie auf Menschen treffen würde. Immer vorausgesetzt, daß sie die Bruchlandung ohne Verletzung überstand.

Die zwei Mann sollten deshalb mit einem »Paß« ausgestattet werden, der in arabischer, englischer und deutscher Sprache abgefaßt war und Auskunft über ihre Identität gab. Da stand dann zu lesen, daß der Inhaber Soldat sei und der großen deutschen Nation angehöre. Die Deutschen und ihr großer Führer Adolf Hitler seien schon immer Freunde und Beschützer der großen arabischen Völker gewesen. In der Gewißheit daß dem Überbringer von Grüßen aus Deutschland, der im Augenblick in großer Not sei, Hilfe und die traditio-

nelle arabische Gastfreundschaft gewährt würde, fühle sich das ganze deutsche Volk zu Dank verpflichtet, der mit der Zusicherung ewiger Freundschaft zwischen dem deutschen und den arabischen Völkern verbunden würde.
In der Tat hat dieser Paß, den alle Flieger der Luftwaffe in Nordafrika bei sich trugen, einer ganzen Anzahl abgeschossener oder notgelandeter Soldaten geholfen.
Religiöse aber auch politische Gründe waren es, die manchen Araber veranlaßten, deutschen Soldaten Hilfe zu gewähren, sie aufzunehmen oder gar sie vor der Gefangenschaft zu bewahren, indem sie sie auf deutsch besetztes Gebiet brachten.
Der Fall einer Bruchlandung unmittelbar nach dem Ausklinken wäre also - falls sie unverletzt blieben - nicht unbedingt eine Katastrophe gewesen. Schließlich konnte die Besatzung der Schleppmaschine solange »dran bleiben«, bis sie sah, daß der Motor der kleinen Maschine angesprungen war oder aber bis eine eventuelle Notlandung einwandfrei beobachtet werden konnte.
Zuletzt erhielt die Bf 108 noch den bekannten saharafarbenen Tarnanstrich.
Mit großer Sorgfalt wurde die Ausrüstung zusammengestellt: ein doppelwandiges Zelt, haltbare Lebensmittel, ein Benzinkocher, Waffen, Munition, Leuchtpistole, Rauchkörper, ein Jagdgewehr, zusätzliche Kleidungsstücke, Geld in verschiedenen Währungen, alle möglichen Geschenkartikel und viel Wasser in gut verschlossenen Fünfliterkanistern.
Außerdem war das Flugzeug mit einem ausgesuchten Satz Werkzeugen und genauer Wartungs- und Reparaturanweisung versehen.
Es konnte losgehen!
In einer klaren, dunklen Frühjahrsnacht rollte die He 111 auf der Betonpiste in Athen an und zog an einem fünfzig Meter langen Stahlseil die vollbepackte und vollgetankte Bf 108 hinter sich her.
Fast gleichzeitig hoben die beiden Flugzeuge vom Boden ab. Es bedurfte aller fliegerischen Kunst, die kleine Reisemaschine durch die Propellerböen des Schleppflugzeugs zu steuern. Als es dann gelungen war, sich leicht überhöht

hinter das große Flugzeug zu hängen, wurde es ruhig und angenehm.
Der Pilot in der He 111 mußte seine Geschwindigkeit dem leichten Vogel hinter sich anpassen, d. h. er mußte mit gedrosselten Motoren und halb angestellten Landeklappen fliegen.
Im Tiefflug ging es über das Mittelmeer, um eine Ortung durch feindliche Radargeräte zu vermeiden. Die Küste der Großen Syrte wollten sie an einem Punkt überfliegen, der nach allem, was man wußte, frei von Bewachung war. Ein anstrengender Flug von fast 1000 Kilometern lag vor ihnen.
Die He 111 war aus der Kabine der 108 nur als dunkler Schatten zu erkennen. Sehr sorgfältig waren die Auspuffflammen der Motoren abgedeckt.
Fast vier Stunden höchster Konzentration.
Zwar hatten sie Schwimmwesten dabei - für den Fall, daß sie ins Wasser mußten. Ein Schlauchboot, das sonst zur normalen Seenotausrüstung gehörte, hatten sie aber wegen des Gewichts nicht auch noch mitnehmen können.
Die Startzeit war so gewählt worden, daß sie die afrikanische Küste noch bei Dunkelheit überfliegen konnten. Kurz danach würde die kurze Dämmerung einsetzen und dann schnell der helle Tag.
Von da an sollte der Schleppzug auf eine Höhe von tausend Meter über Grund gehen.
Dieser Steigflug mußte möglichst schnell erfolgen, weil eine Beobachtung des Schleppzugs unbedingt vermieden werden mußte.
Dann kam der Eintritt in die erste kritische Phase des ganzen Flugs: das Ausklinken und das Anlassen des AS 10 C Motors. Sofort mußten beide Flugzeuge wieder in den Tiefflug gehen. Die He 111 auf den nicht ungefährlichen Rückflug in den hellen Tag hinein, und die Bf 108 in südwestlicher Richtung in die Wüste hinein. Etwa 200 Kilometer südlich der Küste war der Raum, wo die Errichtung des ersten der geheimen Stützpunkte vorbereitet werden sollte.
Willig sprang der Motor an. Die zwei Männer in der kleinen Maschine flogen nach Kompaß und Uhr. Andere Navigationsmittel gab es kaum. Der Vergleich der Geländeforma-

tion mit der Karte konnte gerade einen ungefähren Anhalt über den augenblicklichen Standort geben.
Überraschend genau fanden sie jene Gegend, welche als »wahrscheinlich geeignet« bezeichnet worden war.
Riesige Sandebenen, von seltener unbestimmbarer Vegetation durchsetzt. Anzeichen deuteten darauf hin, daß der Platz früher einmal als Behelfsflugplatz gedient haben mußte.
Lange kreisten sie.
Im Langsamflug überflogen sie Streifen um Streifen, ehe sie sich zur Landung entschlossen.
Ganz weich berührten die Laufräder den Boden.
Die Hand am Gashebel war bereit, sofort Vollgas zu geben, sollte ein Hindernis auftauchen oder der Grund sich als zu weich erweisen.
Und dann standen sie neben ihrem kleinen Luxusmaschinchen »mitten in der Sahara« und mutterseelenallein.
Erst eine Zigarette!
Dann gingen sie an die Arbeit: nach der Sonne bestimmten sie mit Hilfe des mitgebrachten Oktanten den genauen Standort ihres Landeplatzes.
Sie bauten Funkgerät und Antenne auf.
Allmählich stieg die Sonne höher über den Horizont und fing an, unangenehm heiß zu strahlen.
Nun war alles bereit, um zum festgesetzten Zeitpunkt den ersten Funkkontakt aufzunehmen.
Die Verständigung mit denen zuhause war besser als befürchtet. In einem verschlüsselten Funkspruch kamen Antwort, Glückwünsche und die Mitteilung, daß die Schleppmaschine unbehelligt wieder in Athen angekommen sei.
Sie bauten das Zelt auf, um Schatten zu haben, denn immer wieder mußten sie die Arbeit wegen der mörderischen Hitze unterbrechen.
Nach zwei Tagen konnten sie melden, daß der Auftrag erfüllt sei und daß sie alles für die Landung eines größeren Flugzeugs vorbereitet hätten.
Eine B-17 brachte schließlich in der ersten Morgendämmerung die erste Ladung mit über vier Tonnen Material für die Errichtung des Stützpunktes.
Auch Benzin in Fässern war dabei.

Die B-17 hatte auch ein paar Leute mitgebracht, die nun an die Arbeit gingen und sich als Stützpunktbesatzung einzurichten begannen.
Die Zwei mit ihrer Bf 108 bereiteten sich vor, den nächsten Landeplatz in der Sahara zu suchen und dessen Einrichtung in derselben Weise anzugehen. Auch dies und die Errichtung eines dritten Platzes in der Nähe der Ziele an der afrikanischen Westküste konnten sie erfolgreich erledigen.
Es stand also im Sommer 1944 ein funktionierendes Flug- und Nachschubsystem quer durch die Sahara zur Verfügung. Man konnte Menschen und Material an wichtige Schlüsselpunkte der Alliierten in Afrika transportieren und dort wieder abholen.
Aber bereits die erste Aktion sollte ein Fehlschlag werden: die eingeflogenen Agenten verrieten sich an ihrem Zielort, dem Hafen von Monrovia, durch die deutschen Zigaretten, die sie mitgebracht hatten.
Sie wurden erst überwacht, dann festgenommen und gezwungen, alles zu verraten, was sie wußten.
Es war dann nur eine Frage kurzer Zeit, bis die Lage der einzelnen Stützpunkte dem Gegner genau bekannt war. Sie wurden alle zur gleichen Zeit ausgehoben.
Mit knapper Not kam die Besatzung einer B-17 von einem Einsatzflug zurück. Sie berichtete, daß sie nach der Landung auf einem der Stützpunkte erkannt habe, daß das dazugehörige Lager zerstört und ausgebrannt gewesen sei.
Auf das Flugzeug sei mit Maschinengewehren geschossen worden. Schwer angeschlagen konnten sie noch starten und erreichten mit knapper Not die griechische Südküste, wo sie eine geglückte Notlandung machten.
Damit war eine fliegerische Glanzleistung, die wohl zu den interessantesten Aufgaben des KG 200 gehört hatte, abrupt und unrühmlich zu Ende gegangen.
Es ist unmöglich, eine Bilanz zu ziehen, wieweit der Aufwand gerechtfertigt war, der getrieben werden mußte, um ein solches Unternehmen durchzuführen. Sicher ist, daß man in einer Hinsicht nicht genug getan hat: in der Suche nach dem schwächsten Punkt – sonst hätte das Malheur mit den Zigaretten nicht passieren dürfen.

1 x Mosul und zurück

Es war am 27. November 1944, 16.29 Uhr. Die vier 2000 PS Motoren der Ju 290 A3+HB heulten auf, und die große Maschine rollte auf die notdürftig wiederhergestellte Startbahn des Flugplatzes Wiener-Neustadt, beschleunigte und hob schließlich ab.
Nur wenige Eingeweihte auf dem riesengroßen Flugplatzgelände wußten, mit welchem Auftrag die Besatzung des Flugzeugs in die gerade beginnende Abenddämmerung hineinstartete. Das Dröhnen der Motoren wurde schwächer und entfernte sich in östlicher Richtung.
Die A3+HB gehörte zu einem Kommando des KG 200 unter der Führung des Hauptmanns Braun, das seit einiger Zeit in Wiener-Neustadt stationiert war.
An Bord des Flugzeugs befand sich der Hauptmann selbst mit seiner Besatzung.
Der zweite Pilot auf dem Sitz neben Braun war der Leutnant und Dipl.-Ing. Pohl.
Die übrige Besatzung bestand aus dem Beobachter/Navigator, dem ersten und dem zweiten Funker, dem ersten und dem zweiten Mechaniker und dem ersten Wart.
Letzterer war als zusätzlicher Mann an Bord, weil der Flugauftrag eine Zwischenlandung mit Auftanken und eventuell notwendiger Behebung kleinerer technischer Mängel vorsah. Bis kurz vor dem Start war außer den beiden Piloten und dem Navigator keinem Mann das Flugziel bekannt:
Sie waren unterwegs ins Morgenland.
Im Raum südlich von Mosul im Irak sollten fünf Männer mit Fallschirmen abgesetzt werden, und dazu noch eine gute Tonne an sonstigen Lasten.
Einer der fünf Männer, die es sich mehr oder minder bequem gemacht hatten in dem großen dunklen Laderaum der Ju 290, war ein irakischer Generalstabsoffizier. Sie sollten in ihrem Heimatland im Auftrag des Großmufti von Jerusalem, Mohammed Amin Al Husseini, tätig werden.
Dieser, Oberhaupt der Araber in Palästina, Feind der Engländer und Judenhasser, lebte bekanntlich seit Oktober 1941

unter dem Schutz Hitlers in Deutschland und betrieb von hier aus seine politischen Machenschaften, die sich zwangsläufig zum Teil mit den deutschen Interessen im islamischen Raum des Nahen Ostens decken mußten.

Die Flieger kannten jedoch keine Einzelheiten der Aufgaben und Absichten dieser fünf Männer. Rückschlüsse waren allenfalls möglich anhand der Dinge, die nicht zu verschleiern waren: der Typ der Personen - Intellektuelle, Soldaten oder Schlägertypen, die Art des Gepäcks - Waffen, Munition, Sprengstoffe - oder persönliche Ausstattung wie Kleidung, Geld, Schmuck, Geschenkartikel verschiedenster Art.

(Manche bekamen ganze Fotolaboratorien »mitgeliefert« oder »nachgeliefert«.) Grundsätzlich gehörten auch Funkgeräte dazu.

Natürlich ließ auch der »Bestimmungsort« gewisse Rückschlüsse zu, wie dies im Falle der fünf Männer des Großmufti zutraf. Der Hauptmann Braun mit seiner fliegenden Besatzung legte aber gar keinen Wert darauf, mehr über ihren Auftrag zu wissen als unbedingt notwendig war.

Zu viele ähnliche Aufträge im gesamten Ostraum hatten sie schon geflogen, um darin noch etwas Sensationelles zu sehen. So also kümmerten sie sich auch wenig um die fünf Figuren im Laderaum der Ju 290. Gerade noch, daß jene Mitglieder der Besatzung, die sich dort aufhielten, dann und wann ein ermunterndes Wort oder eine beruhigende Geste für sie übrig hatten.

Oder daß man ihnen Auskünfte über das Flugwetter und die voraussichtliche Ankunftszeit über dem Ziel gab.

Irgendwelche Angaben über den Flugweg, den augenblicklichen Standort, eigene Namen oder den geflogenen Flugzeugtyp zu machen, war grundsätzlich verboten. (Dies schon im Interesse der eigenen Sicherheit.)

Wer wollte schon die Hand dafür ins Feuer legen, daß nicht dieser oder jener Mann - oder auch eine Frau - aus dem unüberschaubaren Kreis der Untergrundfiguren am Rande eines Weltkriegs nicht doch ein »schräger Vogel« war?

Deshalb galt auch - um dies noch einmal zu wiederholen - die strikte Regel, daß keiner der »Passagiere« eine Waffe bei

sich tragen durfte und daß mitgeführte Waffen so verpackt und verstaut sein mußten, daß sie während des Flugs für ihre Besitzer auf keinen Fall erreichbar waren.
Das Flugzeug flog unter gleichmäßig dröhnenden Motoren in die Nacht hinein, die schnell hereingebrochen war.
Trotz sternklarem Himmel war es stockdunkel.
Noch waren sie im flachen Steigflug. Unten lag ungarisches Gebiet.
Die Fahrtmesser vor den beiden Piloten zeigten gute 200 Kilometer Geschwindigkeit pro Stunde. Nach Erreichen der Marschflughöhe von dreitausend bis viertausend Metern sollten sie sich dann in der Gegend von dreihundert Kilometern pro Stunde einpendeln. Die genaue Höhe war in erster Linie vom Wetter abhängig.
Schließlich lag das Ziel immerhin dreitausend Kilometer weiter ostwärts. Und in diesen geographischen Breiten gibt es kaum einmal eine Wetterlage, die in Ost-West-Richtung über eine derart große Distanz nicht mehrmals wechselt. Da entstehen - besonders unter den gegebenen kriegsmäßigen Umständen - oft genug fliegerische Probleme, die nicht vorhersehbar sind.
Es kann Vereisung auftreten, die zum Wechseln der Flughöhe zwingt. Dies wiederum kann die Navigation und damit den ganzen Flugweg beeinflussen.
Der Flugweg wiederum konnte nicht beliebig gewechselt werden. Er führte in fast jedem Teil der Strecke über Feindgebiet. Der Luftraum über neutralen Ländern durfte jedoch nicht berührt werden.
Ende November 1944 war das Gebiet, das noch von deutschen Armeen gehalten wurde, kaum viel größer als das Reichsgebiet selbst. Im Gegenteil, im Osten hatte der Feind schon große Teile Deutschlands erobert und besetzt.
Der Navigator arbeitete mit dem Peilgerät. Noch hatte er die Möglichkeit, eigene Funkfeuer und auch Rundfunksender zu empfangen. Beim Schein einer sorgfältig abgeblendeten Lampe zeichnete er die gepeilten »Standlinien« in seine Navigationskarte ein. Danach war er in der Lage, den derzeitigen Standort zu bestimmen. Mit dem Rechenschieber errechnete er dann Richtung und Stärke des tatsächlich herr-

schenden Windes und gab den Piloten Zahlenangaben für eine kleine Korrektur des Kurses.
Es ging über nachtschwarzes Land. Nirgends war eine markante Stelle auszumachen – keine große erleuchtete Stadt, nicht die Kontur einer Küste oder der Lauf eines Flusses.
Der direkte Kurs hätte die Maschine über den südwestlichen Teil des Schwarzen Meeres und über die Türkei geführt.
Aus guten Gründen wollte Hauptmann Braun dies vermeiden.
Er wählte stattdessen einen Umweg über Ungarn, Jugoslawien und Griechenland.
Über den griechischen Inseln würde man, sofern das Wetter mitmachte, dann einen Orientierungspunkt finden (finden müssen!), der Aufschluß darüber gab, ob die Berechnung des Windes noch stimmte.
Bis dahin waren aber noch drei Stunden zu fliegen.
Der Hauptmann zündete sich eine Zigarette an und bot auch Pohl eine an.
Gesprochen wurde nicht an Bord.
Als dreitausend Meter Höhe erreicht waren, gab es für eine kurze Zeit Bewegung im Cockpit: der Pilot stellte die Trimmung des Höhenruders auf Horizontalflug. Langsam nahm die Geschwindigkeit zu. Die Leistungshebel der Triebwerke wurden etwas zurückgenommen und die Drehzahl der Luftschrauben so eingeregelt, daß sie mit der Leistung für sparsamen Marschflug liefen. Gleichzeitig mußten die Kühlerklappen so verstellt werden, daß die Temperaturen der Motoren nicht unter ihre normale Betriebswärme absinken konnten. Je höher die Fluggeschwindigkeit, desto mehr Kühlluft konnte über die im Luftstrom liegenden Zylinder fließen.
Die Tür zum Pilotenraum wurde geöffnet.
In der kaum sichtbaren Dunkelheit zeichnete sich das Gesicht des ersten Warts ab.
»Ist was los? Wo sind wir? Wie lange fliegen wir noch bis zum Ziel?«
Die kleine Änderung im Geräusch der Motoren und das veränderte Fluggeräusch hatten auch die übrige Besatzung auf-

horchen lassen. Leutnant Pohl, im zweiten Sitz, drehte sich um und zeigte, ohne ein Wort zu sagen mit dem linken Daumen nach oben - zum Zeichen, daß alles in Ordnung sei.
Hauptmann Braun sagte laut, ohne den Blick von den Instrumenten zu nehmen: »Noch gut sieben Stunden.«
Lange Zeit blieb alles ruhig. Nur der Navigator arbeitete anscheinend ohne Pause. In kurzen Abständen kletterte er in seinen »Astrodom«, eine halbkugelförmige Kuppel aus Plexiglas in der Rumpfoberseite.
Mit seinem Oktanten »schoß« er die Sterne. Die ermittelten Werte verglich er mit einer Tabelle in einem dicken Buch, das aufgeschlagen auf seinem Arbeitstisch lag.
So war es ihm möglich, sogenannte astronomische Standlinien zu bestimmen und diese in die Karte einzutragen. Zwei oder mehrere solcher Standlinien ergaben dann an ihrem Schnittpunkt den Standort des Flugzeugs.
Ganz so einfach, wie sich das liest, war dieses Verfahren allerdings nicht.
Schließlich flog die Maschine jetzt mit einer Geschwindigkeit von 300 km/h. Es war eine ganze Menge Rechenarbeit notwendig, um zu ermitteln, welche Strecke zurückgelegt wurde zwischen den Messungen der Sterne, dem Errechnen der Standlinien und den Eintragungen in die Karte.
Die Arbeitspapiere des Navigators füllten sich mit Zahlen. Er mußte immer wieder die Stoppuhr drücken und den Fahrtmesser ablesen. Dann nahm er den Rechenschieber zur Hand und verarbeitete die gewonnenen Daten. Erst darauf konnte er mit Zirkel und Lineal seine Eintragungen in die Karte vornehmen.
Unter günstigen Voraussetzungen war es einem guten Navigator durchaus möglich, ein Flugzeug mit Hilfe der Sterne zu führen und zwar so, daß Abweichungen sich in der Größenordnung von wenigen Kilometern hielten.
Noch lagen mehr als zweieinhalbtausend Kilometer vor ihnen. Eine Riesenflugstrecke über ein Gebiet, wo es keine bodenseitigen Hilfen mehr gab - mit Ausnahme der unbestimmten Möglichkeit, bei heraufkommendem Mond und ausreichender Bodensicht Erdorientierung aufnehmen zu können. Nur dieser Ungewißheit wegen hatte der Navigator

»auf Astro umgeschaltet«. Dank routinierter und punktgenauer Arbeit war eine gute Übereinstimmung mit der bisherigen Funknavigation festzustellen.
Befriedigt nickte der Kommandant mit dem Kopf, als ihm dies gemeldet wurde.
Es war weniger die Sorge vor der gegnerischen Abwehr – etwa Flak oder Nachtjäger –, welche die Spannung an Bord des großen Vogels wachhielt, als eben das Problem der Navigation.
Das ganze Unternehmen war infragegestellt, wenn der Standort trotz Dunkelheit und Wettereinflüssen nicht jederzeit genau bekannt war. Es ging ja nicht nur darum, einen Punkt in einer gottverlassenen Wüste zu finden, sondern auch: wieder nach Hause zu kommen...
Und der letztere Gedanke hatte bei der fliegenden Besatzung mindestens genau soviel Gewicht wie die Erfüllung der Wünsche von fünf anonymen »Passagieren« oder der Auftrag ihrer genauso anonymen Hintermänner.
Die Flugdauer der Ju 290 erlaubte es nicht, bei der gegebenen Zuladung ohne Zwischenlandung von Wien nach Mosul und wieder zurück zu fliegen.
Deshalb war auf dem Rückflug ein Flugplatz anzufliegen, wo es Treibstoff gab, um die leergeflogenen Tanks wieder aufzufüllen.
Da aber das überflogene Gebiet vom Balkan über das Mittelmeer bis an die Küsten des Libanon vom Feind beherrscht wurde, wäre der ganze Flug undurchführbar gewesen, hätte es die Insel Rhodos nicht gegeben.
Diese noch von Deutschen besetzte Mittelmeerinsel war wohl das seltsamste »Gefangenenlager«, das man sich vorstellen konnte.
Außer Rhodos waren im Herbst 1944 längst alle Gebiete und Stützpunkte im Mittelmeerraum, die ehemals in deutscher Hand waren, von den Alliierten zurückerobert worden. Diese Insel mit ihrer deutschen Garnison von einigen tausend Mann hatten die Engländer »ausgespart«.
Offenbar hatten sie sich ausgerechnet, daß kriegerische Maßnahmen zu ihrer Eroberung nur einen nutzlosen Aufwand an Blut und Material bedeutet hätten. Es genügte

durchaus, diesen verlorenen Haufen aus der Distanz zu beobachten und im übrigen im eigenen Saft schmoren zu lassen.
Die Insel war mit ihrer Besatzung (und der Bevölkerung) von jeder Versorgung abgeschnitten. Die Garnison hatte keinerlei Einfluß auf das Kriegsgeschehen im Mittelmeerraum mehr. Man konnte sie also ruhig sich selbst überlassen und sparte dabei noch die Mühe und die Ausgaben, die die Unterhaltung eines großen Kriegsgefangenenlagers erfordert hätte.
Nur mit größter Anstrengung und unter Erduldung bitterster Not konnten sich die deutschen Soldaten, die im wahrsten Sinne des Wortes eben doch Gefangene waren, am Leben erhalten. Auf der Insel befand sich ein Flugplatz, der noch in Ordnung war. Die Engländer hatten es wohl nicht für notwendig befunden, ihn mit Bomben zu belegen.
Über diesen Platz lief die einzige Verbindung mit der Heimat und den militärischen Führungsstellen. Es war jedoch angesichts der katastrophalen Lage im Reich zu Ende des Jahres 1944 nicht daran zu denken, etwa eine Art Versorgung oder militärischen Nachschub heranzuführen. Ironischerweise war es ein erbeuteter Feindbomber B-24 »Liberator« des KG 200, der die Insel mit einer gewissen Regelmäßigkeit anflog. Bei Nacht und Nebel mußte er sich hinschleichen. Aber das einzige, was er den Abgeschnittenen bringen konnte, war jeweils eine Ladung Post und allenfalls ein paar Kilo Medikamente für die dringendsten Notfälle. Auf dem Rückflug wurden Schwerkranke ausgeflogen.
Dieser Flugplatz auf der Insel Rhodos also sollte der Besatzung Braun zur Zwischenlandung auf ihrem Rückflug aus dem Irak dienen. Den notwendigen Treibstoff zum Nachtanken sollte noch in der gleichen Nacht eine zweite Ju 290 nach Rhodos fliegen.
Die Planung des Einsatzes und das ganze Drum und Dran waren wahrhaft abenteuerlich. Mit gefährlichen Unwägbarkeiten – Wetterrisiken, Navigationsproblemen, Feindeinwirkung, Fragwürdigkeit der anonymen Gestalten, die manchmal aussahen, als könnten sie wild und tückisch werden.
Ein Auftrag, wie ihn der Hauptmann Braun hier übernom-

men hatte, war eine fliegerische Herausforderung ersten Ranges.

Aber redete er davon?

Wie soll man diese Dinge einem Nichtflieger begreiflich machen?

Du hängst nachts in der Wolke.

Du bist blind.

Was deine Augen noch wahrzunehmen glauben, ist eine Umwelt, die keinen Bezug mehr hat zu unten und oben, zu links oder rechts.

Du bist allein.

Du weißt nicht, ob du wirklich in einer Wolke fliegst. Nur wenn du für einen Augenblick auf einen Schalter drückst, kannst du den Schein der Positionslampen – links rot, rechts grün – weit draußen am Flügelende als runden Hof im Nebel erkennen.

Du hast eine Taschenlampe, mit deren scharfem Strahl du ab und zu die Konturen der Flügel deines Flugzeugs abtastest, um nachzusehen, ob sich dort Eis angesetzt hat.

Du hast Zeit.

Mehr Zeit, als wenn du irgendeine Sache auf der Erde erledigen würdest.

Du hast soviel Zeit, obwohl die Dinge um dich um ein Vielfaches schneller ablaufen, als irgendetwas, was von Menschen am Boden getan werden muß.

Deine Sinne täuschen dir Bewegungen des Flugzeugs vor: du meinst, steil in den Himmel hineinzusteigen.

Sofort reagiert dein Verstand.

Drücken, drücken!

Jetzt wirst du wieder wach.

Täuschung.

Die Fahrtmesser vor dir zeigen an, daß das Flugzeug in der richtigen Lage fliegt.

Es bedarf deiner ganzen Willensanstrengung, um dir die Täuschung auszureden und zu vermeiden, daß du falsch reagierst.

Das kommt daher, daß du »blind« bist.

Es gibt keinen Horizont – kein Licht in der Dunkelheit oder im Nebel.

Es gibt keinen Anhaltspunkt, der dir anzeigen würde, ob sich dein Flugzeug dreht, ob es in den Himmel steigt oder ob es steil nach unten geht.
Nur die Instrumente in der kleinen technischen Welt, die dich umgibt, geben Hinweise über die Lage des Flugzeugs im Raum. Diesen Anzeigen der Instrumente mußt du strikt vertrauen, du mußt ihnen glauben, wenn du nicht wirklich abstürzen willst. Das eigene fliegerische »Gefühl«, das einen guten Flieger besonders auszeichnet, ist in der Wolke ohne Nutzen.
Es ist im Gegenteil gefährlich, Impulsen nachzugeben, die einem dieses »Gefühl« eingeben will.
Es gibt ein Spiel, das wir als Kinder gespielt haben, das ungefähr - wenn auch unvollkommen - etwa das nachempfinden läßt, was der Blindflug für den Flieger bedeutet: mit verbundenen Augen muß das »Opfer« sich auf ein Brett setzen, das an den Enden auf je einem Stuhl aufliegt. Die Beine dürfen den Boden nicht mehr berühren. Nun wird dem »Opfer« gesagt, das Brett werde angehoben und weggetragen. In Wirklichkeit wird das Brett nur ganz sachte angehoben und dann ebenso sachte wieder gesenkt - es schwankt dabei ein wenig.
Dem »Opfer« wird nun mitgeteilt, das Brett werde weiter gehoben - fast bis an die Zimmerdecke -, und es wird aufgefordert abzuspringen.
Ist es mutig, tut es das auch und ist verwundert, daß es nur ein paar Zentimeter bis zum Boden waren. Ist es eher vorsichtig, wird es sich zum Vergnügen der Zuschauer weigern, zu springen oder aus Angst vor einem gefährlichen Sturz sich krampfhaft an das Brett klammern.
Etwa einer solchen Situation ist der Pilot in einer blind fliegenden Maschine ausgesetzt. Würde er sich auf sein Gefühl verlassen, so würde er schon nach wenigen Sekunden etwas Falsches tun. Er sitzt gleichsam mit verbundenen Augen auf jenem Brett, das frei in der Luft schwebt, sich drehen und wenden, steigen und sinken kann, ohne daß er einen Maßstab dafür hat. Sicher - er »fühlt« etwas. Er spürt Beschleunigung, wenn eine Bewegung einsetzt; er spürt auch wenn eine solche Bewegung plötzlich aufhört.

Wer sagt ihm aber, ob das, was er empfindet, nicht gerade das Gegenteil von dem ist, was wirklich geschieht?
Dabei ist dies nur ein Beispiel aus vielen, welche das Phänomen »Fliegen« ausmachen . . .
Der Beobachter meldete dem Hauptmann, daß die Sterne verschwunden sind. Sie fielen also als Hilfsmittel für die Navigation aus.
Er wolle es mit Rundfunksendern versuchen, sagte er.
Sich gegenseitig abwechselnd hoben sich der erste und der zweite Pilot aus den Sitzen, um sich die Beine zu vertreten. Auch ein noch so gut gepolsterter Sitz wird unbequem, wenn man stundenlang darauf festgeschnallt ist. (Sie hatten eine Schlechtwetterzone durchfliegen müssen.)
Es schneite in den Wolken, und Eis setzte sich an.
Mit einem Schlage wurde es dann hell vor ihnen.
Man sah den Mond.
Er stand genau voraus, noch tief am Horizont.
Das ganze Flugzeug schien aufzuatmen.
Jetzt konnten sie wieder fliegen, ohne mit Augen und Hirn an die Instrumente gefesselt zu sein.
Es war wie eine Erholung!
Unten war alles tiefschwarz.
Also waren auch dort keine Wolken mehr, denn die hätten bei dem Mondlicht wie ein weißer Teppich ausgesehen.
Der Navigator zeigte auf seiner Karte die augenblickliche Position. Vorausgesetzt, daß seine Berechnungen stimmten, mußten sie gerade die bulgarisch-griechische Grenze überflogen haben. Es waren noch sechs Stunden bis zum Ziel.
Nach kurzer Zeit war voraus eine Küstenlinie zu entdecken.
Wenigen Minuten später gelang es, sich an den Konturen genau zu orientieren. Sie wußten nun sicher, wo sie waren.
Die Nachprüfung mit den errechneten Daten ergab, daß sie schneller als erwartet geflogen waren.
Es hatte sich also ein kräftiger Rückenwind eingestellt.
Eine Kursänderung brachte sie in die Richtung auf die Inseln, die der Türkei im Südwesten vorgelagert sind.
Neunzig Minuten später war Rhodos zu erkennen. Die Insel schien wie ein dunkles Blatt auf dem Wasser zu schwimmen, das im Mondlicht glitzerte wie flüssiges Blei.

Um 1.30 Uhr war es dann endlich soweit, daß die Motoren gedrosselt werden konnten. Der langgestreckte Sinkflug ins Zielgebiet hinein begann.
Bei hellem Mondschein und guter Bodensicht versuchten sie, Erdorientierung aufzunehmen. Der Tigris, der eine der beiden großen Wasserläufe des Zweistromlandes sollte den ersten Anhaltspunkt liefern.
Sie fanden ihn und auch die Eisenbahnlinie, in deren Nähe der Absetzpunkt für ihre lebende und tote Fracht lag.
Der elektrische Höhenmesser zeigte noch 350 Meter über Grund.
Hinten waren die Luken geöffnet. Alles war bereit für das Absetzen. Die fünf Iraker versuchten vergeblich, ihre Angst zu verbergen.
Von vorn kam das Signal: »Achtung!«
Jetzt!
Blitzschnell wurden die Springer aus den Luken befördert.
Fast gleichzeitig schwebten die Lasten hinterher.
Dann Meldung an den Piloten: Alles erledigt!
Vorsichtig wurden die Motoren wieder auf Steigflugleistung gebracht.
Der Navigator gab den neuen Kurs. In weitem Bogen über Süden nach Westen drehte das große Flugzeug ab.
Die Besatzung konnte noch beobachten, daß die Fallschirme sich geöffnet hatten. Durchaus ein Zeichen, daß Menschen und Lasten gut auf dem Boden angekommen sein dürften.
Der Mond stand im Süden.
So wurde der Nachtflug zum reinen Vergnügen.
Rund vier Stunden waren es jetzt noch bis Rhodos.
Wenn das Wetter gut blieb, dann war es kaum schwierig, die Insel auf Anhieb zu finden. Trotz der Dunkelheit, und trotz fehlender bodenseitiger Navigationshilfen.
Dort war ihre Ankunft vorangemeldet.
Um 5.10 Uhr überflogen sie die Insel, ohne genau zu wissen, wo der Flugplatz lag.
Grüne Leuchtkugeln wurden vom Boden geschossen. Das mußte der Platz sein. Sie erkannten den provisorisch aufgestellten Leuchtpfad, schwebten darauf zu und landeten.

Die Uhr zeigte 5.20 Uhr.
Nachdem sie die Motoren abgestellt hatten, wurden sie von den Kameraden begrüßt, die mit ihrer Ju 290 den Treibstoff hergebracht hatten.
Es hatte also alles großartig geklappt.
Dem Hauptmann fiel ein Stein vom Herzen. Nach einem Flug von beinahe dreizehn Stunden hatten sie wieder festen Boden unter den Füßen.
Offiziere und Soldaten der Inselgarnison kamen, staunten, stellten Fragen.
So gut es ging, gaben sie Antwort.
Wichtiger war ihnen, wo sie ihr Flugzeug abstellen konnten, so daß es bei Tagesanbruch vor neugierigen Augen geschützt war.
Alles half zusammen.
Dann konnten sie sich anderen Dingen widmen. Der Rückflug war für die folgende Nacht geplant, zusammen mit der Versorgungsmaschine.
Etwa dreißig kranke Soldaten sollten mitfliegen.
Die Zustände auf der Insel waren wirklich katastrophal.
Es fehlten vor allem Lebensmittel.
Der Tauschwert von einem Wecken Brot lag bei tausend Zigaretten!
Für den Rückstart warteten sie den aufgehenden Mond ab. Braun startete als erster vor der Versorgungsmaschine. Er mußte schon nach wenigen Flugminuten wieder landen, weil sich das Fahrwerk des Flugzeugs nicht einfahren ließ.
Die Mechaniker taten ihr Bestes, konnten aber den Fehler nicht finden. Bei einem nochmaligen Startversuch versagte die Anlage erneut.
Sie waren in einer üblen Lage: ihr Flugzeug hatte einen technischen Fehler, den sie offenbar nicht selbst beheben konnten. Und sie hatten keine Möglichkeit, Verbindung mit ihrer Basis in Wiener-Neustadt aufzunehmen.
Die Versorgungsmaschine, welche unmittelbar hinter Braun gestartet war, würde zuhause melden, daß Braun zuerst gestartet und offenbar unterwegs irgendwo verloren gegangen sei.
Andererseits würde es nicht lange dauern, und die Englän-

der würden die Anwesenheit des Riesenvogels auf der Insel entdecken. Dann war es aber nur noch eine Frage von Stunden, bis das Flugzeug vernichtet war.
In aller Frühe - kaum daß es hell war - suchten sie planmäßig weiter nach dem Fehler.
Dabei erwies es sich jetzt als nützlich, daß sie einen Ingenieur an Bord hatten. Leutnant Pohl ging daran, mit den Mechanikern zusammen sämtliche Elemente der Hydraulikanlage, Ventile, Schieber, Kolben auszubauen und Stück für Stück von Grund auf zu untersuchen. Als das letzte Teil wieder eingebaut war, hatte er zwar keinen Fehler gefunden - aber die Anlage funktionierte plötzlich wieder!
So starteten sie in der dritten Nacht erneut - einem weiteren Abenteuer direkt entgegen:
Schon bald nach dem Start zog Brandgeruch durch das Flugzeug. Es stank typisch nach verbrannten Kabeln. Wahrscheinlich irgendwo ein Kabelbrand. Die Folge war, daß ein Teil der elektrischen Anlage ausfiel. Auch die gesamte Funkanlage war betroffen.
Wie sollten sie unter diesen Umständen Wien finden?
Wie sollten sie sich dort bemerkbar machen - zu erkennen geben, daß sie es waren und nicht ein Feindflugzeug?
Einzig der elektrische Höhenmesser funktionierte noch, so daß wenigstens die genaue Höhe über Grund gemessen werden konnte. Nachdem sich gezeigt hatte, daß das Flugzeug wenigstens flugfähig war und es gelungen war, die elektrische Kompaßanlage wieder in Gang zu bringen, entschloß sich Hauptmann Braun, den Flug fortzusetzen.
Sie flogen bald über einer geschlossenen Wolkendecke. Navigieren mußten sie schlecht und recht nach dem Mond und nach den Sternen.
Knapp fünf Stunden waren sie geflogen, als sie im Mondlicht einzelne Alpengipfel aus der Wolkendecke herausragen sahen.
Nach langem Rätseln und unter Zuhilfenahme der Karten glaubten sie, sicher zu sein, um welche Gipfel es sich handelte. Der Navigator errechnete Kurs und Flugzeit in die Richtung, die in das Grazer Becken führen mußte, sofern die Berggipfel die richtigen waren.

Nun kostete es Nerven!
Im steten Sinkflug ließ Braun seine Ju 290 in die Wolken gleiten. Peinlich genauer Blindflug war jetzt die Parole. Richtung und Sinkrate mußten mit höchster Genauigkeit eingehalten werden. Natürlich auch die Fluggeschwindigkeit.
Was kein Pilot gern hat, wurde jetzt blanke Notwendigkeit: daß sein Nebenmann dazwischenredete.
Leutnant Pohl sagte dem Kommandanten laufend die Werte für Richtung, Höhe und Geschwindigkeit an, so daß dieser sich ganz auf die Fliegerei konzentrieren konnte, obwohl er natürlich auch selbst ständig alle Instrumente im Auge hatte.
Wie hoch mochte die Untergrenze der Wolkendecke sein?
Der elektrische Höhenmesser zeigte zwar noch beruhigende Übergrundwerte.
Was aber, wenn das Gelände unter ihnen plötzlich wieder ansteigen sollte?
Wenn sie sich also in der Bestimmung ihres Ablaufpunktes getäuscht haben sollten?
Es gab kein Zurück mehr, sie mußten durch!
Die gesamte Besatzung wußte, in welcher Lage sie waren. Nur die dreißig Kranken hatten keine Ahnung. Sie waren voller Freude, in die Heimat zu kommen, um dort gesund gepflegt zu werden.
Plötzlich hatte der Pilot Sicht.
Schnee.
Trotz der geschlossenen Wolkendecke hellte der hochstehende Mond genügend auf. Die Landschaft war flach. Straßen und Dörfer waren erkennbar. Angestrengt suchten sie nach markanten Orientierungspunkten.
Der Neusiedler See?
Geschafft!
Von Osten tasteten sie sich an den Flugplatz Wiener-Neustadt heran. Hier kannten sie sich genau aus. Den Platz jetzt noch zu verfehlen, war unmöglich.
Sie kamen heran, waren über dem Platz, schossen Erkennungs-Leuchtkugeln und – wurden von der Flak beschossen!

Um nicht in letzter Minute am eigenen Platz abgeschossen zu werden, ergriffen sie die Flucht.
Die Lage war schier aussichtslos.
Hauptmann Braun mußte sich zu einem Landemanöver entschließen, bei dem es nur ein entweder-oder gab: er flog weit nach Westen ab, so weit, daß er außerhalb der Beobachtungsweite des Platzes war. Ein Glück, daß er hier alle Orientierungspunkte am Boden genau kannte.
Dann drosselte er die Motoren und fuhr das Fahrwerk aus. Er drehte in die Richtung auf den Flugplatz ein und ging so tief herunter, wie es die Sicht über der nächtlichen Schneelandschaft erlaubte.

So »schlich« er sich an den Platzrand heran, schwebte mit leerlaufenden Motoren über die Platzgrenze und setzte das große Flugzeug in den Schnee.
Alle warteten darauf, daß es gleich krachte: der Platz war schließlich mit Bombentrichtern nur so übersät. Und die waren nur dort notdürftig eingeebnet, wo das unbedingt notwendig war.
Nichts passierte!
Sie rollten aus und standen.
Sie waren mitten in der Nacht klammheimlich und unbemerkt auf ihrem Heimatflugplatz gelandet.
Man hatte sie dort nicht erwartet.
Man hatte sie im Gegenteil bereits abgeschrieben.
Nun standen sie im knöcheltiefen Schnee, fluchten und waren gleichzeitig froh und erleichtert.
Zwei Mann wurden losgeschickt in Richtung Flugleitung.
Kurze Zeit später kamen Autos angefahren.
Sanitätswagen nahmen die Kranken auf.
Das Flugzeug ließ man stehen, wo es ausgerollt war, weil es nicht ratsam erschien, in der Nacht weiter durch das Trichterfeld zu rollen.
Das hatte sowieso Zeit bis zum Tagesanbruch . . .

Die »Rennstrecke« oder der Große Bluff

In den noch erhaltenen Flugbüchern mancher KG 200 - Piloten finden sich eine Reihe von Eintragungen über Versorgungsflüge, die nur das Code-Wort »Rennstrecke« enthalten, (siehe Faksimile-Wiedergabe, Anhang Nr. 16). Auftraggeber bei diesen Flügen war die Heeresgruppe Mitte. Alles unterlag strengster Geheimhaltung.
Was sich dahinter verbarg, war die sogenannte »Aktion Scherhorn«.
Die Vorgeschichte dazu:
Anfang Oktober 1944 meldete sich ein zurückgelassener Funkagent bei seiner Führungsstelle in Deutschland. Er habe im Raum Beresino, etwa 100 Kilometer ostwärts Minsk, Verbindung mit einer großen deutschen Kampfgruppe bekommen. Es handle sich um etwa 2000 Mann. Sie stünden unter der Führung eines Obersts Scherhorn. Sie seien bei den Rückzugskämpfen abgeschnitten worden und hätten sich in den unübersichtlichen Wald- und Sumpfgebieten sammeln und bisher versteckt halten können.
Die Kampfgruppe sei inzwischen wieder straff organisiert. Der Oberst wolle versuchen, sich nach Westen durchzuschlagen, um wieder Verbindung mit den eigenen Truppen zu bekommen. Zu diesem Zweck seien zwei Kontingente gebildet worden: eine große Vorausgruppe, die ausreichend stark bewaffnet sei, um sich zurückzukämpfen, und eine - kleine - Gruppe, die hinter der »Kampfgruppe« marschieren solle. Diese Gruppe bestehe aus Verwundeten, Kranken und dem zu ihrer Versorgung notwendigen Personal. Oberst Scherhorn habe keine eigene Möglichkeit, sich mit der Heeresgruppe in Verbindung zu setzen, weil er weder Funkgeräte noch Funker besitze. Er benötige dringend die Unterstützung der Heeresgruppe, um sein Vorhaben durchführen zu können. Noch sei seine Anwesenheit von den Russen nicht bemerkt worden.
Vor allem aber sei es dringend notwendig, einen Arzt mit allem, was für die Versorgung der Verwundeten und Kranken erforderlich sei, einzufliegen.

Dieser Funkspruch und weitere, die folgten, stießen natürlich zuerst auf Mißtrauen. Sie wurden ausgewertet und überprüft. Möglichst unverfängliche Kontrollfragen gingen an Oberst Scherhorn. Dessen Antworten ließen dann eigentlich keine Zweifel mehr an der »Echtheit« der Existenz der Kampfgruppe, tief im feindlichen Hinterland, aufkommen. Trotzdem blieb ein Rest von Skepsis.
Um sich überhaupt ein Bild von der damaligen Situation machen zu können, muß man sich das Ausmaß der Verluste vor Augen halten, die die Sommeroffensive der Russen - allein im Mittelabschnitt - den Deutschen zugefügt hat. Das beste Beispiel und ein durchaus angemessener Vergleich liegt in der Tatsache, daß im Bereich der 4. und der 9. Armee sowie der 3. Panzerarmee von 74 Generalen 47 gefallen sind, 21 in Gefangenschaft gerieten, 2 den Tod durch eigene Hand fanden und einer als vermißt gilt.
Daß das Vorhaben des Obersts Scherhorn Chancen hatte, ging aus einem anderen Fall hervor: ein General hatte sich - ohne Unterstützung von außen - mit den Resten seiner Division über eine Strecke von mehr als 500 Kilometern zu den eigenen Linien in Ostpreußen durchgeschlagen. 70 Mann waren es noch, die dort ankamen.
Nach alledem stand also die Sache Scherhorn nicht außerhalb des damals Denkbaren. Es ging jetzt nur um das Machbare.
Skorzeny - nicht immer eine zuverlässige Quelle - berichtet, er sei von Generaloberst Jodl im Führerhauptquartier angesprochen worden:
»Wir wissen leider nicht genau, wo in diesem unübersichtlichen Gebiet sich die Gruppe aufhält. Glauben Sie, daß man sie finden und ihr irgendwie helfen kann?«
Skorzeny will versprochen haben, »das Menschenmöglichste zu versuchen - mit den vorhandenen Mitteln«, natürlich.
Unter der Bezeichnung »Unternehmen Freischütz« sollen dann vier Erkundungstrupps aus Sprach- und Landeskundigen in der entsprechenden Gegend abgesetzt worden sein.
Es mag dem heutigen Leser an dieser Stelle etwas verwunderlich erscheinen, daß ein- und dieselbe Sache offensicht-

lich unter verschiedenen Bezeichnungen von verschiedenen möglicherweise rivalisierenden Stellen betrieben wurde.
Dazu muß man wissen, daß die militärische Abwehr als Folge des Attentats vom 20. Juli 1944 Himmler unterstellt und in den Auslandsnachrichtendienst der SS (unter Schellenberg) im RSHA integriert wurde. Die militärischen Stellen arbeiteten zwar weiter wie bisher - aber eben unter neuer Oberleitung. Skorzeny, der hauptsächlich als »Mussolini-Befreier« bekanntgeworden ist, unterstanden zu jener Zeit die vielfältigen Ausbildungs- und Einsatzverbände für Sabotage, Diversion und andere Sonderaufgaben. Er verfügte über genügend sprach- und landeskundige Agenten für Einsätze hinter der Front. Für die Durchführung solcher Aufträge standen dem RSHA und damit auch ihm die Möglichkeiten des KG 200 zur Verfügung. Das Geschwader unterstand ihm jedoch nicht, wie das aus manchen Darstellungen entnommen werden könnte.
Das KG 200 war ein fliegender Verband und als solcher dem Luftflotten-Kommando 6 unterstellt. Die Entscheidung über die fliegerische Durchführbarkeit eines Auftrags lag allein beim KG 200.
Doch zurück zu Scherhorn: das Schicksal der vier Erkundungstrupps (es handelte sich um acht Freiwillige des »Jagdverbands Ost I«) ist nicht in allen Punkten rekonstruierbar. Ein Trupp meldete die Aufnahme der Verbindung zu der Kampfgruppe Scherhorn. So erging die Bitte an die Luftwaffenführung, durch Luftaufklärung eine Bestätigung des Bestehens der Kampfgruppe zu liefern. Die oberste Luftwaffenführung beauftragte das KG 200 mit dieser Aufgabe - nicht zuletzt deshalb, weil es im weiteren Verlauf der Aktion dann auch die Versorgung aus der Luft übernehmen sollte.
Zunächst ging es nur darum, einen Erkundungsoffizier abzusetzen, der gleichzeitig Landeplätze für Flugzeuge ausfindig machen sollte.
Man hielt allerdings die Rückholung dieses Offiziers für erforderlich, weil man in den Funksprüchen allein keine ausreichende Bestätigung sah.
Sorgfältige Überlegungen zwischen Heeresgruppe Mitte, Luftflotten-Kommando 6 und KG 200 führten dann zu dem

Vorschlag, zunächst mit Fallschirmen einen Arzt, ein paar Funker mit Ausrüstung und einen Offizier der Luftwaffe abzusetzen - letzteren mit der Aufgabe, einen Landeplatz einzurichten, über den vorläufig Transporte in beiden Richtungen möglich sein sollten, vor allem aber auch, um diesen Offizier selbst wieder zurückholen zu können. (Faksimile-Wiedergabe Anhang Nr. 2)
Alles lief wie am Schnürchen.
Mit einem einzigen Flug einer Ju 290 von einem Flugplatz bei Berlin wurden Männer und Material bei Nacht eingeflogen und dort mit Fallschirmen abgesetzt, wo Scherhorn Feuersignale gesetzt hatte.
Der behelfsmäßige und unzulängliche Funkverkehr über Agenten wurde nun abgelöst durch die Arbeit von drei gut ausgebildeten Heeresfunkern, die mit guten Geräten arbeiten konnten.
Der Landeplatzerkunder Fähnrich Wild meldete, daß er mit der Suche nach einem geeigneten Landestreifen beschäftigt sei.
Bis zur Realisierung dieses Landeplatzes sollten jedoch die immer dringlicher eingehenden Forderungen Scherhorns nach materieller Unterstützung, so gut es ging, durch Abwurf von Lasten mittels Fallschirm erfüllt werden.
Daß die Einrichtung eines geeigneten Landestreifens nicht so schnell zu schaffen war, leuchtete Kennern der Gegend ohne weiteres ein. Man schrieb Mitte Oktober. Es war die Zeit, zu der man fast täglich das Einsetzen der berüchtigten Schlammperiode erwarten mußte, und das in einem an sich schon sumpfigen Gebiet ...
Sicher fanden entsprechende Überlegungen auch im Oberkommando der Luftwaffe und bei der Heeresgruppe Mitte statt. Auf jeden Fall trägt das Fernschreiben von General Kreipe (OKL-FüSt), mit dem das KG 200 beauftragt wurde, die Verbindung mit Scherhorn aufzunehmen und ihn dann zu versorgen, eine spätere handschriftliche Notiz:
»General Kreipe gemäß Rücksprache vom 21. 10. 23.30 Uhr mit Ausfall des ›Zurückkehr-Erk. Offz.‹ einverstanden«. (siehe Anhang Nr. 3).
Mit wechselnder Häufigkeit führten also Ju 290 und He 111

des Geschwaders Versorgungsflüge mit Fallschirmabwurf durch.
Gestartet wurde je nach Wetterbedingungen entweder aus dem Raum Berlin oder von dem Flugplatz Stolp-Reitz an der Ostsee.
Rennstrecke ...
Auf diese Weise gingen viele Tonnen wertvolles Material, Medikamente, Lebensmittel und auch Post in das Waldgebiet ostwärts Minsk.
Die Errichtung des Landeplatzes und damit die Rückholung des Luftwaffen-Erkundungsoffiziers verzögerte sich weiter durch das einsetzende Winterwetter.
Der genaue Platz war zwar inzwischen bekannt, den Zeitpunkt der Fertigstellung konnte Scherhorn anscheinend noch nicht abschätzen. Das Wetter ...
Es wurde Dezember.
Immer noch kein Landeplatz.
Weitere Großversorgung aus der Luft. Die »Rennstrecke« machte ihrem Namen alle Ehre.
Zu Weihnachten wurde Oberst Scherhorn das Ritterkreuz abgeworfen, zusammen mit einer Ladung Kostbarkeiten für Gaumen und Magen.
Das Antreten der Kampfgruppe zum Rückmarsch war für das Frühjahr 1945 vorgesehen. Unter weiterer Versorgung aus der Luft.
Und schließlich ging das alles so weiter bis April.
Dann endlich meldete der Luftwaffenerkunder den Landestreifen im Waldgebiet bei Beresino als benutzbar.
Längst waren beim KG 200 zwei Arado Ar 232 A »Tatzelwurm« bereitgestellt. Sie konnten je eine Last von vier Tonnen schleppen und auf rauhem Gelände landen und wieder starten.
Der erste Einsatz dieser Flugzeuge ist aber immer weiter verschoben worden, weil Scherhorn anhaltend schlechtes Wetter am Ziel meldete oder aber weil auf unserer Seite das Wetter keinen Einsatz erlaubte.
Endlich, so um den 20. April 1945 herum, war es soweit.
Die Befeuerung des Landestreifens für die Nachtlandungen der beiden Ar 232 A war vorbereitet.

Die Wetterbedingungen waren ausreichend.
Am Zielort waren die Vorbereitungen für das Entladen getroffen. Die Schwerverwundeten und Kranken warteten laut Funkspruch bereits auf den Abtransport in die Heimat.
Zum festgesetzten Zeitpunkt starteten die beiden Flugzeuge in Richtung Osten.
Dann geschah das, was in der Fliegerei immer wieder vorkommt: keine der beiden Maschinen erreichte ihr Ziel.
Während die erste Ar 232 ihren Flug abbrechen mußte, weil ein technischer Fehler zur Umkehr zwang, mußte die andere umkehren, weil sie auf der Strecke derart schlechtes Wetter antraf, daß eine Fortsetzung des schwierigen Nachtflugs aussichtslos war.
Natürlich reagierte Scherhorn enttäuscht, als er die Nachricht über Funk erhielt.
Laufende Schlechtwettermeldungen aus dem Raum der Kampfgruppe und auch andere übermittelte Gründe, die eine Landung der Transportflugzeuge angeblich erneut verhinderten, machten die Führungsstellen bei Heer und Luftwaffe nun doch stutzig.
Der Verdacht, Scherhorn wolle die Landung bewußt verzögern, verdichtete sich immer mehr.
Der Funkverkehr wurde jetzt besonders sorgfältig überwacht. Es wurden unauffällige Kontrollfragen gestellt, taktische Weisungen erteilt, die ganz bestimmte Reaktionen auslösen mußten.
Alles dies führte dazu, daß sich das Verhalten Scherhorns zunehmend änderte.
Diesseits konnte man eigentlich schon mit an Sicherheit grenzender Wahrscheinlichkeit annehmen, daß die ganze »Aktion Scherhorn« eine Finte des Gegners war. Als man diesen Punkt der Erkenntnis erreicht hatte, bedurfte es nur noch weniger Tests, um sich der unbequemen Einsicht nicht mehr verschließen zu können, daß hier ein großangelegtes Spiel des Gegners über einen langen Zeitraum hinweg - mindestens sechs Monate - perfekt geglückt war.
Die auffallende Änderung im Verhalten der anderen Seite war eingetreten, nachdem die beiden angekündigten Flugzeuge nicht eingetroffen waren. Offenbar glaubten die

Drahtzieher auf der anderen Seite, daraus ersehen zu können, daß das Spiel auf deutscher Seite erkannt war.
Der angerichtete Schaden war, an der damaligen Kriegslage gemessen, erheblich.
Übrigens ist der Oberst Scherhorn tatsächlich in dem angegebenen Raum mit seiner Truppe in russische Gefangenschaft geraten. Er kam als Spätheimkehrer aus der Gefangenschaft zurück. Und erst da erfuhr er, wozu die Russen seinen Namen mißbraucht hatten ...
Nun mag manchem Leser die Frage auf der Zunge liegen, ob es denn nicht wenigstens ein paar vernünftige und intelligente Leute gegeben hat, die schon viel früher ein Haar in der Suppe fanden und in der Lage gewesen wären, dem Unsinn ein Ende zu bereiten.
Aber stoppen Sie einmal ein Ding, wenn es solche Formen angenommen hat!
Die Initiatoren waren doch längst Gefangene ihrer eigenen Ideen. Fragt man sich aber, wie solche Entwicklungen überhaupt zustande kommen konnten, dann gab wohl ein Repräsentant der schwarzen Kaste selbst die beste Antwort: Walter Schellenberg, der allgewaltige Chef des SS-Geheimdienstes.
Skorzeny - den man nach dem Krieg noch zum »gefährlichsten Mann Europas« hochapostrophiert hat - berichtet in seinem nachgelassenen Buch »La Guerre Unconnue«, er habe einmal in einer Stellungnahme Schellenberg gegenüber einen Plan der oberen Führung als utopisch und glattweg undurchführbar bezeichnet. Darauf habe dieser sinngemäß geantwortet: »Passen Sie einmal gut auf! Vielleicht darf ich Ihnen einen Rat geben, sozusagen ein Erfahrungsrezept, das sich bewährt hat: je mehr ein Plan, der von oben kommt, in Ihren Augen phantastisch oder absurd erscheinen mag, desto mehr haben Sie davon begeistert zu sein ... das »Geniale« darin zu erkennen! Dann können Sie drei oder vier Monate lang Vorbereitungen einleiten, Geschäftigkeit entwickeln. Pech haben Sie nur, wenn Sie dabei zuviel Interesse wachhalten und keinen finden, dem Sie die Sache anhängen können. In der Regel haben aber die da oben inzwischen bereits eine neue Schnapsidee, und die andere ist

vergessen. Auf diese Weise kommen Sie langsam in den Ruf eines Menschen, der vor keiner Schwierigkeit haltmacht und auf den man zählen kann ...«

Kein Wunder, daß Schellenberg im Schatten Himmlers eine phantastische Karriere gemacht hat und daß es im »totalen Krieg« immer gefährlicher wurde, etablierten Größen gegenüber gesunden Menschenverstand zu beweisen.

Gefährlich konnte es auch sein, die Kapazität des Gegners im Verhältnis zur eigenen zu überbewerten. In diesem Sinn konnten die Aufklärungsberichte des Kommandos »Olga« über den Aufmarsch im Hinterland der Westfront ebenfalls zu einer delikaten Angelegenheit werden. Sie hatten Aufmerksamkeit erregt.

Mitte Dezember 1944 wurde ich überraschend in das Hauptquartier des Oberbefehlshabers der Westfront befohlen. Ich sollte mich dort bei einem Oberst i. G. melden. Was man von mir wollte, war nicht gesagt. Ich vermutete jedoch, daß ich zu unseren Beobachtungen über den Aufmarsch im Westen befragt werden sollte. Deshalb nahm ich vorsorglich meinen Beobachter, den Oberfeldwebel Hans Fecht mit, der in mehr als fünf Jahren Frontfliegerei eine wohl einmalige Erfahrung im Abschätzen von Vorgängen am Boden von der Luft aus gewonnen hatte.

Außerdem verfügte er über ein Gedächtnis, wie ich es kaum noch einmal bei einem Menschen erlebt habe: alle Eindrücke, auch Zahlen und geografische Daten hatte er gleichsam in seinem Hirn in separate Kästchen geordnet, die er dann je nach Bedarf einfach nur zu ziehen brauchte, um Vergangenes und Erlebtes zu rekonstruieren.

So sehr er unkontrollierten Emotionen unterlag, wenn es um Dinge ging, mit denen er nicht einverstanden war, so war er doch unbeirrbar genau und zuverlässig, wenn es galt, Tatsachen darzustellen.

Er war nicht umsonst Ingenieur.

Alles, was er dachte und tat, war »ingenieurmäßig«, ausgenommen, wenn es sich um »die da oben« oder gar um »Goldfasanen« der Partei handelte. Da konnte er sich und andere in ausgesprochen gefährliche Lagen bringen, wenn er ohne Rücksicht auf etwaige Zuhörer Goebbels-Artikel im

»Reich« oder im »Völkischen Beobachter« mit Kommentaren bedachte, die KZ-reif waren.
Bei der Truppe sprach man eben noch Klartext – wir brauchten ja auch nicht wie in den höheren Stäben Rücksicht auf eine angestrebte Karriere zu nehmen.
Wir waren schon froh, wenn wir wieder einen Tag überlebt hatten. Allenfalls gab es Streber, die gerne noch eine Auszeichnung mehr mit sich herumgetragen hätten. Sie waren allerdings zu jener Zeit um die Jahreswende 1944/45 schon recht dünn gesät.
Es war also nicht ganz problemlos, meinen bockigen Freund Hans in das Hauptquartier mitzunehmen. Ich bat ihn eindringlich, ja »die Schnauze zu halten«, falls er nicht ausdrücklich gefragt werde, und auch seine eigene Meinung für sich zu behalten, wenn sie für das Sachthema nicht benötigt werde.
Unser Ziel lag im Taunus, etwa 30 Kilometer nördlich von Frankfurt, ganz in der Nähe von Usingen.
Für meinen klapprigen Mercedes 170 V nahm ich mir extra einen Fahrer mit. Dies empfahl sich nicht nur wegen des desolaten technischen Zustand des Vehikels sondern weil unterwegs auf den Landstraßen eine ununterbrochene Beobachtung des Himmels nach allen Richtungen längst unumgänglich geworden war.
Die amerikanischen Mustang und Thunderbolt hatten das absolute Sagen am Himmel über Deutschland. Und sie nutzten ihre Überlegenheit konsequent. Alles, was einer Garbe aus den Kanonen wert erschien, wurde beschossen, besonders alles, was sich bewegte.
Die Atmosphäre, die wir im Hauptquartier antrafen, war uns aus früheren Besuchen bei anderen hohen Kommandostellen her nicht ganz fremd.
Hier aber war es nicht nur das Milieu und der Ton des geradezu friedensmäßigen Betriebs, der uns wie eine ferne Welt erschien, sondern es waren auch die Dimensionen und das Einmalige der ganzen Anlage.
Nachdem wir uns auf der Wache gemeldet hatten und unsere Identität festgestellt war, und nachdem anhand des vorgelegten Befehls auch unser »Anliegen« geprüft war, wur-

den wir einem Hauptmann vom Heer übergeben, der uns aufforderte, ihm zu folgen - nicht ohne uns etwas von oben herab kritisch zu mustern.
Offenbar fand unser Äußeres nicht seinen vollen Beifall, aber er akzeptierte uns wortlos.
Unversehens befanden wir uns in einem unterirdischen Labyrinth, das aus einem Gewirr von betonierten Gängen bestand.
Die Wände waren roh und trugen einen weißen Kalkanstrich. Das ganze System erstreckte sich über mehrere Etagen, die man unter unvorstellbarem Arbeitsaufwand nach unten und nach oben in den Berg hinein gesprengt hatte.
Die Gänge waren so schmal, daß man sich an die Wand drücken mußte, wenn jemand entgegen kam. Der Betonboden war mit Sisalläufern ausgelegt. Links und rechts befanden sich in Abständen von etwa zweieinhalb Metern schmale Türen, welche jeweils in einen Raum führten, dessen Ausstattung und Größe einem Schlafwagenabteil I. Klasse ähnlich war.
Während wir unserem Hauptmann folgten, konnten wir ab und zu einen Blick in diese Räume werfen, die jeweils einem Stabsangehörigen als Arbeits-, Wohn- und Schlafraum dienten.
An der einen Längswand befand sich ein Schreibtisch. Darüber war ein Aktenregal. Die gegenüberliegende Wand nahm ein Bett ein, das tagsüber hochgeklappt werden konnte.
Die Versorgung mit Frischluft erfolgte durch große Schächte aus verzinktem Blech, welche überall an den Decken entlang liefen.
Überdeutlich blieb uns das Geräusch der durchströmenden Luft in Erinnerung - es war allgegenwärtig. Eine gespenstige Welt.
Die Tageszeiten waren in diesem unterirdischen Bunkersystem natürlich nicht mehr wahrnehmbar. Der »Geschäftsbetrieb« des riesigen Stabs unterschied sich indes in nichts von dem, was wir von anderen hohen Stäben kannten:
Überall messerscharfe Bügelfalten.
Auffallend viele und auffallend hübsche »Blitzmädchen«.

Hier waren sie allerdings nicht mehr so, wie normale Mädchen halt sind - sie waren »hoheitsvoll«! Wir kamen uns mindestens um Zentimeter kleiner vor, wenn sie einfach so über uns hinwegsahen.
Wie üblich machten wir auch hier die Erfahrung, daß sich unser jeweiliges Gegenüber anscheinend durch die Auszeichnungen an unseren Uniformen irgendwie provoziert fühlte. Anders konnten wir uns ihre Reaktion nicht erklären.
Endlich waren wir am Ziel, an einer jener vielen schmalen Türen. Sie trug ein Schildchen mit einer für uns unverständlichen Kombination aus Buchstaben und Zahlen, darunter der Name des Oberst i. G. Kurzes militärisches Anklopfen unseres Hauptmanns.
Von drinnen ertönte ein lautes und offenbar gutgelauntes »Herrrein!« Wir standen einem gut aussehenden, drahtigen Mann gegenüber, dessen Alter ich auf knapp über die Dreißig schätzte. Er war also kaum älter als wir.
Ein fragender Blick auf meinen Nebenmann veranlaßte mich zu der »gehorsamsten« Erklärung, daß ich angenommen hätte, wir sollten über dies und jenes aus unseren gegenwärtigen Einsätzen befragt werden, und da sei er, mein Beobachter, sicher von Nutzen.
Das Dienstliche dauerte dann ungefähr zwei Stunden, nachdem unser Fremdenführer entlassen worden war.
Es zeigte sich, daß unsere Berichte tatsächlich im Stab des Oberbefehlshabers angekommen und auch gelesen worden waren.
Der Oberst fragte mit Sachverstand, machte sich Notizen und Eintragungen in Karten, wobei ihn Hans unterstützen konnte.
Anschließend gab er uns, ohne daß wir fragten, einen Überblick über die bestehende Lage und vorsichtig dazwischengestreute Bemerkungen über beabsichtigte Maßnahmen.
Danach konnten wir mit nach Hause nehmen - immer unter dem Siegel größter Geheimhaltung - daß noch lange nicht der Wehrmacht letztes Pulver verschossen war ... daß zwar der gigantische Aufmarsch aus den Atlantik- und Kanalhäfen heraus kurzfristige Maßnahmen erforderlich mache ...

daß jedoch die Vorbereitungen für den großen vernichtenden Gegenschlag in vollem Gange seien.
Zeitweise war auch der Luftwaffen-Verbindungsoffizier mit anwesend. Den hätte man sich allerdings sparen können, denn er war schön und sonst gar nichts!
Als der Oberst uns verabschiedete, blieb der Eindruck eines klugen und ausgesprochen sympatischen Menschen, den wir kennengelernt hatten.
Wir waren von dem Erlebten und Gehörten doch recht beeindruckt. Was wir davon halten sollten, wußten wir nicht.
Gab es wirklich Grund, nochmals auf eine Wende zu hoffen?

Der verlorene Haufen

Im Jahre 1944 gab es wilde Gerüchte um den Einsatz »bemannter V-1« - man munkelte sogar, die berühmte Segelfliegerin Hanna Reitsch sei beim Einfliegen dieses Geräts schwer verletzt worden.
Was hatte es damit auf sich?
Nun, dazu muß man ein wenig weiter ausholen: bei der spektakulären Eroberung des für absolut uneinnehmbar gehaltenen belgischen Sperrforts Eben Emael zu Beginn des Westfeldzugs im Mai 1940 hatten Segelflieger als Piloten der auf dem Fort gelandeten Lastensegler einen wesentlichen Anteil am Erfolg.
Im späteren Verlauf des Krieges gab es keine ähnlich entscheidenden Einsatzmöglichkeiten mehr für Lastenseglerpiloten - im Gegenteil: sie wurden für Nachschubaufgaben im Schleppflug über das Mittelmeer hinweg eingesetzt, wehrlose Opfer feindlicher Jäger.
Einer der Veteranen von Eben Emael fragte sich deshalb: wenn wir schon so - sinnlos und ohne dem Gegner irgendeinen Schaden zuzufügen - draufgehen sollen, gibt es dann keine Möglichkeit, uns Segelfliegern eine Waffe in die Hand zu geben, mit der wir vielleicht entscheidend zur Vernichtung kriegswichtiger Objekte des Feindes beitragen könnten?
So entstand in einer Gruppe Gleichgesinnter die Vorstellung von einer »Totaleinsatz«-Waffe, die der immer kritischer werdenden Gesamtsituation gemäß erschien. Wie in Japan der Kamikaze-Gedanke, der aber hier keineswegs Pate gestanden haben konnte, denn er ist erst viel später in Deutschland bekannt geworden.
Hitler hat sich jedoch immer wieder gegen die Idee einer Selbstaufopferung deutscher Soldaten gestellt und schließlich nur widerwillig seine Genehmigung zur Aufstellung eines solchen Verbands gegeben, behielt sich aber persönlich die Einsatzerlaubnis vor.
Es waren dann Tausende, die sich für einen freiwilligen Sondereinsatz meldeten.

Auf Anweisung des Generalstabschefs der Luftwaffe, General Korten, wurde zunächst nur eine Gruppe von etwa 70 Mann ausgewählt, einberufen und schließlich dem KG 200 zugeteilt.
Das technische Gerät für einen solchen Einsatz mußte ja erst entwickelt und erprobt werden.
Man ging von der Vorstellung einer bemannten Gleitbombe aus. Inzwischen begann für die Auserwählten eine Ausbildung als Segelflieger. Sie flogen das *Grunau-Baby* und schulten dann weiter, bis sie in der Lage waren, den »Stummelhabicht« sicher zu fliegen und zu landen.
Dieser »Stummelhabicht« war eine Abwandlung des Segelflugzeugs *Habicht,* das - von Hanna Reitsch oft meisterlich vorgeflogen - eigens für den Kunstflug konstruiert war und im Sturzflug eine Geschwindigkeit von 300 km/h aushalten konnte. Man hatte diesem Flugzeug nun die Flügel soweit gestutzt, daß in der Tat nur Stummel übrig geblieben waren.
Zusätzliche Verstärkungen sorgten dafür, daß ein Gleitflugzeug entstand, mit dem die Geschwindigkeit eines modernen Jagdflugzeugs erreicht werden konnte, das allerdings auch Landeeigenschaften aufwies, die mit denen eines Segelflugzeugs kaum mehr etwas gemein hatten.
Mit dem Üben von Ziellandungen auf dem »Stummelhabicht« war dann die fliegerische Ausbildung der Freiwilligen auch schon beendet.
Man sprach von einem Einsatz »mit Chance« und einem »ohne Chance«.
»Mit Chance« hieß, daß der Pilot, wenn er sich mit seiner fliegenden Bombe aufs Ziel stürzte, diese im letzten Augenblick, vor dem Aufschlag, mit dem Fallschirm verlassen konnte. Die Bombe würde dann das Ziel nicht mehr verfehlen, und der »Pilot« konnte damit rechnen, lebend in die Hände des Gegners zu fallen oder sich vielleicht sogar auf die eigene Seite retten zu können.
Beim »Einsatz ohne Chance« blieb allerdings nur das Bewußtsein, eine vielleicht kriegsentscheidende Tat vollbracht zu haben. Noch gab es keine geeignete Waffe, mit der man den gedachten Einsatz hätte durchführen können.

Das es sich ja um ein »Verlustgerät« handelte, sollte nach einem Sprengkörper möglichst hoher Wirkung gesucht werden, der wie ein Gleitflugzeug gesteuert werden konnte. Die Ausbildung eines Piloten mußte dabei mit einem Minimum an materiallem Aufwand und Zeit möglich sein und gerade soweit gehen, daß ein einfacher Gleitflug in diesem Gerät mit anschließender »Ziellandung« sicher beherrscht wurde. Unter dem 10. März 1944 gelangte eine Abschrift der technisch-taktischen Forderungen für eine bemannte Gleitbombe als »g. Kdos. - Chef-Sache« an Professor Georgii, Forschungsführung R. d. L. und Ob. d. L., in Berlin, deren Inhalt nachfolgend wiedergegeben ist:

Abschrift

Geschwaderstab
K.G. 200
Feldpost-Nr. L 02 187
Luftgau-Postamt: Berlin
Br.B.Nr. 38/44 g. Kdos.

O.U., den 1. März 1944.

Chef-Sache

Technisch - taktische Forderungen
für eine bemannte Gleitbombe

A.) **Verwendungszweck der Gleitbombe.**
Sichere Vernichtung hochwertiger Feindziele (z. B. Schlachtschiffe, Flugzeugträger, große Frachtschiffe, Staudämme, Großkraftwerke, entscheidende Kernstücke einer Rüstungsindustrie usw.)

B.) **Art der Verwendung:**
Heranbringen an das Ziel durch Kampfflugzeug. Nach Auslösen der Bombe Einsteuerungen derselben auf das Ziel durch den in der Bombe liegenden Totaleinsatzmann.

C.) **Taktische Forderungen:**
1.) Gewährleistung der sicheren Vernichtung des Zieles. (Treffgenauigkeit und Wirkung).
2.) Schnellste Herstellungsmöglichkeit.
3.) Einfachheit der Bedienung. (Ausnützungsmöglichkeit für einen größeren Sektor in personeller Hinsicht).
4.) Vielseitige Verwendungsmöglichkeit (Spreng-, Minen-Bombe).

D.) **Technische Forderungen:**

1.) Äußere Form

a.) Angleichung an die aerodynamische Beschaffenheit des Höchstleistungssegelflugzeuges.

b.) aerodynamisch günstige Gleitbomben-Karosserie mit der Möglichkeit der Anbringung verschiedenartiger Bombenkörper (je nach Zielbeschaffenheit Spreng-Minenbombe usw.)

c.) kleine Tragflächen

d.) Leitwerk

2.) **Flugeigenschaften**

a.) Ähnlich denen eines guten Segelflugzeuges.

b.) Genügend Wendigkeit, um Ausweichbewegungen des Zieles folgen zu können.

c.) Hohe Normalgeschwindigkeit, um Flak-Bereich rasch durchfliegen und feindlichen Jägern entgehen zu können.

d.) Möglichkeit, selbständigen Gleitflug weitab vom Ziel beginnen zu können. (Herabminderung der Gefährdung der die Bombe transportierenden Kampfmaschine.)

3.) **Transport der Gleitbombe.**

a.) starr aufhängbar unter geeignetem Kampfflugzeug oder

b.) als »Mistel« auf geeigneter Trägermaschine.

4.) **Notwendige Ausrüstung**

a.) geeignetes Flugzustands-Überwachungsgerät (Einhalten der Normalfluglage über Wasser und bei schlecht sichtbarem Horizont).

b.) Anschluß an Bordsprechnetz des Trägerflugzeuges zur Verständigung über Ausklinkpunkt, Zielansprache usw. (vom Gleitbombenführer abstellbar).

c.) Panzerung des liegenden Führerstandes des Gleitbombenführers, um möglichst Ausfall im Anflug zu vermeiden. (Sicherung in erster Linie gegen Flakbeschuß).

d.) Visiereinrichtung für Gleitanflug, um in jedem Fall Ausklinkpunkt genau festlegen zu können.

e.) Möglichkeit des Ausgleichs beim zu kurz oder zuweitkommen, um Treffentfernung genau zu erreichen.

f.) Höchstgeschwindigkeitsbegrenzung durch von Hand regulierbare Bremsen (Sturzflugbremsen, Bremsschirme), um bei erforderlich werdender stärkerer Gleitbahnneigung nicht in den Bereich der kritischen Schallgeschwindigkeit zu kommen.

g.) Regulierbares Schubgerät, um beim Ausklinken von der niedrigen Geschwindigkeit des Kampfflugzeugs ohne langes Durchsacken auf Normalgeschwindigkeit der Gleitbombe zu kommen. Zugleich Vorteil: Verkleinerung des Gleitwinkels, höhere Geschwindigkeit ohne Gleitwinkelverschlechterung, Ausgleichsmöglichkeit hinsichtlich Treffentfernung.

h.) Fallschirm für Gleitbombenführer (Rettungsmöglichkeit durch Fallschirmabsprung bei Motorausfall, Jagdangriff, Flaktreffer).

5.) **Sprengkörper**

a.) ausreichende Sprengladung (hochwertigster Sprengstoff).

b.) Sicherstellung der richtigen Gleitbahn bei Anwendung im Wasser gegen Schiffsziele. (Vermeidung von Abprallern).

c.) Einwandfrei wirkende Zünder mit mehrfacher Sicherheit, so daß Blindgänger vollkommen ausgeschlossen

d.) Schaffung der Ausstattung mit den für die Eigenart des Zieles notwendigen Zündern.

e.) Sicherheit gegen Verformung beim Auftreten auf das Wasser,

f.) hohe Transportsicherheit des Sprengstoffes.

6.) **Wünschenswerte technische Einrichtungen und Vorschlag hinsichtlich der technischen Weiterentwicklung des Geräts.**

a.) Einnahmemöglichkeit des Führerplatzes der Gleitbombe vom Kampfflugzeug aus durch Schacht oder durch Hineinragen Bombenführerplatz in Kampfflugzeug. (Vermeidung der für längere Zeit ermüdenden Bauchlage).

b.) Anbringung einer Zieleinrichtung, die dem Gleitbombenführer das Bild eines direkten Zielanfluges vermittelt, obgleich Bombe bei Schiffszielbekämpfung vor dem Ziel ins Wasser gehen muß, um Minenwirkung zu erreichen. (Vermittlung des Bildeindrucks der direkten Zielansteuerung ist psychologisch wichtig!!)

c.) Sturzflugfähigkeit für große Bahnwinkel unter Vermeidung kritischer Höchstgeschwindigkeiten und damit Ermöglichung des Sturzangriffes.

d.) Katapultierfähigkeit und länger wirkendes Schubgerät. Vorteil: Unabhängigkeit vom Kampfflugzeug bei nahen Zielen (z. B. Invasionsflotte). Eventuell sitzende Unterbringung des Bombenführers zum besseren Ertragen von Beschleunigungen.

e.) Weiterentwicklung des Gerätes in der Weise, daß der die Bombe steuernde Mann möglichst günstige Aussicht auf seine Rettung hat. Praktischer Vorschlag Ltn. *Eck* liegt vor.

E.) **Ausbildung**

1.) **Ausbildungsziel**

Vertrautmachen des Bombenführers mit dem Gerät, zusätzlich letzte Erprobung und darauf aufbauend Durchführung notwendiger Verbesserungen.

2.) **Ausbildungs-Gerät**
Ein dem Einsatzgerät möglichst angeglichenes Übungsmodell.

3.) **Forderung für Übungsmodelle:**

a.) Möglichst vollkommene Übereinstimmung mit Einsatzgerät im Hinblick auf Gestalt, Flugleistungen, -eigenschaften, in der Bedienung aller Geräte und der Ausrüstung.

b.) Landemöglichkeit des Geräts möglichst ohne Verlust an Menschen und Material.

c.) Möglichkeit der Ballastzuladung bis zum Einsatzgewicht. (Vor Landung abwerfbar!) um durch sich steigerndes Fluggewicht den Gleitbombenführer an hohe Geschwindigkeiten und an die Bedingungen, die ihn im Einsatz erwarten, zu gewöhnen.

Heigl
Oberst und Geschwaderkommodore.

Verteiler:
1 x G.L. Obersting. Hermann
1 x Lw.Füst. - Chef -
1 x II.K.G. 200
1 X z.d.A. K.G. 200
1 x K.T.
5 x

Professor Georgii und seine Mitarbeiter mögen die Köpfe geschüttelt haben: war das ein Entwicklungsauftrag! Und wann sollte das Ding fertig sein?
Richtige Flieger konnte diese Spezifikation nicht verfaßt haben. Allein der Ausdruck »Karosserie« für eine Flugzeugzelle mußte jedem, der auch nur ein wenig mit Flugzeugen zu tun hatte, Zahnschmerzen bereiten . . .
Man war offenbar von der Vorstellung ausgegangen, daß doch bei den verschiedensten neueren Entwicklungen und Geräten ein Stück vorhanden war, das in diese erträumte Waffe »hineingepaßt« hätte - man denke nur etwa an den Raketenmotor der Hs 193, einer fliegenden Bombe, die quasi auf Halde lag. Und man glaubte wohl, daß mit etwas Fummeln solche Teile zu einem Ganzen zusammenzubauen gewesen wären. Vergessen hatte man ja keine unabdingbare Eigenschaft. Aber die Forderung: »Ausnutzungsmöglichkeit für einen größeren Sektor in personeller Hinsicht« läßt erkennen, daß zwischen den Gedanken der Initiatoren - und zu den Freiwilligen zählten immerhin auch

Hanna Reitsch selbst und der Oberbefehlshaber der Luftflotte 6, Generaloberst v. Greim – und den Ideen, die etwa die SS hegte, sich inzwischen eine unüberbrückbare Kluft aufgetan hatte.
Um keine kostbare Zeit verstreichen zu lassen, war anfänglich eine ganze Reihe von unwirklichen Ideen aufgetaucht, mit bereits vorhandenem Gerät und bereits ausgebildeten Piloten zu ersten Einsätzen zu kommen – es war z. B. an die Me 410 mit Bombentorpedo gedacht, an die Fw 190 mit Schwerstbombe ...
Dies hätte allerdings ausgebildete (und kampferfahrene) Piloten vorausgesetzt. Aber ausgerechnet aus den fliegenden Verbänden der Luftwaffe hatten sich kaum Freiwillige gemeldet. Die Masse der Bewerber waren junge Soldaten. Man hatte ihnen eine Ausbildung zum Segelflieger in Aussicht gestellt – mit dem Hinweis, daß sie als solche mit Spezialflugzeugen für ihre Sonderaufgabe ausgerüstet würden.
Nicht mehr und nicht weniger.
Es verwundert deshalb nicht, daß die Zahl der Freiwilligen so groß war. Immerhin ergab sich damit die Möglichkeit einer sorgfältigen Auslese und Eignungsüberprüfung. Daß man im ersten Stadium der Rekrutierung nur eine ziemlich vage Umschreibung der Aufgabe benutzt hatte, ist wahrscheinlich mehr aus Gründen der Geheimhaltung geschehen als mit der Absicht einer arglistigen Täuschung. Die Eingeweihten dagegen wußten, daß es ein Flug ohne Wiederkehr werden würde und hatten in einer ausdrücklichen Erklärung ihr Einverständnis bekundet.
Hinsichtlich des Werts der Massen-Ausbildung hatten aber alte Flieger doch manche Zweifel: sie entsprach etwa der eines Hitler-Jungen, der Segelfliegen gelernt hat und imstande war, einen Gleitflug mit anschließender Ziellandung recht und schlecht auszuführen. Das hieß aber noch nicht, daß solch ein »S.O.«-Mann dann auch in der Lage war, mit einem Gerät mit eigenem Zusatzantrieb einen Flug über größere Entfernung auszuführen. Er wäre wohl auch nicht in der Lage gewesen, sein Ziel zu finden – wohlgemerkt unter Einsatzbedingungen, weil er das nicht gerlernt und nicht genügend geübt hatte. Die paar alten Hasen hätten es

wahrscheinlich gekonnt, aber die Jungen hatten sich noch nie im Bereich der gegnerischen Abwehr aufgehalten und konnten demzufolge gar nicht abschätzen, wie sie sich im Feuerhagel der Flak oder angreifenden Jagdflugzeugen gegenüber verhalten sollten. (Wie sah es denn mit dem letzten Aufgebot der Jagdwaffe aus? Viele kamen ja schon von ihrem ersten Einsatz nicht mehr zurück!)

Die Möglichkeit, unter der Führung und Anleitung erfahrener Verbandsführer die ersten Feindberührungen zu überstehen, konnte es für den jungen Selbstaufopferer gar nicht geben, weil der erste Einsatz ja wohl auch der letzte gewesen wäre. Er hätte also in aller Regel entweder sein Ziel gar nicht gefunden - und das trotz Heranschleppens in Zielnähe - oder wäre vor Erreichen des Ziels ein Opfer der feindlichen Abwehr geworden.

Dies wäre ganz sicher der Fall gewesen, hätte man das »auf Eis liegende« Projekt BV 41 weiterverfolgt: es handelte sich hier um einen schwer gepanzerten fast unverwundbaren Kampfsegler mit einer 3 cm Kanone, der ursprünglich dafür vorgesehen war, von oben in die alliierten Bomberpulks hineinzustoßen . . .

Nun fanden Versuche mit der Me 328 statt. Ursprünglich sollte mit diesem Typ ein Schlepp-Jagdeinsitzer mit zwei Staustrahltriebwerken zu je 300 kp Schub (wie sie bei der »V-1« Verwendung fanden) entstehen. Er sollte im Deichselschlepp von He 177 oder Me 264 mitgeschleppt werden, um im Bedarfsfall Jagdschutz zu geben. Später sollte eine bemannte Flugbombe daraus werden.

Bei den Flugversuchen hatte sich jedoch gezeigt, daß die im Flug entstehenden Schwingungen so stark waren, daß die Maschine in der Luft »abmontierte«. Nun aber sollte sie - ohne Triebwerk - für das »S.O.«-Kommando Verwendung finden.

Hanna Reitsch und Heinz Kensche aus dem RLM übernahmen in Hörsching bei Linz die Erprobung. Es war eine kleine Maschine mit ganz kurzen Flügeln. Die Gleitzahl war bei 750 km/h rund 1:5. Die Me 328 wurde im Huckepackschlepp von einer Do 217 auf 3000 bis 6000 Meter Höhe getragen.

Der Pilot konnte dann die Haltevorrichtung selbst entkuppeln, worauf die kleine Maschine ohne Schwierigkeiten von den Tragflächen der Schleppmaschine abhob, wie Hanna Reitsch selbst berichtet.
Die Erprobung war im April 1944 abgeschlossen, und die Me 328 sollte in den Serienbau gehen - was aber auf irgendeine Weise doch nicht zustandekam.
Was lag näher, als nun an eine bemannte Version der »V-1« zu denken! Durch den Vormarsch der Alliierten erzwungen, hatten sich die Abschußbasen der »V-1« immer weiter von ihren Zielen entfernt, sodaß gar nicht mehr so viele Geräte eingesetzt werden konnten wie geplant. Und hier handelte es sich ja bereits um ein vorhandenes Verlustgerät, das in rund 280 Mannstunden auf einfache Weise hergestellt werden konnte.
Hanna Reitsch traf in Berlin im Haus der Flieger zufällig auf Otto Skorzeny, der bereits durch Himmler von dem Plan gehört hatte.
Er selbst hatte ähnliche Ideen über den Einsatz von Sonderwaffen, und so geschah es, daß die SS mit ins Spiel kam: den 70 Mann beim KG 200 wurden noch etwa 30 Mann aus Skorzeny's Verbänden beigegeben.
Skorzeny hat dann auch in der ihm eigenen Art die Sache durchgepeitscht, indem er die zuständigen Leute einfach mit dem Hinweis überfuhr, er besitze die notwendigen Vollmachten und habe Hitler laufend über den Stand der Dinge direkt zu berichten.
Im Deutschen Forschungsinstitut für Segelflug (DFS) in Ainring bei Bad Reichenhall wurde die Fi 103 (das war die eigentliche Typenbezeichnung der »V-1«) innerhalb weniger Tage so umgebaut, daß sie einen Piloten aufnehmen konnte und durch diesen auch sicher zu steuern war. Das Projekt lief unter der Tarnbezeichnung »Reichenberg«. Zunächst ohne Triebwerk, konnte die Maschine - nun mit Landeklappen ausgerüstet - auf einer gefederten Kufe landen. Unter einer zweimotorigen He 111 wurde sie auf Ausklinkhöhe gebracht.
Parallel dazu erfolgte die Entwicklung des Einsatzgeräts, das die Bezeichnung »Reichenberg IV« erhielt.

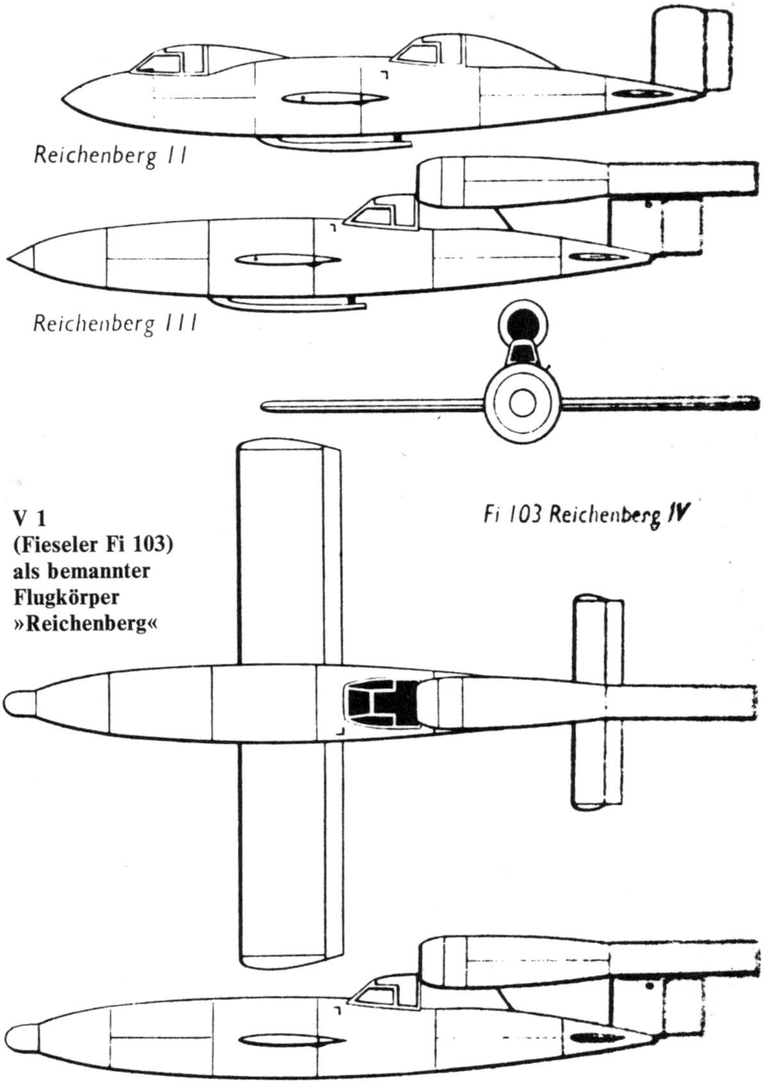

V 1
(Fieseler Fi 103)
als bemannter
Flugkörper
»Reichenberg«

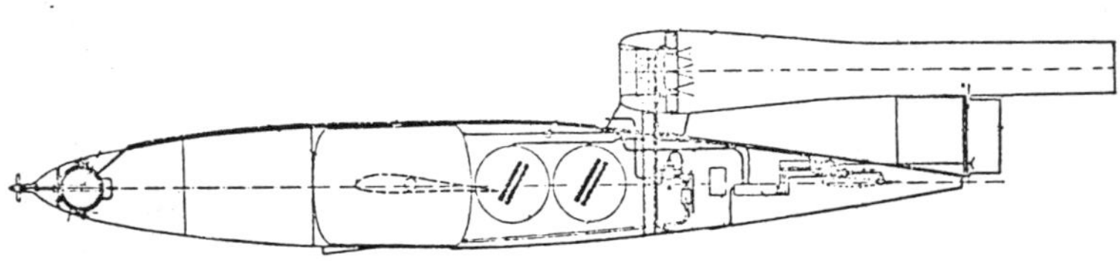

V 1 (Fieseler FI 103). Unbemannter Flugkörper; Reichweite 320 km; Flughöhe 0,5–3 km; Geschwindigkeit 500–800 km/h.

Fi 103 »V-1« in einer Version als bemannte Bombe. Diese Entwicklung, »Reichenberg« genannt, gehörte zu den spektakulärsten und meistumstrittenen technischen Entwicklungen in der Geschichte des zweiten Weltkrieges.

Die »Reichenberg« war als Zwischenlösung für den Einsatz von Piloten gedacht, die bereit waren, sich selbst zu opfern, indem sie ihre fliegende Bombe direkt in das Ziel steuerten.
Unter einem Trägerflugzeug aufgehängt, sollten sie in Reichweite des Zieles geflogen werden, um den letzten Teil des Anfluges selbständig zurückzulegen.
Obwohl eine große Stückzahl bereits einsatzreif fertiggestellt war, kam es glücklicherweise nie zu ihrer Verwendung.

Hier die Daten:
Fluggewicht: 2,25 t
Gewicht des Gefechtskopfes: etwa 800 kg
Reichweite mit Triebwerk, nach Ausklinken vom Trägerflugzeug in 2500 Meter Höhe: 300 km
Laufzeit des Triebwerks: 32 Minuten.
Bei der Erprobung der bemannten V-1-Zelle ohne Triebwerk, die in Rechlin durchgeführt wurde, gab es zunächst Schwierigkeiten und Rückschläge. In einem Fall öffnete der Pilot aus Versehen die Haube über dem kleinen Cockpit. Er verlor die Herrschaft über das Flugzeug und stürzte ab. Ein anderer Absturz ereignete sich, als ein großer Teil des Sandballasts verlorenging, der die Sprengladung darstellen sollte.
Trotz solchen Verzögerungen gelang es - nicht zuletzt weil Hanna Reitsch maßgeblich in die Flugerprobung eingeschaltet war - in sehr kurzer Zeit, eine zuverlässige, von einem Menschen gesteuerte fliegende Bombe zu entwickeln.
Es hieß dann später, Hanna Reitsch sei bei der Erprobung der bemannten »V-1« schwer verunglückt. Dies trifft nicht zu, obwohl sie mit dem Gerät mindestens zwei Bruchlandungen machen mußte.
In Wirklichkeit erlitt Hanna Reitsch ihre schweren Verletzungen bei der Erprobung des Raketenjägers Me 163. Dieser startete auf einem abwerfbaren, schweren zweirädrigen Startgestell und landete wie ein Segelflugzeug auf einer Kufe. Zu dem schweren Unfall ist es dadurch gekommen, daß die Abwurfeinrichtung für das Startgestell nicht funktionierte, sodaß sie mit dem zusätzlichen Gewicht im Gleitflug landen mußte. Mit etwas Reservehöhe flog sie den Platz an, um dann durch Slippen den Gleitwinkel zu korrigieren. Dabei kamen die Steuerflächen in den Wirbelbereich hinter dem Startgestell und hatten keine Wirkung mehr. Die Maschine sackte durch. Einer berichtete: »Die kam herunter wie ein Klavier aus dem dritten Stock . . .«
Nachdem die Flugerprobung mit der motorlosen bemannten »V-1« abgeschlossen war, ging man dazu über, ein Übungsgerät mit Triebwerk sowie ein zweisitziges Gerät zur Schulung zu bauen und einsatzreif zu machen.

Auch diese waren mit einer Landekufe versehen, die Übungslandungen wie mit einem Segelflugzeug zuließ.
So konnte also geschult und geübt werden, während sich bereits die Hallen auf dem Flugplatz Prenzlau mit »scharfen« Einsatzgeräten füllten. Nach Abschluß der Erprobung hatte es nur eines verhältnismäßig kleinen Aufwands bedurft, um aus serienmäßigen unbemannten Geräten solche mit Pilotenkabine für den »Totaleinsatz« zu machen:
Der Rumpf der Fi 103 war in sechs Abteilungen unterteilt.
Diese enthielten (von vorne nach hinten) den Kompaß, die Sprengladung von etwa 800 kg, den Treibstofftank, zwei kugelförmige Preßluftbehälter als Energieträger für die Treibstoff-Förderung und einige andere Funktionen, den Autopiloten mit Einstellmöglichkeiten für Höhe und Entfernung, und die Rudermaschinen für Höhenruder, Seitenruder und Querruder.
Der Umbau in eine bemannte Gleitbombe - die »Reichenberg IV« - umfaßte den Einbau eines kleinen Führersitzes in den Rumpf unmittelbar unterhalb des Lufteinlaufs des Triebwerks.
Dazu mußten die beiden kugelförmigen Preßluftbehälter entfernt werden. Für den bemannten Einsatz genügte jedoch ein einziger solcher Behälter, und dieser fand seinen Platz im hinteren Teil des Rumpfs, wo normalerweise der jetzt entbehrliche Autopilot untergebracht war.
Das Instrumentenbrett für den Piloten war denkbar einfach ausgestattet. Es enthielt einen Schalter für den elektrischen Zünder der Sprengladung, einen Fahrtmesser, einen Höhenmesser, eine Uhr und den künstlichen Horizont. Auf einer Konsole am Boden war ein Kreiselkompaß montiert. Außerdem war noch Platz für einen Akku und einen Umformer.
Die Steuerung erfolgte über einen gewöhnlichen Steuerknüppel und Seitenruderpedale. Der Sitz bestand aus einer einfachen Sperrholzschale. Für den Kopf war eine gepolsterte Stütze vorhanden. Die Haube des kleinen Führerraums war einteilig und konnte nach rechts aufgeklappt werden. Die Frontscheibe war aus dickwandigem Panzerglas wie bei Jagdflugzeugen.
An den Seitenscheiben waren Linien aufgemalt, die es

durch Vergleich mit dem Horizont ermöglichten, den Gleitwinkel abzuschätzen. Die Hinterkanten der Flügel waren in ihrer ganzen Spannweite nun als Querruder ausgebildet (Landeklappen waren ja nicht mehr notwendig . . .)
Durch eine Steckverbindung konnte der Pilot der »Reichenberg IV« an die Bordsprechanlage des Trägerflugzeugs angeschlossen werden.
In diesem winzigen und primitiv ausgestatteten Cockpit sollte nun der Mann sitzen, der sich freiwillig dazu bereit erklärt hatte, den Flugkörper direkt zum Ziel zu steuern und dabei sein Leben zu opfern. Er konnte sich zwar an den Gedanken klammern, im letzten Augenblick mit dem Fallschirm abzuspringen.
Aber wie sah es um diese Chance wirklich aus? Bei der »Reichenberg IV« handelte es sich um ein äußerst unstabiles Fluggerät. Das heißt, daß es nicht in der Lage war, einen geraden Flugweg über etwa 1000 Meter einzuhalten, ohne daß der Pilot nicht ständig mit der Steuerung korrigieren mußte.
Das bedeutet, daß das Ziel mit größter Wahrscheinlichkeit verfehlt worden wäre, wenn der Pilot zu früh ausstieg. Ziele für eine derartige Waffe konnten aber nur »Punktziele« sein: kleine Objekte wie schwer gepanzerte Kriegsschiffe oder der bestimmte Gebäudeteil eines Rüstungswerks, bei dessen Zerstörung gleichzeitig das ganze Werk ausfiel, oder andere Ziele von höchster strategischer Bedeutung.
Das Verlassen des winzigen Führersitzes mit dem Fallschirm wäre bei einer Sturzgeschwindigkeit von etwa 800 km/h auch äußerst problematisch gewesen. Allein das Abwerfen der Haube erforderte eine Reihe von Handgriffen, die die Aufmerksamkeit des Piloten vom genauen Zielen abhalten mußte.
War die Haube jedoch weg, dann wäre es ein akrobatisches und athletisches Kunststück geworden, sich mitsamt dem behindernden Fallschirm aus dem engen Gehäuse herauszuzwängen, zumal bei einem Fahrtwind, der den Körper herumbeutelt wie ein Blatt Papier.
Genaue Kalkulationen, die man darüber angestellt hat – sicherlich ohne den Betrofffenen etwas darüber zu sagen –

haben ergeben, daß die Aussicht auf einen geglückten Absprung aus der bemannten Bombe »ein wenig besser als 1:100« war.
Wenn man nun alle Umstände abwiegt, was war die bemannte »V-1« als Totaleinsatzwaffe wirklich wert?
Von der Technik her konnte sie zwar die gestellten Forderungen erfüllen: sie konnte ausreichend genau und sicher in das Ziel gesteuert werden und punktgenau treffen.
Aber: sie war im Marschflug langsamer als die modernen gegnerischen Jäger. Sie konnte also im Anflug auf das Ziel bereits durch Abfangjäger und natürlich auch durch die Flak leicht abgeschossen werden. Diese Gefahr erhöhte sich noch dadurch, daß sie ja durch ein »langsames« Trägerflugzeug in verhältnismäßig großer Höhe bis in die Nähe des Ziels transportiert werden mußte.
Der zweite Nachteil lag in der zu geringen Wirkung der Sprengladung, die für einen Einsatz, bei dem immerhin ein Menschenleben geopfert werden sollte, viel zu klein war.
Über der langen Zeit, die seit den ersten tastenden Versuchen vergangen war, und der nunmehr verzweifelten Situation im Frühjahr 1945 hatten sich natürlich auch die personellen Vorstellungen (besonders bei der SS) geändert. Himmler dachte sogar daran, Lebensmüde, Kranke oder Verbrecher einzusetzen!
Dem letzten Inspekteur der Kampfflieger, Generalmajor Storp, schwebte dann noch eine Steigerung der ursprünglichen Idee zu »Luftwaffen-Selbstopfer-Divisionen« vor, die aus Tarnungsgründen die Bezeichnung »Jägerdivision Hermann Göring« tragen sollten. Dabei mußte einer Eintragung vom 24. 2. 1945 im Kriegstagebuch des OKL zufolge die Ausbildung der »Freiwilligen im KG 200« aus Mangel an Flugtreibstoff eingestellt werden – »bis auf 34, deren Ausbildung weit fortgeschritten ist«. In Gegenwart von Göring kam es dann zu einem Riesenkrach zwischen Storp und Peltz einerseits und Knemeyer und Baumbach als Kommodore des KG 200 andererseits, wie Baumbach selbst berichtet. Er hielt einen Einsatz unter solchen Umständen für verbrecherisch. Am nächsten Tag sprach er mit seinem Freund, dem Rüstungsminister Speer, darüber. Der packte den Stier

nun bei den Hörnern und schleppte Baumbach zu Hitler. Und dieser lehnte den Totaleinsatz endgültig und mit einer Klarheit sondergleichen ab!
Noch am selben Tag wies Baumbach den Kommandeur der IV./Kg 200, Major Kuschke, an, das »Totaleinsatz«-Kommando aufzulösen. Dieser handelte schnell und schickte binnen Stunden die Männer zu ihren früheren Einheiten zurück bzw. stellte sie dem Personalamt zur Verfügung. Keinen Augenblick zu früh. Denn nun sollte der Totaleinsatz doch durchgeführt werden.
Himmler wollte die Verantwortung dafür übernehmen: Man könne den Führer doch nicht mehr mit diesen Dingen »belasten« . . .
Es war aber bereits verhindert, was nur ein sinnloses Massaker geworden wäre aber nicht die Verwirklichung einer einst von hohen Idealen getragenen Idee.

Das Huckepack-Flugzeug

Die britische Home Fleet in Scapa Flow war der deutschen Führung schon immer ein Dorn im Auge gewesen. Der Coup des U-Bootkapitäns Prien war ein einmaliges Bravourstück geblieben - zu Wasser kam man an die Schiffe nicht mehr heran.
Für die deutschen Bomber aber lagen die Pötte außerhalb der Reichweite. Es war die alte Zwickmühle: je weiter ein Flugzeug flog, desto weniger Bombenlast konnte es mitführen.
Und für die Vernichtung solcher schwergepanzerter Schiffe hätte man schon gewaltige Sprengladungen benötigt. Die Rechnung ging einfach nicht auf.
Da entsann man sich wohl der englischen Versuche aus dem Jahr 1938, als ein viermotoriges Flugboot ein kleineres viermotoriges Schwimmerflugzeug huckepack auf den Atlantik hinausgetragen und sich dort von ihm getrennt hatte, worauf dieses allein weiterflog und so die Strecke Dundee (England) bis zur Mündung des Oranje-Flusses in Südafrika zum ersten Mal nonstop zurücklegte. Das Gespann hatte problemlos funktioniert und die Reichweite des Schwimmerflugzeugs praktisch verdoppelt. Mit dem Ausbruch des Krieges waren die Versuche dann zum Erliegen gekommen.
Wenn man den Gedanken des vorher erwähnten »Short-Mayo«-Zwillings nun weiterspann, dann mußte es doch auch möglich sein, das untere größere Flugzeug unbemannt zu lassen und mit Sprengstoff vollzupacken und vom oberen kleineren Flugzeug her bis vor das Ziel zu steuern, dort abzutrennen und nun als fliegende Bombe ins Ziel zu lenken, während das kleine Führungsflugzeug auf die Einsatzbasis zurückkehrte - wenn es ein Jagdflugzeug war, umso besser, denn dann konnte es sich ja selbst seiner Haut wehren! Es hatte den Sprit für den Hinflug gespart, und die fliegende Bombe brauchte ja keinen mehr für den Rückflug. Und: die Reichweite hatte sich verdoppelt.
Es war das Ei des Kolumbus!

Da keinerlei Erfahrungen mit solchen Flugzeuggespannen vorlagen, wurden 1942 beim DFS Versuche mit einer Klemm Kl 35A auf einem Lastengleiter DFS 230 durchgeführt. Die kleine Maschine wurde so auf den Tragflächen der DFS 230 befestigt, daß ihre Federbeine »eingefedert« unter Spannung standen. Bei der Trennung richtete sich die Kl 358 zwangsläufig ein wenig auf, bekam dadurch einen größeren Anstellwinkel und hob deshalb leicht von dem Lastengleiter ab. Dieses Zwillingsflugzeug mußte von einer Ju 52 auf Höhe geschleppt werden. Es zeigte sich, daß bei einer Verständigungsmöglichkeit der beiden Piloten ein Fliegen durchaus möglich war. Die nächste Versuchsstufe bestand aus einer Fw 56 und der DFS 230, und als letzten Schritt packte man eine Bf 109 auf eine DFS 230 mit Fahrgestell. Dieser Zwilling konnte schon allein starten und auch zusammengekoppelt wieder landen. Durch diesen Erfolg angeregt kam der damalige Cheftestpilot der Firma Junkers, Flugkapitän Siegfried Holzbauer, auf den Gedanken, Bomber Ju 88, deren Zellen und Triebwerke ihre maximal zulässige Zahl an Betriebsstunden erreicht hatten, zu einem letzten Einsatz als »fliegende Superbombe« zu verwenden.
Zunächst mußten Schulflugkombinationen geschaffen werden, bei denen beide Flugzeuge bemannt waren. Als oberes Führungsflugzeug zog man umgebaute BF 109 F und Fw 190 A heran, als Trägerflugzeuge Ju 88 A oder Ju 88 G.
Mit Hilfe eines Strebenbocks war die obere Maschine etwa in Schwerpunktlage an zwei Punkten des Hauptholms angelenkt, während das Rumpfende mit einer Knickstrebe in Flugstellung gehalten wurde. Die Trennung im Flug erfolgte in der Weise, daß zunächst die hintere Strebe einknickte, was dem oberen Flugzeug zu einem größeren Anstellwinkel verhalf, sodaß dieses im Augenblick der Trennung sofort nach oben wegsteigen konnte.
Als Schulflugversionen wurden Ju 88 A / Bf 109 F (Tarnbezeichnung »Mistel S 1«), Ju 88G/Fw 190A-8 (»Mistel S 2«) und Ju 88G-6/Fw 190A-6 (»Mistel S 3 A«) eingesetzt.
Die scharfe Einsatzkombination bestand aus einer unbemannten umgebauten Ju 88 A-4 mit einer 3800 kg schweren Hohlladung im Bug und einer Bf 109 F als Führungsflug-

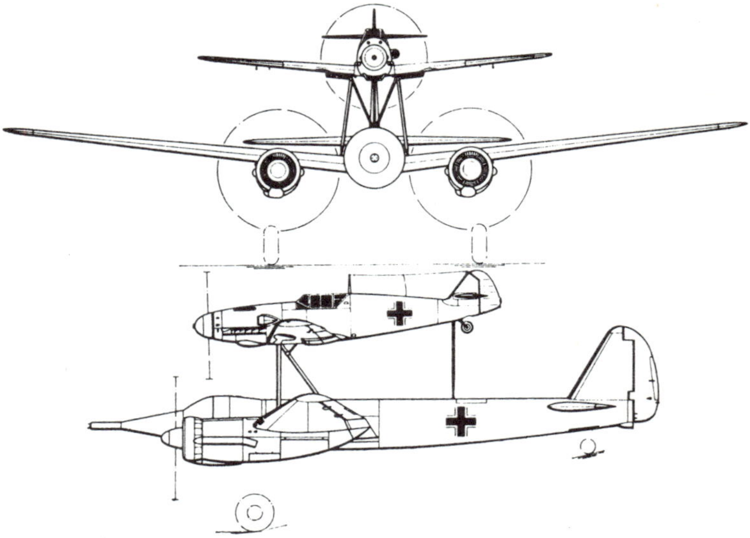

Zweiseitenansicht einer Mistel I (»Beethoven I«). Gespann Ju 88 A 4 + Bf 109 F.

zeug (Tarnbezeichnung »Beethoven-Gerät«). Der Deckname Mistel hatte sich aber schon so durchgesetzt, daß diese Version mehr als Mistel I bekannt ist. Weitere Kombinationen waren:
Ju 88 G-1/Fw 190 A-6 oder F-8 (Mistel II),
Ju 88 A-4/Fw 190 A-8 (Mistel III a),
Ju 88 H-4/Fw 190 A-8 (Mistel III b),
Ju 88 G-10/Fw 190 F-8 (Mistel III C).
Die Hohlladung mit ihrem »Stachel« (den Zünderkomponenten) gab der Ju 88 ein ausgesprochen »giftiges« Aussehen. Ihre Wirkung war kaum vorstellbar: sie war imstande, etwa 8 m Stahl oder 20 m Stahlbeton zu durchschlagen!
Diese Hohlladung war anstelle der Flugzeugführerkanzel am Rumpfschott mit vier Überwurfmuttern angeflanscht.
Das Gespann wurde im Einsatz von dem Piloten der aufgesetzten Jagdmaschine gesteuert. Er hatte sich spätestens 1,5 km vor dem Ziel mit seiner Fw 190 oder Bf 109 abzusprengen, während die Ju 88 eingesteuert mit großer Genauigkeit auf das Ziel zuflog.
Dem Zielanflug bis zum Absprengen dienten folgende technischen Einrichtungen: die Rudermaschine, die Zwei-

Achsen-Kurssteuerung (Hochachse und Querachse), das kreiselgesteuerte Visier, und die Absprenganlage.
Die Ruderanlage war im Rumpf in halber Mitte eingebaut und von außen zugänglich. Die Ruderausschläge des Piloten im Führerflugzeug oben wurden über Potentiometer abgetastet und auf die Rudermaschine übertragen. Es gab zwei Einstellungen: »Start« und »Flug«. In Stellung »Start« erfolgten sofortige große und harte Ruderausschläge, in Stellung »Flug« waren sie dagegen kleiner und weicher.
Die Bedienelemente der Zwei-Achsen-Steuerung im Cockpit des Führungsflugzeugs oben bestand aus einem Kursgeber am Knüppel für die Seite und einem nach unten bzw. nach oben wippenden Schalter am Instrumentenbrett für die Querachse, also für Steigen oder Fallen. Beide Geber sprangen beim Loslassen auf ihre Nullstellung zurück. Die Querruder der Ju 88 konnten vom aufgesetzten Jagdflugzeug aus nicht betätigt werden; sie waren bei der »scharfen« Mistel blockiert.
Das kreiselgesteuerte Visier unterschied sich äußerlich nicht vom bekannten Reflexvisier. Es gab einen Schalter für zwei Stellungen: »Kreisel arretiert« oder »Kreisel frei«. Bei »Kreisel arretiert« war das Visier ein Fixvisier, also ein normales Visier mit fest eingeblendetem Schußkreis. Bei »Kreisel frei« kam Leben ins Visier, denn die Kreisel reagierten auf jede Änderung in Höhe und Seite und gaben sie als »Vorhalt« ins Visierbild. Die Marke wanderte aus der Mitte.
Das Führerflugzeug war an den drei Punkten mit Kugelschraubverschlüssen mit der Ju 88 verbunden. Diese waren mit Sprengstoff gefüllt und konnten elektrisch gezündet werden. Der Abstand der beiden Flugzeuge voneinander war so, daß der Propeller der Führungsmaschine gerade noch frei über der Ju 88 drehen konnte, auch bei unten angeflanschter Kanzel für die Schulung. Er drehte dann gerade über dem Kopf des unten sitzenden Lehrflugzeugführers mit etwa 10 cm Abstand zur Kanzel.
Die hintere Stützstrebe war wie erwähnt als Knickstrebe konstruiert. Im Kniegelenk in Strebmitte saß eine zusätzliche Sprengladung. Im Augenblick des Absprengens zündete diese Ladung einen Sekundenbruchteil früher als die

drei anderen. Das Knie knickte nach vorne, die Strebe verkürzte sich also und zog das Rumpfende der Führungsmaschine etwas nach unten. Erst jetzt knallten auch die Kugelverschlüsse auseinander. Das Führungsflugzeug wurde frei, aber etwas nach schräg oben. So wurde dank dieser Knickstrebe verhindert, daß die kleine Maschine auch bei nicht sofortiger Reaktion des Flugzeugführers (Wegziehen von der Ju 88) nochmals zurücksackte.
Das Absprengen selbst erfolgte über einen vorher zu entsichernden Kippschalter. Im Falle des Versagens konnte ein zweiter Schalter die »Notabsprengung« auslösen. Hierbei wurden die drei Kugeln sofort gezündet, ohne den Knickstrebeneffekt.
In der kleinen Pilotenkabine ging es eng her. Neben der normalen Ausrüstung für den einmotorigen Jäger, die gemessen an der einer mehrmotorigen spartanisch einfach war, mußte nun all das an zusätzlichen Instrumenten und Hebeln untergebracht werden, das zum Betrieb der Ju 88 erforderlich war:
Statt eines einzigen »Gashebels« mußten drei eingebaut werden. Alle Anzeigegeräte für Öl- und Kühlstofftemperaturen mußten dreifach vorhanden sein; dasselbe galt für Drehzahl-, Ladedruck-, Öl- und Treibstoffvorratsanzeige.
Zusätzliche Schalter und Instrumente waren für die Bedienung der gesamten elektrischen Anlage und der Treibstoffumpumpanlage erforderlich.
Nicht zu vergessen die Bediengeräte und -instrumente für die komplizierte Zünderanlage der 3,8 t schweren Superbombe im Kopf der Ju 88.
Für die Übermittlung der zahlreichen Betriebsdaten und für die Übertragung der Steuer- und sonstigen Kommandos mußten dicke Kabelstränge zwischen beiden Flugzeugen mehr oder weniger provisorisch installiert werden.
Die einzige mechanische Verbindung waren die Gasgestänge für die Ju 88. Dagegen erfolgte die Luftschraubenverstellung, die Kühlerklappenverstellung, die Fahrwerk- und Landeklappenbetätigung über ein elektrisch-hydraulisches System und die Betätigung von Höhen- und Seitensteuer über die bereits beschriebene Rudermaschine. Ledig-

lich Radbremsen fehlten bei der »scharfen« Mistel. Eine Betätigungsvorrichtung hätte einen viel zu hohen konstruktiven Aufwand bedeutet. Das heißt also, daß eine scharfe Mistel nicht gebremst werden konnte.

Man nahm dies in Kauf, weil das Bremsen nur für das Rollen zum Start notwendig gewesen wäre. Für den Einsatz wurden scharfe Mistel deshalb an den Start geschleppt. Überführungsflüge wurden ohne Gefechtskopf durchgeführt, also mit Normalkabine. Die Hohlladung wurde erst vor dem Einsatz eingebaut. Im Falle einer notwendigen Landung, etwa wegen eines technischen Defekts, mußte also die Ju 88 abgesprengt werden. Sie ging dabei verloren; der Pilot konnte nur das Führerflugzeug retten.

Während eine normale Ju 88 ein höchstes Startgewicht von rund 13 Tonnen hatte, wog eine vollbetankte Mistel einschließlich Gefechtskopf über 20 Tonnen.

Mit diesem Gewicht landen zu wollen, hätte ein vollkommen neues Fahrwerk erfordert. Dieses hätte aber wegen der zwangsläufig größeren Reifen oder sogar Zwillingsreifen keinen Platz mehr in den Fahrwerksschächten gefunden. Hier war wirklich das Fahrwerk der schwächste Punkt des Gespanns. Jeder Start war deswegen ein hohes Risiko. Man fragte sich immer: werden die Reifen halten oder wird einer platzen?

Die Männer des technischen Personals hatten sich sogar angewöhnt, Betonflächen und Rollbahnen mit Besen zu bear-

Profil eines Mistel-Flugs

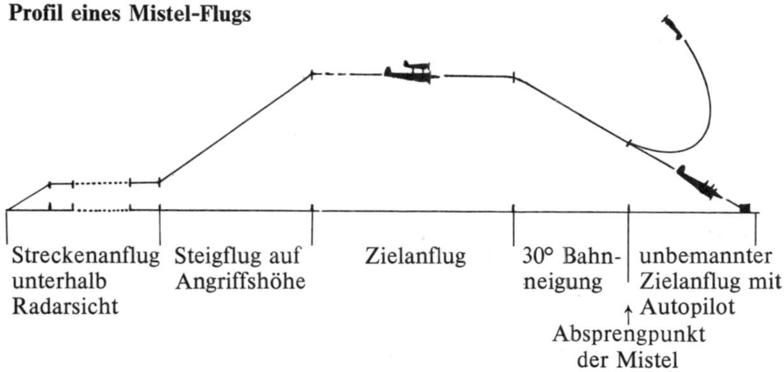

beiten, sodaß auch kleinste Steinchen verschwanden, die einen Reifen hätten beschädigen können.
Anders war dies beim Schulflugzeug: es hatte ein vergleichsweise normales Gewicht, denn es fehlte der tonnenschwere Gefechtskopf, und für den Platzrundenbetrieb brauchte man ja keine vollen Tanks.
Das Gewicht der Ju 88 mit dem aufgesetzten Flugzeug entsprach hierbei etwa einer Ju 88 mit voller Bombenlast und vollen Tanks. Für die Umschulung (Voraussetzung war, daß der Pilot das Jagdflugzeug wie das Bombenflugzeug auch einzeln sicher fliegen konnte) war die untere Maschine äußerlich unverändert, besaß also noch die normale Pilotenkanzel. Allerdings waren alle zusätzlichen Umbauten für den Einsatz als Doppelflugzeug vollzogen, sodaß eine Bedienung durch den »oberen« Piloten allein möglich war. Zusätzlich saß ein Lehrpilot unten und konnte jederzeit eingreifen, falls der obere einen Fehler machte.
Die Landung des Gespanns führte in allen Fällen der Lehrpilot vom unteren Sitz aus durch.
Weil alle Steuerorgane, Querruder, Höhenruder und Seitenruder, nicht direkt betätigt wurden sondern sozusagen »ferngesteuert« über einen Autopiloten, reagierte die Mistel im Vergleich zu einer normalen Ju 88 verhältnismäßig träge. Es war deshalb nicht möglich, in einem engen Verband zu fliegen, wo ständige schnelle Flugkorrekturen notwendig sind, um in enger Fühlung mit dem Nachbarflugzeug zu bleiben. Ganz besonders nachteilig und geradezu gefährlich konnte sich dieses »Reagieren mit Verzögerung« beim Startvorgang auswirken:
Während schon die normale Ju 88 an einem bestimmten Punkt des Anrollwegs nur durch schnelles Reagieren daran gehindert werden konnte, nach links auszubrechen, erforderte die Mistel die höchste Aufmerksamkeit und Konzentration des Piloten, wenn er nicht von der Betonbahn abkommen und quer über den holprigen Rasen auf ein Hindernis prallen wollte, das heißt: wenn nicht schon vorher das Fahrwerk wegbrach.
Das ganze wurde nicht gerade einfacher dadurch, daß dem Piloten nach vorn geradeaus besonders bei der Fw 190

wegen des bulligen Motors die Sicht versperrt war und er in der Regel in seinen viereinhalb Metern Höhe über dem Boden so hin und her geschaukelt wurde, daß er mit dem Kopf gegen die Kabinenverglasung schlug.
Die erhöhte Neigung zum Ausbrechen war nicht allein dem verzögerten Ansprechen der Ruder zuzuschreiben:
Durch die sehr weit oberhalb des Mittelpunkts der drei Achsen des Gespanns liegende schwere Luftschraube des Jagdflugzeugs entstand ein zusätzliches Kreiselmoment, besonders in jenem Augenblick, wo beim Startvorgang das Rumpfende der Ju 88 vom Boden abgehoben werden mußte.
Wegen dieser Eigenschaften der Mistel gab es leider bereits bei der Schulung der Piloten einige Unfälle. In einem Fall war es ein junger Oberfähnrich, der zusammen mit dem »unten« fliegenden Lehrer sein Leben verlor, weil es beiden nicht mehr gelang, das Gespann am Ausbrechen zu hindern.
Ein weiterer Unfall mit zwei Toten ereignete sich bei der Nachtflugschulung, als die Landung etwas zu hart ausfiel und der Strebenbock in die Ju 88 gestaucht wurde.
Großen Respekt hatten alle Leute und besonders natürlich die Piloten vor der Sprengladung der Mistel. Man hatte sich in langen Kriegsjahren zwar an den Umgang mit Munition, Bomben und Sprengstoffen gewöhnt. Hier aber hatte man es mit einer Überbombe von nahezu vier Tonnen Gewicht zu tun.
Man wußte nur sehr wenig. Alle Einzelheiten, die nicht direkt die Handhabung vor dem Einsatz betrafen, waren geheim und nicht zugänglich.
Die Waffenspezialisten der Einsatzstaffel mußten im vorderen Teil der Sprengladung nicht weniger als sieben Zünder einsetzen, wenn sie scharf gemacht wurde.
Weitere sieben Zünder - elektrische und akustische - wurden hinten eingebaut, also dort, wo der Besatzungsraum der Ju 88 gewesen war, bevor man diesen ausgeräumt hatte. Zwischen dem leergebliebenen Teil des Besatzungsraums und der Hohlladung wurde eine starke Panzerplatte eingebaut, um zu verhindern, daß die gefährliche Ladung deto-

nierte, falls das Flugzeuggespann von hinten beschossen wurde.
Einer, der diese technischen und fliegerischen Probleme aus seiner Tätigkeit als technischer Offizier besser als andere kannte, wußte auch, daß die Mistel insgesamt ein wenig erprobtes Gerät war, das außerdem in vielen Teilen nur improvisierte Technik aufwies. Die vielen elektrischen Kabel, die vom Oberteil zum Unterteil führten, waren zum Beispiel mehr als primitiv nur mit Klebeband an den Streben festgebunden.
Es gehörte zu dem üblichen *understatement,* daß er behauptete, seine größte Angst sei überstanden, wenn er seinen Platz hoch oben in der Pilotenkanzel erreicht habe – das Hochsteigen auf der langen Feuerwehrleiter verursache bei ihm jedesmal ein Zittern in den Knien.
Er war es auch, der maßgeblich mitgeplant und mitgearbeitet hatte, als es um die Zusammenstellung einer »Überlebensausrüstung« für die Piloten ging. Diese wurde dem Piloten neben dem Fallschirm fest an den Leib geschnallt.
Sie bestand aus Notverpflegung, einigen Medikamenten, Verbandmaterial, Pistole, Munition, Kompaß, Karten, zusätzlicher Bekleidung, zerlegbarem Jagdgewehr und anderen notwendigen Dingen bis hin zu wasserdicht verpackten Streichhölzern. Sie sollte es dem abgesprungenen oder notgelandeten Mann ermöglichen, sich über einen langen Zeitraum hinweg im feindbesetzten Gebiet aufzuhalten und nach Hause durchzuschlagen.
Der damalige Leutnant Eckard Dittmann erinnert sich: »Für den scharfen Start hatte der Flugzeugführer einen »Fahrplan« um den Hals hängen – um ja nichts zu vergessen:

1. Trimmung Ju 88 auf 0
2. Trimmung Fw 190 auf 0
3. Landeklappe Ju 88 auf Start
4. Landeklappe Fw 190 auf Start
5. Luftschrauben Ju 88 auf »12 Uhr«
6. Luftschraube Fw 190 auf »Automatik«
7. Kippschalter Rudermaschine auf Stellung »Start«
8. Zündschalter Hohlladung auf »entschärft«
9. Abflugkurs vom Platz eingestellt (Kurskreisel)

10. Sicherungsklappe Fahrwerkschalter »hoch«
11. Prüfen der Übertragungsfunktion der Rudermaschine auf die Ruder der Ju 88.«

Er muß manchmal noch daran denken, wie er beim langsamen Anrollen in seiner Fw 190 oben erst hin und her geschaukelt wurde, und wie dann die Nickerei nach vorn und hinten begann, weil sein Sitz so weit außerhalb des Schwerpunkts lag. Und dann die Sorge: bloß nicht von der Startbahn abkommen! Bange Sekunden, bis sich der Sporn abhob, die Sicht nach vorn frei wurde und das Gespann den Boden hinter sich ließ . . .

Plan »Eisenhammer«

Im Mai 1944 wurden die ersten Mistel-Gespanne an die 2./KG 101 ausgeliefert, die die britische Home Fleet in Scapa Flow angreifen sollte. (Zwei andere Pläne, nämlich Angriffe auf Gibraltar bzw. auf russische Kriegsschiffe im Hafen von Leningrad hatte man aufgegeben.)
Aber bevor die Einheit nach Dänemark auf ihren Einsatzhafen verlegen konnte, erfolgte die Invasion in der Normandie. Deshalb wurde die Staffel nach Westen verlegt. Sie flog mit ihren 5 Mistel I in der Nacht vom 24./25. Juni 1944 ihren ersten Einsatz gegen Schiffsziele in der Seine-Bucht. Bei einem Gespann mußte die Ju 88 auf dem Anflug abgesprengt werden. Die anderen vier erreichten das Zielgebiet und versenkten Blockschiffe. Alle fünf Piloten kehrten mit ihren Bf 109 sicher zum Einsatzhafen zurück.
Im August bildete die Staffel den Grundstock für die erste Mistel-Gruppe, die III./KG 66. Anfang November wurde diese neu umgebildet zur II./KG 200, die aus drei Staffeln bestand. Die 5.(Bel) KG 200 war mit Ju 88 S, Ju 188 A und Ju 188 E ausgestattet und flog Beleuchtereinsätze für die Mistel I und Mistel III der 6./KG 200. Die 7./KG 200 war Ergänzungs- und Ausbildungsstaffel für die Gruppe.

Das Abzeichen der 6. Staffel des KG 200 verwendete das »Vater + Sohn« Motiv.

Das Focke-Wulf-Jagdflugzeug Fw 190, hier in einer Version als Jagdbomber mit erhöhter Reichweite diente beim Kg 200 als Trägerflugzeug für neu entwickelte Bombentorpedos (BT). Allerdings verhinderte das Kriegsende den Fronteinsatz der noch mit Kinderkrankheiten behafteten Waffe. Deutlich ist unter dem Rumpf eine Fünfhundert-Kilo-Bombe zu erkennen.

Als Führerflugzeug für die Mistel (»Vater und Sohn«) fand die Fw 190 neben der Bf 109 ebenfalls Verwendung.

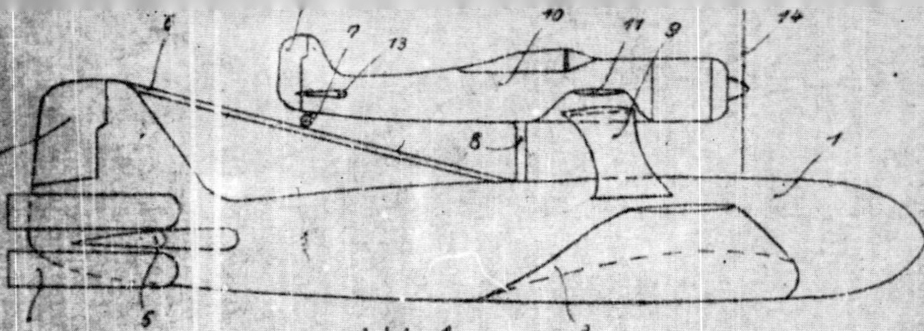

Abb. 1

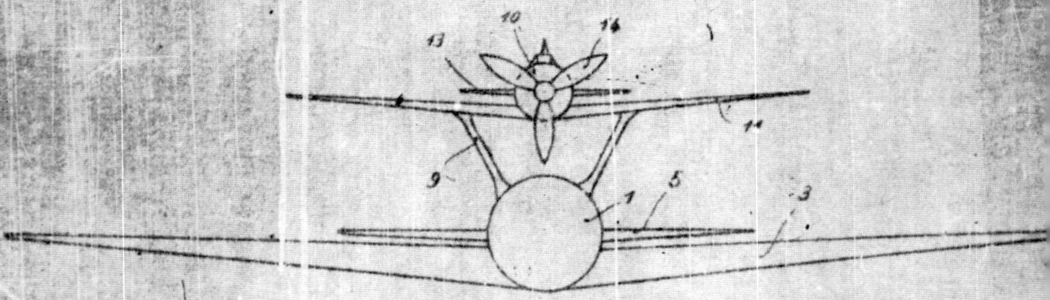

Abb. 2

Diese Zeichnungen aus einer Patentschrift der Firma Siebel-Flugzeugwerke, Halle, aus dem Jahre 1944 zeigen, daß man sich auch dort ernsthaft mit der Misteltechnik befaßt hat. Offenbar war an einen großen »Lastensegler« mit ca. 20 Meter Spannweite gedacht, dem als Leitflugzeug eine Fw 190 aufgesetzt werden sollte. Die notwendige Beschleunigung für den Start sollten Raketentriebwerke am Rumpfende des unbemannten »Seglers« bewirken.

8982

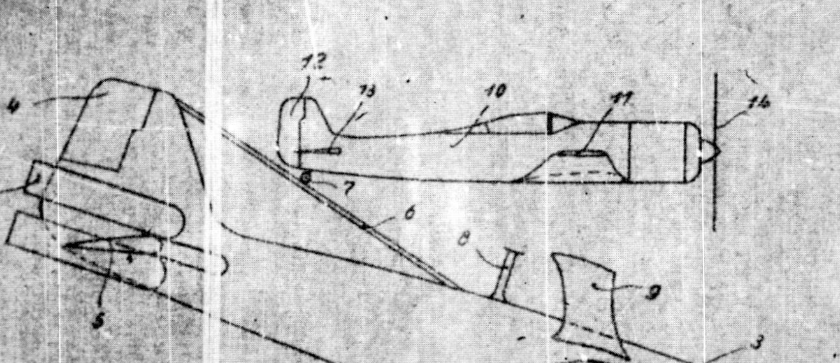

Abb. 3

Abb. 4

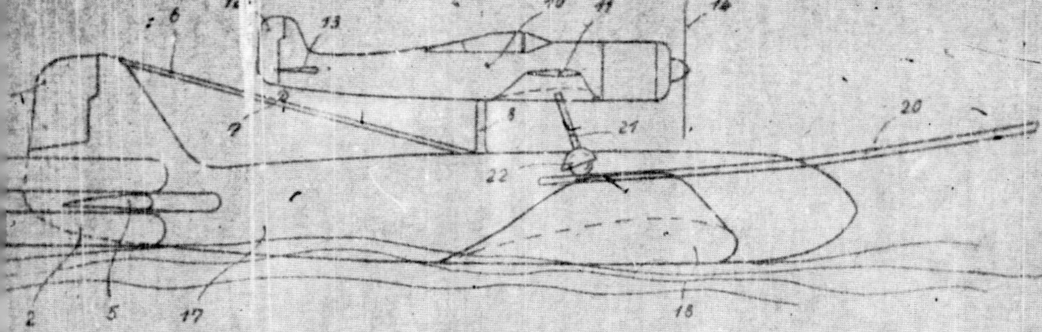

Abb. 5

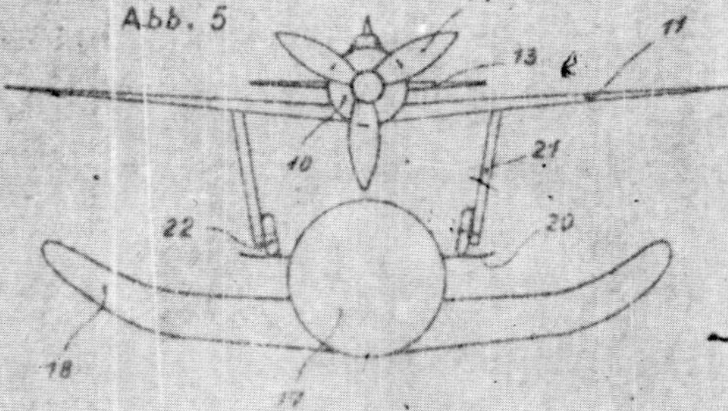

Abb. 6

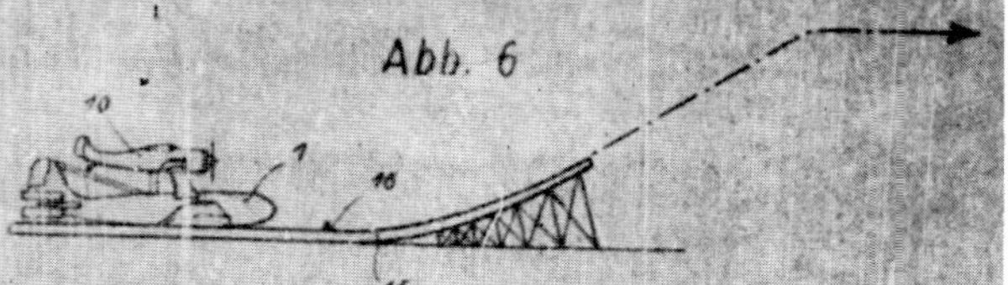

Abb. 7

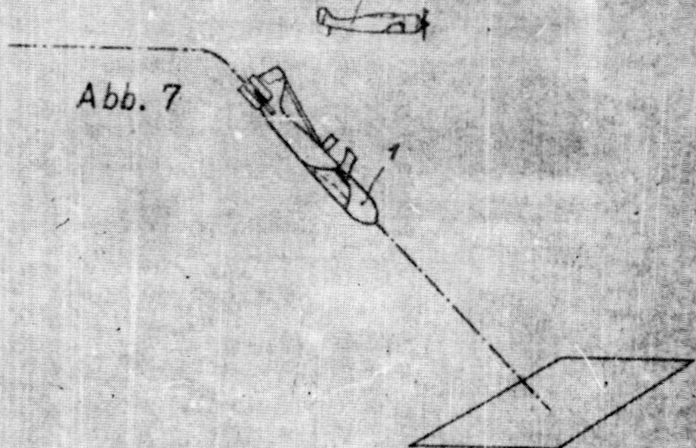

Abb. 8

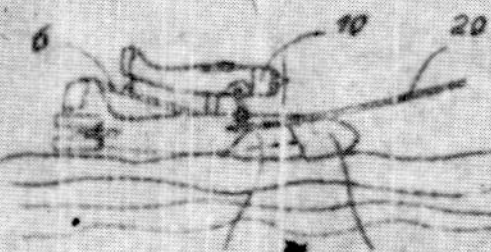

Abb. 9

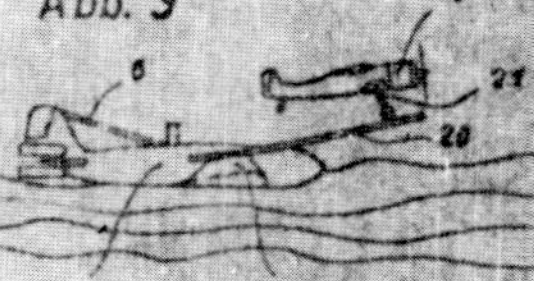

Siebel-Flugzeugwerke G...

Um diese Zeit etwa wurde erneut ein Einsatz gegen die britische Home Fleet vorbereitet. Ein Mistel-Verband wurde nach Dänemark verlegt. Da wurde das deutsche Schlachtschiff »Tirpitz« am 11. November 1944 in norwegischen Gewässern versenkt, das bisher einen großen Teil der britischen Flotte gebunden hatte. Mehrere Einheiten wurden aus Scapa Flow abgezogen. Es war also dort kein lohnendes Ziel mehr für die Mistel vorhanden.
Inzwischen waren die übrigen Mistel-Verbände - die I. und die II. Gruppe des KG 30 - einsatzmäßig dem KG 200 unterstellt worden und im Gefechtsverband Helbig zusammengefaßt. Man hatte den alten Plan »Eisenhammer« aus dem Jahre 1943 wieder ausgegraben. Damals sollte auf Vorschlag des Professors Steinmann vom RLM (eines klugen, gründlichen und bescheidenen Mannes) strategische Schwerpunktziele in der UdSSR angegriffen werden. (Er hatte sich schon 1940 vergeblich gegen die sinnlose und kräftezehrende Bomberei englischer Städte gewandt und sich dafür eingesetzt, stattdessen mit konzentrierten Kräften dem Lebensnerv einer Industrienation mehr Aufmerksamkeit zu schenken, nämlich den Kraftwerken, und diese auszuschalten.
Er argumentierte: eine Dampf- bzw. Wasserturbinenferti-

Bild links:
Die zusätzlichen Einbauten im Cockpit einer »Mistel«-Führungsmaschine Fw 190
Ganz deutlich erkennt man das zusätzlich eingeschraubte Instrumentenbrett über der Mittelkonsole der Fw 190:
In der Mitte: Die beiden Luftschraubenuhren Ju 88
Links daneben: Landeklappen-Kippschalter, unten »Start«, oben »Reise«. Daneben links die beiden Kontroll-Leuchten. (Technik Elektro-Hydraulik).
Links darüber: Die beiden Schalter zum Absprengen: rechts »Normalabsprengung«, links »Notabsprengung«. Rechts daneben die Kontrolleuchte für Absprenganlage.
Rechts neben Luftschraubenuhren: Der Kippschalter für die Steuerungswirkung der Ruderanlage. Unten »Start« (harte Reaktion), oben »Reise« (weiche Reaktion).
Rechts daneben, der gesicherte Schalter: Für das Scharfmachen der Zünder.
Über den Luftschr.-Uhren: Steuerungskippschalter Steigen/Fallen. Nach oben: Drücken bzw. Fallen, nach unten: Ziehen bzw. Steigen.
Neben dem Steuerungsschalter rechts: Schalter »Umpumpen« (Sprit von Ju 88 für Fw 190)
Unter den Luftschraubenuhren: Die beiden Mehrfach-Kombi-Instrumente Ju 88-Triebwerke: Ladedruck, Drehzahl, Öldruck, Öltemperatur.
Am Steuerknüppel, oben seitlich links: Der Kursgeber Rudermaschine Hochachse, also Kursänderung nach links oder rechts.
Links am Rand (unter dem linken Pedal): Die beiden Leistungshebel für die Ju 88
Oben: Das Kreisel-gesteuerte Reflexvisier
Kippschalter unter Kreiselvisier links: Umschaltung von Handsteuerung über Rudermaschine auf Kurssteuerung für den Zielanflug mittels der Kursgeber Seite und Höhe. Links: Steuerung ein Kippschalter Kreiselvisier: Stellung links »Kreisel frei«, rechts »Kreisel fest«. -

gung sei das Höchste an Präzision und industrieller Fähigkeit. Pro Turbine benötige man zum Beispiel etwa eineinhalb Jahre Bauzeit. Die Russen hätten noch keine eigene Fertigung, sondern nur ein Reparaturwerk in Leningrad, das beschädigt sei und still liege. Eine Fertigung auf Vorrat habe es aber auf der ganzen Welt bisher noch nicht gegeben. Einen Ausfall dieser hochempfindlichen Aggregate könne sich niemand leisten. Für die Russen wäre er lebensbedrohend. Sie hätten keine Verbundleitungen sondern nur einzelne Zentren. Intakt seien zwei solche - kleinere - im Ural und Fernen Osten und das gewichtige um Moskau, das 75 % der Rüstung versorge. Fielen nur 2/3 der Turbinen aus, wäre diese Industrieregion praktisch lahmgelegt.)
Neben Angriffen auf die Kraftwerke selbst dachte man auch an die anderen neuralgischen Punkte: Umspannwerke und Überlandleitungen. Im Vordergrund standen neben den Kraftwerken auch die dazugehörenden Staudämme.
Der Plan »Eisenhammer« sah Angriffe auf die wichtigsten russischen Kraftwerke im Raum Moskau und Gorki vor. Diese sollten durchgeführt werden durch zwei Gruppen des KG 30 mit Ju 88 A-4, fünf Gruppen der KG 4 und 55 mit He 111 H-6 und He 111 H-16, und der III./KG 100 mit Do 217 und FX 1400 Fernlenkbombe. Als Pfadfinder-Gruppe war die I./KG 66 vorgesehen. Außerdem sollten noch weitere Verbände dazustoßen, wahrscheinlich mit schweren Flugzeugen der Typen He 177 und Ju 290. Außer der FX 1400 dachte man auch an den Einsatz der »S-Bo«, der sogenannten Sägerbombe, mit deren Hilfe man Überlandleitungen kappen wollte.
»Eisenhammer« mußte jedoch mehrfach verschoben werden, weil die russische Frühjahrs-Offensive die deutschen Absprung-Flugplätze überrollt hatte. Und dann war die Entfernung bis zu den Zielen größer geworden als die Reichweite der Flugzeuge . . .
Jetzt also sollte das KG 200 das Unternehmen mit Mistel durchführen.
Als Absprunghäfen standen inzwischen nur noch Plätze im Raum Berlin und an der Ostseeküste zur Verfügung - man schrieb ja immerhin Februar 1945.

Eckard Dittmann von der II./KG 30 erinnert sich noch an die Einzelheiten:
»Die obere Führung ging von folgender Beurteilung der Lage und der sich daraus ergebenden strategischen Konsequenz aus: Die russischen Streitkräfte sind durch den andauernden Vormarsch ausgezehrt. Alle aufgefüllten und mit modernen Waffen ausgerüsteten SS-Divisionen greifen aus dem Raum Westungarn in einer groß angelegten Schwenkzange nach Norden an, stoßen bis an die Ostsee durch und schneiden die russischen Armeen ab. Die Luftwaffe legt die russische Rüstung lahm.
Mit dem Westen kann ein Separatfrieden geschlossen und damit Mitteleuropa dem Zugriff der Russen entzogen werden.
Zur Durchführung des fliegerischen Auftrags waren notwendig: 100 ausgesuchte Flugzeugführer auf Mistel aus den Geschwadern LG 1, KG 6, KG 30 und KG 200, 150 Pfadfinder auf Ju 88, auch He 111, Ju 188, Do 217, Ju 90 und Ju 290 aus dem KG 66, dem KG 200 und allen sonstigen Fernaufklärungsverbänden.
Die Angriffsziele waren etwa 12 Dampf- bzw. Wasserkraftwerke im runden Ostbogen um Moskau, darunter Tula, Stalinogorsk, Gorki, und das riesige Staubecken bei Rybinsk, nordostwärts von Moskau.
Der Start sollte als Nachtstart um 21.30 Uhr erfolgen, der Angriff gegen 07.00 Uhr morgens. Das bedeutete also eine Flugzeit von 9 1/2 bis 10 Stunden. Dazu kam noch der Rückflug mit abgesprengter Fw 190: 4 1/2 bis 5 Stunden quer durch Rußland. Einzeln. Die Rücklandung sollte im Kurlandbrückenkopf stattfinden, dem am weitesten östlich gelegenen Raum, der noch von deutschen Soldaten gehalten wurde.
Als Startbasen wurden die Flugplätze Oranienburg, Rostock, Peenemünde, Rechlin-Lärz und drei oder vier andere festgelegt.
Zuerst sollte Nordkurs geflogen werden – zur Verschleierung – bis Bornholm, dann Ostkurs über der Ostsee, Landeinflug nördlich von Königsberg. Dann Flug entlang der Rollbahn nördlich Minsk bis Smolensk, und dort Gabelung:

die einen nach Südosten abschwenkend zu den Zielen Stalinogorsk und Tula, die übrigen mit Ostkurs weiterfliegend in Richtung Gorki. Etwa nordwestlich Moskau sollten dann die Rybinsk-Angreifer abschwenken. Von Höhe Bornholm bis zur Gabelung bei Smolensk waren nur zwei kleine Kurskorrekturen notwendig.
Die Aufgabe der Pfadfinder lag darin, jede halbe Stunde entlang des Flugwegs: einen Kurs-, Wende-, Gabelungs- oder Ablaufpunkt zu markieren und eine halbe Stunde lang ununterbrochen auszuleuchten. Die letzten Ablaufpunkte und die Zielmarkierung hatten die Ju 90 - und Ju 290 - Besatzungen zu übernehmen, die ja an große Reichweitenflüge gewöhnt waren.
Die Mistel-Flugzeugführer hatten genau nach Zeitplan, vorher errechneten Kurs- und Wendepunkten, zu fliegen. Im Kurs- und Zeitplan waren in immer gleichen, wiederkehrenden Zeitintervallen die Beleuchtungen durch Pfadfinder eingebaut. Die Mistel-Piloten brauchten sich also um die Navigation keine Gedanken zu machen; sie mußten nur, falls erforderlich, den Kurs korrigieren.
Um die Reichweiten zu realisieren, wurden alle Flugzeuge mit Spezialzusatzbehältern ausgestattet. Die Fw 190 bekamen einen 1200 Liter-Behälter, der wie ein dicker Lufttorpedo aussah und den Rückflug nach Kurland sichern sollte.
Alle BMW 801 Motoren der Mistel wurden - falls sie nicht 30 bis 40 Stunden gelaufen waren, ausgebaut und mit 30 bis 40-Stundenläufern aus anderen Verbänden ausgerüstet.
Spezialisten stellten die Motoren auf Sparverbrauch ein. Die Flugzeugführer erhielten eine dritte Uhr und einen Motoren-Fahrplan. Nach dieser Uhr hatten sie den Sparflug mit gedrosselter Drehzahl halbstündig für drei Minuten zu unterbrechen, um mit etwas erhöhter Normalleistung die Zündkerzen wieder frei zu brennen. Bis zum Absprengen bzw. dem Alleinflug entnahm die Fw 190 den Sprit aus den Tanks der Ju 88.
Die Zieleinweisung war geradezu einmalig: jeder Mistel-Pilot erhielt eine Mappe mit hervorragenden Luftbildaufnahmen (auch Schrägaufnahmen!) bei unterschiedlichen Wetterlagen, und außerdem sämtliche technischen, naviga-

torischen und sonstigen Unterlagen. Ihm blieb genügend Zeit zum Eigenstudium.
Von jedem Ziel gab es Modelle mit von Kunstmalern nach Luftbild gemalten »Sommer- und Winterteppichen« des Geländes, sodaß jeder eine realistische Vorstellung von seinem Ziel bekam.
Die Zielgruppen wurden dann ohne Rücksicht auf ihre Geschwaderzugehörigkeit aufgestellt. Die wichtigste war die für Rybinsk. Hier war einerseits der Riesenstaudamm zu zerstören, zum anderen die Turbinenanlage. Bei Gelingen wäre die Wolga noch an ihrer Mündung bei Astrachan um 5 Meter angestiegen - das ganze Wolgatal wäre völlig überschwemmt worden. (Das behaupteten wenigstens die Experten.)
Wir erhielten sogar eine praktische Einweisung im Kraftwerk Spandau. Den ausgemergelten Kumpels dort - die gar nicht verstanden, was wir wollten - haben wir alle unsere Zigaretten und Butterbrote gegeben . . .
Von einem Jagdflieger-As erhielten wir Unterricht in Typen und Eigenschaften russischer Flugzeuge und über die Vorzüge unserer eigenen, aus Gewichtsersparnis unbewaffneten Fw 190. Für das Überleben bei Abschuß gaben uns Botaniker Hinweise zur Ernährung von Baumrinde, Flechten, Moosen, Beeren, Kräutern und Getier. Von Sprachkennern wurden uns die nötigsten Idioms der russischen Sprache beigebracht und ein Wörterbuch mitgegeben. Dann gab es Tips über den Gebrauch des Fallschirms als Notunterkunft, über Partisanengebiete und wie man am besten an Nahrungsmittel kommt. Dazu erhielt jeder einen ganzen Packen Rubel (es soll Falschgeld gewesen sein), Notproviant einschließlich 25 Güldenring-Zigaretten in Konserve und eine Einweisung in typische russische Wetterlagen.
Endlich war es soweit: wir stiegen mit der streng geheimen Zielakte, den Sommer- und Winterteppichen, dem Kraftwerkmodell zum Nachüben unter dem Arm in den Bus und fuhren - Zielgruppe Stalinogorsk - nach Oranienburg, unserem Absprungplatz . . .«
So kannte nun ein jeder Mistel-Pilot »sein« Ziel sehr genau. Er hatte quasi »am Sandkasten« seinen Auftrag, den Gleit-

angriff und den Auslösepunkt regelrecht auswendig gelernt. Er wußte, mit welcher Geschwindigkeit er bei dem Zielanflug an welchem Punkt sein würde.
Helfen würde ihm der Autopilot, mit dem er der fliegenden Bombe - der Ju 88 unter sich - die Daten für den selbständigen Endanflug vermitteln konnte, und die BZA - die Bomben-Ziel-Automatik - die ihm diese Daten automatisch errechnen und auf seinem Reflexvisier anzeigen würde.
Bis zu diesem Punkt, Anflug und Angriff, mußte die Rechnung stimmen, um Erfolg zu haben.
Was allerdings dann auf den einsamen Mann in der abgesprengten einmotorigen Jagdmaschine ohne Bewaffnung wartete, das war jener Teil des Flugs, bei dem es wirklich um Sein oder Nichtsein ging. Es war der Rückflug: mehr als eintausendsechshundert Kilometer über Feindgebiet. Rußland.
Und das mit einem Flugzeug, das normalerweise nicht einmal die Hälfte dieser Strecke schaffte.
Besonders jene Mistel-Piloten, deren Ziele am weitesten ostwärts lagen, konnten sich ausrechnen, daß sie einen starken Rückenwind brauchten, sonst würde es nicht mehr bis zu eigenem Gebiet reichen.
Ihnen blieb eigentlich nur die Möglichkeit eines Fallschirmabsprungs, wenn die Tanks leergeflogen waren, und die Hoffnung, den Russen nicht sofort in die Hände zu fallen, sondern marschfähig zu bleiben und den Versuch zu unternehmen, sich auf eigenes Gebiet durchzuschlagen.
In den langen Wochen der Vorbereitung hatten sie sich oft darüber unterhalten. Und es war jedem - ausgesprochen oder nicht - der Gedanke gekommen: Warum machst du eigentlich dieses Unternehmen in dieser hoffnungslosen Lage überhaupt noch mit? Hier gehst du doch ausgerechnet 5 Minuten vor 12 Uhr noch drauf!
Aber da ist wohl keiner gewesen, der gesagt hätte, daß er den Auftrag nicht durchführt. Dieses Verhalten muß für einen Außenstehenden schwer verständlich sein. Und in der Vorstellungswelt der Generation von heute fehlt wohl ein Modell, das auf eine solche Verhaltensweise durchaus lebensfroher junger Männer anwendbar wäre.

Das »große Abenteuer« hatte längst seinen Reiz verloren. Im Gegenteil: hier war kein Blumentopf mehr zu gewinnen. Dabei waren diese Leute keine Selbstmordkandidaten oder sture, stupide »Kommißhengste«. Es waren intelligente, erfahrene - teilweise sogar äußerst sensible - Piloten, die der unersättliche Krieg bisher übrig gelassen hatte, die noch einmal davongekommen waren ...

Ein Leutnant, dem man das am weitesten entfernte Ziel zugewiesen hatte, rechnete wieder und wieder nach: Entfernung, Treibstoffvorrat, Treibstoffverbrauch unter den verschiedensten Bedingungen, Wetter, Eigengeschwindigkeit. Von diesen Faktoren hing es ab, ob er wieder nach Hause oder wie nahe er noch an eigenes Gebiet herankam.

Er konnte aber rechnen und rechnen, soviel er wollte: es reichte nicht. Nur mit starkem Rückenwind auf dem Hinflug und auf dem Rückflug konnte es gerade bis nach Kurland reichen, wo die letzten deutschen Truppen - zwar schon eingeschlossen - standen.

Eine Wetterlage aber, bei welcher der Wind zuerst kräftig von Westen weht, um exakt neun Stunden später ebenso kräftig aus dem Osten zu kommen, die gibt es vielleicht alle hundert Jahre einmal. Zumal, wenn dieser Windsprung zu einer ganz bestimmten Stunde des Tages eintreffen soll.

Der junge Leutnant - flugerfahren und kriegserfahren - meldete sich aber nicht bei seinem Staffelkapitän, um diesem zu erklären, daß sein Einsatz »undurchführbar« sei, daß er gar keine Chance habe, wieder nach Hause zu kommen. Er wußte, daß es seinen Kameraden in den anderen Mistel kaum besser erging, auch wenn diese nicht ganz so weit zu fliegen hatten. Er meldete sich nicht, weil er sich darüber klar war, daß sein Staffelkapitän selbstverständlich genau Bescheid wußte. Schließlich flog dieser ja selber mit. Und warum sollte er ihn noch mit der Nase darauf stoßen? Der stand doch auch schon mit dem Rücken an der Wand.

Nein, er mußte mit seiner Lage schon allein fertig werden. Bei allem Grübeln kam er immer wieder zu dem Schluß, daß er durchfliegen würde, trotz allem.

Jeder eigene Einsatz war wichtig, wenn er die Aussicht bot, den Gegner im Osten in seinen Aktionen zu behindern oder

zu schwächen, eine Aussicht, sich selbst und seinen Angehörigen wenigstens noch für einen begrenzten Zeitraum Luft zu verschaffen, um dem russischen Ansturm zu entgehen.
Und um den im Westen vordringenden Alliierten indirekt dazu zu verhelfen, ihren Vormarsch so weit wie möglich über die Elbe nach Osten und in Richtung Berlin auszudehnen.
Wer wußte schon oder wollte daran glauben, daß das »Reich« zu diesem Zeitpunkt längst unter den Siegern »aufgeteilt« war?
Man wartete auf eine günstige Wetterlage. Da legten die Amerikaner bei einem Luftangriff auf Rechlin-Lärz einige Bombenteppiche über den Platz.
Achtzehn Mistel gingen dabei verloren. Teilweise brannten die Gespanne total nieder, wobei zu jedermanns Erstaunen die Supersprengladungen nicht etwa explodierten sondern lediglich »langsam« ausbrannten. Das Unternehmen mußte erneut verschoben werden. Aber die Spannung blieb.
Bis ohne besondere Erklärung der Befehl kam: »Eisenhammer abgeblasen!«

Mit »Mistel« gegen Brücken

Die russischen Armeen waren auf ihrem Vormarsch an der Oder angekommen. Der Fluß als schwer zu überwindendes Hindernis verschaffte den erschöpften deutschen Verbänden noch einmal eine Atempause.
Sie hatten bei ihrem Rückzug natürlich versucht, alle Brükken, die über die Oder führten, zu sprengen. Leider nicht oft genug mit Erfolg. Nur 12 Brücken waren so zerstört, daß sie bis März 1945 nicht wieder aufgebaut werden konnten.
So fand der Feind etwa 120 Eisenbahn- und Straßenbrücken fast unversehrt vor. Trotzdem reichten diese Übergänge aber bei weitem nicht aus, die riesige Armee mit ihrer gesamten Ausrüstung, mit Tausenden von Panzern und Kanonen, mit ihrem gewaltigen Materialnachschub in der erforderlichen Masse und in der notwendigen kurzen Zeit überzusetzen. Deshalb entstand eine Vielzahl von Behelfsbrükken über den Strom.
Niemand bei uns ahnte, daß die Amerikaner an der Elbe haltmachen würden, um alles, was ostwärts davon lag, einschließlich Berlin den Russen zu überlassen.
Im Gegenteil: es hielten sich hartnäckig die Gerüchte, daß bereits Verhandlungen mit den Westalliierten stattfanden, mit dem Ziel eines separaten Waffenstillstandes, um dann mit allen Kräften den Gegenschlag im Osten zu führen.
Als man sich der Einsicht nicht mehr verschließen konnte, daß die bisherigen Maßnahmen den Übergang der Russen über die Oder und ihren anschließenden Vormarsch nach Berlin wahrscheinlich nicht aufhalten konnten, versuchte der »oberste Kriegsherr« die Lage auf seine Weise zu meistern. Die verantwortlichen Kommandostellen und Verbände des Heeres hatten in seinen Augen versagt. Er setzte deshalb einen »Beauftragten für die Bekämpfung aller Übergänge über Oder und Neiße« ein.
Naheliegend wäre es gewesen, dafür einen besonders erfahrenen und befähigten wie auch sachkundigen Truppenführer aus dem Bereich des Heeres auszuwählen und mit den entsprechenden Vollmachten auszustatten.

Hitler hatte jedoch eine ganz andere »Eingebung«: er nahm einen Flieger. Der Führerbefehl vom 1. März 1945 lautete:
»Ich beauftrage Oberstleutnant Baumbach, Kommodore des Kampfgeschwaders 200, mit der Bekämpfung aller feindlichen Übergänge über Oder und Neiße.
Oberstleutnant Baumbach hat hierzu sämtliche geeigneten Kampfmittel aller Wehrmachtteile, der Rüstung und Wirtschaft zum Einsatz zu bringen und hinsichtlich der Durchführung aufeinander abzustimmen.
Er untersteht dem Oberbefehlshaber der Luftwaffe und wird eingesetzt im Bereich des Luftflottenkommandos 6.
Durchführungsbestimmungen seines Auftrags erläßt der Oberbefehlshaber der Luftwaffe im Einvernehmen mit dem Chef des Oberkommandos der Wehrmacht.«
Die Durchführungsbestimmungen kamen einen Tag später vom Luftflottenkommando 6 und ließen in ihrer Vielfalt nichts zu wünschen übrig (siehe Faksimile-Wiedergabe Anhang Nr. 3 und Nr. 4).
Es ist leicht zu erklären wenn auch schwer verständlich, wie es zu der Beauftragung Baumbachs mit dieser »schlachtentscheidenden« Aufgabe gekommen ist.
Werner Baumbach galt als erfolgreichster Kampfflieger der Luftwaffe. Er hatte sich darüber hinaus in den verschiedensten verantwortlichen Kommandostellen den Ruf einer einfallsreichen und unerschrockenen Führerpersönlichkeit erworben.
Er war von seinem Aussehen her der Typ des »germanischen Helden«, groß, blond, intelligent.
Er war das Gegenteil eines Karriereoffiziers.
Er war jedermann bekannt durch seine Leistungen als Flieger, durch die Propaganda in Zeitungen und Rundfunk und nicht zuletzt durch seine »Siegfried«-hafte Erscheinung.
Er war im Verlauf des Krieges schon oft zu Hitler befohlen worden – dieser kannte ihn also persönlich gut. In Hitlers Augen war nur ein solcher Mann jetzt noch imstande, letzte Kräfte zu mobilisieren, wenn es darum ging, verzweifelte Situationen zu meistern und ungewöhnliche Maßnahmen zu riskieren und durchzuführen. So also kam durch die Person Baumbach eine Aufgabe auf das KG 200 zu, die aus dem

Rahmen eines fliegenden Verbands fiel. Hier begann auch der Wirrwarr von Zuständigkeiten, der manchmal die Frage aufwarf, wer im Geschwader und den unterstellten Verbänden nun eigentlich noch für was verantwortlich war.
Sicher war Baumbach mit allen erdenklichen Vollmachten ausgestattet. Ebenso sicher war aber auch, daß er in jenem Stadium des Kriegs mit dem Widerstand derjenigen Stellen von Heer, Marine, Luftwaffe und Partei rechnen mußte, die sich durch seine Berufung »übergangen« fühlten.
Außer den normalen Pionierkampfmitteln des Heeres gab es eine Anzahl verschiedener Waffen der Marine und der Luftwaffe zur Vernichtung von Brücken.
Das fing an bei sogenannten Kugeltreibminen, die einen kleinen Sprengsatz von 12 kg Gewicht hatten. Diese waren ursprünglich dafür vorgesehen, mit Hilfe von Booten oberhalb eines Ziels in die Strömung gelegt zu werden. Sie sollten dann unter der Wasseroberfläche treiben, bis sie gegen das Ziel stießen und detonierten.
Von einem Einsatz dieser Kugeltreibminen, der bereits in erheblichem Umfang befohlen war (siehe Anhang Nr. 5 und Nr. 6), wurde dann aber abgesehen.
Um auch nur einen bescheidenen Erfolg zu erzielen, wäre der Aufwand einfach zu groß gewesen: es war nicht mehr möglich, mit eigenen Wasserfahrzeugen die Oder zu befahren, so daß man die Minen aus Flugzeugen hätte abwerfen müssen. Dazu waren aber keine geeigneten Abwurfeinrichtungen an den Flugzeugen vorhanden. Man hatte zwar in aller Eile ein Abwurfverfahren improvisiert, wobei die Minen aus He 111 Bombern über eine Art Rutschen in das Wasser fallen sollten. Mit Recht meinten die Flieger, daß man dann besser die Brücken gleich mit Fliegerbomben angreifen solle. Hinzu kam noch, daß die kleinen Minen gegen feste Bauwerke praktisch wirkungslos waren und daß Pontons einer Behelfsbrücke von mehreren solcher Minen getroffen werden mußten, bevor sie sanken.
Von einer »wirkungsvollen« Bekämpfung einer Pontonbrücke hätte man aber erst sprechen können, wenn es gelang, mindestens fünf oder sechs Pontons zu zerstören.
Noch eine ganze Reihe anderer Gesichtspunkte sprach

gegen den Abwurf von Treibminen aus der Luft: geringe Treffgenauigkeit, unbekannte Wasserströmungen, Flußkrümmungen oberhalb des Ziels sind nur einige.
Die größte Wirkung gegen die in russischer Hand befindlichen Oderübergänge oder Brückenköpfe hätten natürlich laufende Bombenangriffe großer Luftwaffenverbände aller Kategorien - Bomber, Jagdbomber, Stuka, Schlachtflieger und Jäger - erzielt. Dafür aber gab es keine Flugzeuge und vor allem keinen Treibstoff mehr.
Man sieht, daß Baumbachs Auftrag (trotz der bombastischen Aufzählung der Mittel im Durchführungsbefehl) allein von der materiellen Seite her kaum durchführbar war, selbst wenn man die nahezu absolute Überlegenheit des Feindes zu Lande und zum Teil bereits auch in der Luft nicht berücksichtigt.
Ein weiteres Kampfmittel, das vergleichsweise in großer Stückzahl zur Verfügung stand, war die fliegende Bombe Hs 293. Diese Waffe war bereits im Frühjahr 1943 einsatzreif. Sie hatte die Wirkung einer 500 kg Bombe mit Trialenfüllung, wie sie mit großem Erfolg gegen Schiffsziele und andere Objekte zum Einsatz gekommen war.
Die Hs 293 stellte nichts anderes als ein kleines ferngelenktes Flugzeug dar, das durch Funkimpulse in das Ziel gesteuert werden konnte. Nach dem Abwurf vom Trägerflugzeug wurde dieser Flugkörper durch ein Raketentriebwerk beschleunigt und überholte dieses. Er kam so in das Blickfeld des Beobachters, der mit Hilfe eines kleinen Steuerknüppels den weiteren Flugweg bis zum Auftreffen im Ziel fernsteuern konnte. Um das Gerät gegen Funkstörung unempfindlich zu machen, war für später vorgesehen, es über einen dünnen Draht zu steuern, der sich während des Flugs zum Ziel abspulen konnte und über den dann nichtstörbare elektrische Steuerimpulse gegeben werden sollten.
Die Hs 293 war damals zweifellos eine der fortschrittlichsten Entwicklungen auf dem Gebiet der Waffentechnik. Sie hatte den großen Vorteil, daß sie in einer Entfernung von bis zu 13 Kilometern vom Ziel abgeworfen und praktisch aus jeder Fluglage gelenkt werden konnte.
Der Beobachter des Trägerflugzeugs mußte nur einen

Leuchtsatz, der am Rumpfende der fliegenden Bombe brannte, mit dem Ziel in Deckung halten.
Die Ergebnisse bei Erprobungs- und Übungseinsätzen hatten gezeigt, daß mit einer Trefferwahrscheinlichkeit von 40 % gerechnet werden konnte. Man hatte die Produktion und den Einsatz von monatlich rund tausend Hs 293 vorgesehen.
Natürlich unterlag das Gerät strikter Geheimhaltung, so daß nicht einmal die Oberbefehlshaber regionaler Luftflotten von dem Vorhandensein in ihrem Bereich wußten.
Das »Jägerprogramm« mit seiner Ausschließlichkeit stoppte jedoch Produktion und Einsatz schon sehr bald. Ja, es wurden sogar größere Mengen dieser einmaligen Waffe wieder verschrottet. Hinzu kam, daß es an geeigneten Trägerflugzeugen fehlte. Die ursprünglich vorgesehene He 177 - wegen der Brandanfälligkeit ihrer Triebwerke »Reichsfeuerzeug« genannt - blieb nur beschränkt einsatzreif. Außerdem mußte ihre Serienfertigung ebenfalls zugunsten des Jägerprogramms gestoppt werden. Als Zwischenlösung wurden He 111 umgebaut. Bevor diese jedoch eingesetzt werden konnten, benötigte man sie für die Versorgung von Stalingrad, wobei die meisten verloren gingen.
Schließlich wurde ein Flugkörperverband aus Do 217, das KG 100, aufgestellt und im Mittelmeer gegen Handels- und Kriegsschiffe eingesetzt. Die geringe Reichweite der Do 217 war zwar ein Nachteil, aber die Erfolge dieses Verbandes bewiesen doch, daß die Hs 293, wenn sie durch gut geschulte Besatzungen, in genügender Zahl und von einem geeigneten Trägerflugzeug aus Verwendung fand, eine vernichtende Wirkung gegen Punktziele haben konnte.
Aus seiner früheren Funktion als »General der Kampfflieger« kannte Werner Baumbach diese Waffe gut, hatte er sich doch damals für ihren verstärkten Einsatz verwendet.
Jetzt, als »Brückenbevollmächtigter« erinnerte er sich natürlich sofort an die Hs 293. Keine Waffe war besser für diese Aufgabe unter den gegebenen taktischen Bedingungen geeignet.
Schon im Herbst hatte ein höherer SS-Offizier aus dem RSHA bei Baumbach vorgefühlt: man wisse, das KG 200

verfüge über den vorhandenen Bestand an Hs 293. Beim RSHA gebe es Pläne, diese Waffe gegen England einzusetzen. Dabei gehe man von der Vorstellung aus, daß Agenten - vom KG 200 mit Fallschirmen über der Insel abgesetzt - am Ziel Funksender installieren, die ein automatisches Ansteuern der Bombe nach einfachem Funkpeilverfahren ermöglichen sollten. Er sei auch informiert, daß einschlägige Versuche auf der Insel Usedom durchgeführt worden seien.

Eine typische KG 200-Aufgabe!

Sie ist nie zur Durchführung gekommen. Nicht etwa, weil das Geschwader nicht über die nötigen Möglichkeiten verfügt hätte, sondern einfach deswegen, weil sich die oberste Luftwaffenführung, besonders die Hofkamarilla um Göring, nicht dafür einsetzen wollte.

Es mag wie Hohn klingen, aber selbst jetzt versuchte der Luftwaffenführungsstab, dem Baumbach ja direkt untergestellt war, den Einsatz mit dem Hinweis auf die befohlene strikte »höhere Weisung« zu verhindern. Man hätte ja erst den Reichsmarschall fragen und von seiner eigensinnigen Meinung abbringen müssen, die ferngesteuerte Bombe könne aus Gründen ihrer Geheimhaltung nicht gegen Landziele verwendet werden!

Man stelle sich vor: es liegt eine fertig entwickelte Waffe in großen Stückzahlen in geheimen Arsenalen, die nachgewiesenermaßen mit einer Treffgenauigkeit von 40 % gegen Punktziele eingesetzt werden kann - die darüber hinaus den Vorteil hat, daß das Flugzeug das sie trägt, beim Abwurf außerhalb der feindlichen Flakabwehr bleiben kann.

Gut, sie war zunächst nur für die Bekämpfung von Schiffen gedacht, denn man wollte verhindern, daß sie dem Gegner in die Hände fällt. Jetzt aber im Frühjahr 1945 hatte die Luftwaffe doch praktisch keine strategischen Ziele mehr, die für sie erreichbar gewesen wären. Andererseits schrie die Lage an den Fronten nach Unterstützung durch die Luftwaffe.

Erst nachdem Baumbach über die außerordentlichen Vollmachten verfügte, gelang es ihm, noch einige Hs 293 für die Bekämpfung der Oderbrücken zu beschaffen.

Hier sind die technischen Daten der fliegenden Bombe:

Länge:	3818 mm
Spannweite:	3100 mm
Gesamthöhe:	1100 mm
Leitwerkspann:	1102 mm
Rumpfdurchmesser:	470 mm
Gesamtgewicht:	975 kg
Triebwerk:	109-507 B
Treibstoff:	66 kg
davon T-Stoff	60 kg
Z-Stoff	3,4 kg
Preßluft:	2,6 kg
Schub:	600 kp
Brennzeit:	12 Sekunden

Maximale Geschwindigkeit: 205 m/sec

Die Hs 293 konnte in Entfernungen zwischen 3,5 und 18 km und aus Höhen zwischen 400 m und 2000 m ausgelöst werden. Aus 12 km Entfernung bestanden immer noch 50 % Trefferwahrscheinlichkeit.
Insgesamt 1900 Stück wurden hergestellt.

Auf der Suche nach weiteren wirksamen Mitteln für die Bekämpfung der Oderbrücken aktivierte Baumbach alle Stellen und Persönlichkeiten, von denen er Unterstützung erwarten konnte. So kam es auch zu der Aktion, die unter dem Stichwort »Wasserballon« lief.
Nachdem feststand, daß der Einsatz der vorhandenen aber zu kleinen Kugeltreibminen keinen Erfolg versprach, sollten größere Treibminen mit hoher Sprengkraft diese Aufgabe erfüllen.
So etwas gab es aber nicht.
»Wasserballon« umfaßte nun ein Programm, improvisierte Minen herzustellen, die mit großer Treffgenauigkeit aus Flugzeugen abgeworfen werden konnten.
Abgesehen von ihrer größeren Sprengkraft sollten sie in gleicher Weise funktionieren wie die kleinen Kugeltreibminen: sie sollten nach dem Abwurf oberhalb einer Brücke unter der Wasseroberfläche mit der Strömung auf das Ziel zutreiben. Die Zünder sollten dabei erst einige Sekunden nach dem Eintauchen in das Wasser scharf werden.
Die Entwicklungsarbeiten, aus Bombenkörpern Treibminen zu machen, erforderten jedoch so viel Zeit, daß »Wasserballon« für den vorgesehenen Zweck nicht mehr infrage kam.
Die Terminlage wurde mit Mitte April für FLAM C250 (bei störungsfreiem Entwicklungsablauf) und für FLAM C500

mit Anfang Juni 1945 angegeben, wobei »FLAM« die Abkürzung für Flammbombe war. Statt mit einem Benzin-Öl-Gemisch sollten diese Bomben jetzt mit Sprengstoff gefüllt werden, und zwar gerade so weit, daß sie schwimmfähig blieben. Probleme gab es auch wegen der erforderlichen Wassertiefe von 3,8 bzw. 4 Metern.
Ein Bericht des Führungsstabs der Luftwaffe vom 1. 3. 1945 (Faksimile-Wiedergabe Anhang Nr. 7) schließt wie folgt:
»Zu diesen Zeitpunkten läßt Wasserstand der Flüsse außer Rhein und ein Teil der Donau Einsatz kaum zu. Diese Lage bedingt Rückgriff auf vorhandene Mittel:
Außer Kugeltreibmine: Bombe, FK (Hs 293 bzw. FX 1400) gegen alle und Mistel gegen hochwertige Objekte. Kostspieliger Aufwand FK bietet sich auf Grund Betriebsstofflage und vorhandener Körper entsprechend höherer Treffwahrscheinlichkeit besonders an und wird in Kauf genommen. Auf Befehl des Herrn Reichsmarschalls sind FK jedoch zunächst in erster Linie durch das KG 200 gegen die Weichselbrücken einzusetzen.«
Die Erkenntnis, daß Bombenangriffe auf die Brücken nicht ausreichen würden, weil dazu die wichtigsten Voraussetzungen, nämlich ausreichende Flugzeugzahlen und zumindest zeitweilige Luftüberlegenheit über den Zielen, fehlten, führte zu dem Entschluß, nun die Mistel für diese Aufgabe bereitzustellen und einzusetzen.
Aber immer noch sperrte der Generalstabschef der Luftwaffe, General Koller, von den noch vorhandenen 82 Mistel 56 Gespanne ausschließlich für den Einsatz »Eisenhammer«, der nun endgültig auf den 28. März festgelegt war.
Anfangs März waren die Organisations- und Zuständigkeitsverhältnisse schon etwas verworren:

- Baumbach war Kommodore des KG 200, und er war »Brückenbevollmächtigter«. Als ersterer unterstand er einsatzmäßig der Luftflotte 6, als letzterer unterstand er persönlich dem Ob. d. L. Reichsmarschall Göring direkt und hatte Sondervollmachten in alle drei Wehrmachtteile hinein.
- Die I. Gruppe des Geschwaders führte mit ihren

Ein Mistel Gespann, wie es für die Umschulung von Piloten Verwendung fand.
Ju 88 A-4 mit aufgesetzter Focke Wulf Fw 190.
Ca. 50 dieser Gespanne erbeuteten die Alliierten auf dem Flugplatz Burg bei Magdeburg und anderen Plätzen im mitteldeutschen Raum.
Hier ist eines bereits mit englischen Kennzeichen versehen.

Ein Mistel-Schul-Gespann, bestehend aus Ju 88 G und Fw 190.

Das Bild zeigt eine für den scharfen Einsatz fertige Mistel I mit aufgesetztem »Leitflugzeug« Bf 109. Die Kanzel der Ju 88 A-4 wurde abgenommen und durch eine riesige Sprengladung von 3,8 Tonnen Gewicht ersetzt. Der weit vorragende »Rüssel« enthielt ein kompliziertes System der verschiedensten Zünder für die Hohlladung.
Während des Anfluges zum Ziel entnahm das »Leitflugzeug« seinen Treibstoff aus den Tanks der Ju 88, um einen möglichst langen Rückflug mit vollen eigenen Tanks bewältigen zu können.

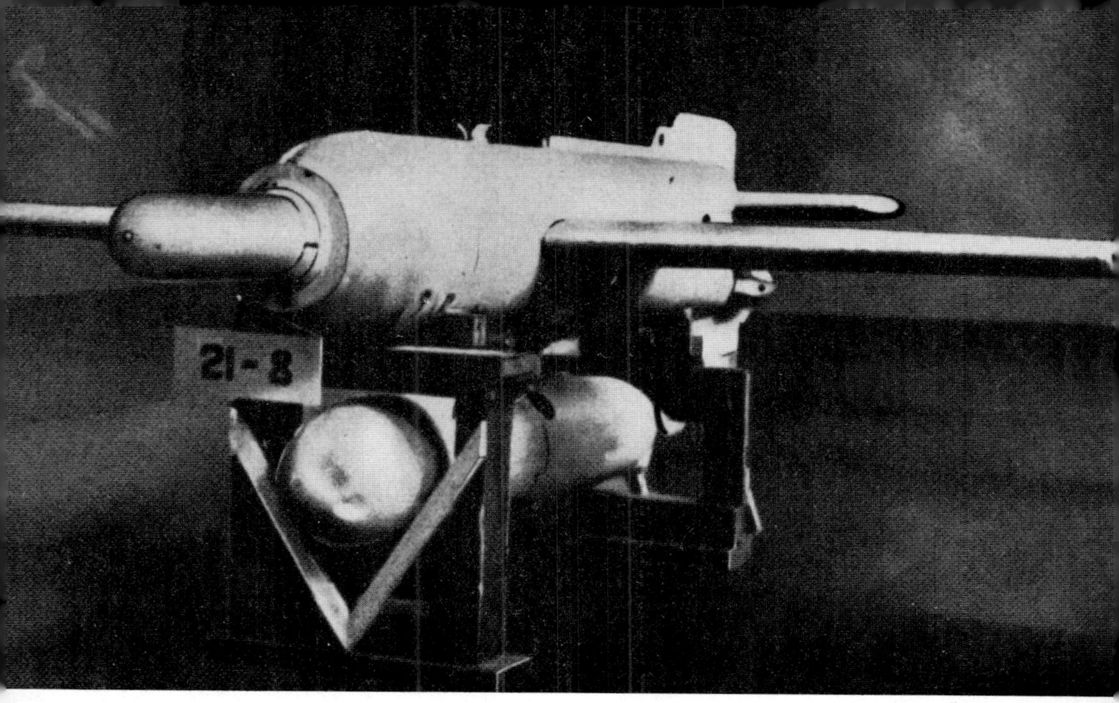

Die funkgelenkte Gleitbombe Hs 293 A stellte einen großen technischen Fortschritt in der Waffenentwicklung dar. Ihr Geheimnis wurde streng gewahrt. Bei Einsätzen gegen Schiffsziele bewies sie ihre hohe Treffgenauigkeit. Erst in der letzten Phase des Krieges – bei der Bekämpfung der Übergänge über Oder und Neisse – wurde sie für den allgemeinen Einsatz freigegeben.

Die nachlenkbare Fallbombe FX war ebenso wie die ferngesteuerte Gleitbombe Hs 293 eine jener modernen Waffen, welche als besonders geheim galten.
Auch sie wurde letztlich für das KG 200 freigegeben, um gegen die Oderübergänge eingesetzt zu werden.
Sie gelangte nicht mehr zum Einsatz, wahrscheinlich weil es zu jener Zeit bereits an geeigneten Trägerflugzeugen fehlte.
Ihre Bewährungsprobe hatte sie schon im Jahre 1943 abgelegt, als es dem damaligen Major Jope des KG 100 gelang, das italienische Schlachtschiff »Roma« damit zu versenken. Die »Roma« unternahm damals in der Folge des sogenannten Badoglio-Umsturzes den Versuch, sich dem deutschen Zugriff zu entziehen. Eine Reihe weiterer Erfolge ähnlicher Art konnte damals das KG 100 mit Hs 293 und »Fritz X« erzielen.
Ihre starren aerodynamischen Flügel in Verbindung mit einem funkgesteuerten und kreiselstabilisierten Leitwerk erlaubten, die Fallkurve der Bombe so zu beeinflussen, daß auch kleinste Punktziele wie Schiffe mit hoher Wahrscheinlichkeit getroffen werden konnten.

Kommandos fernab vom Stab ein Eigenleben und erhielt ihre Aufträge vom RSHA.

- Die II. Gruppe mit Pfadfindern, Radarstörflugzeugen, Bombern und Mistelgespannen bildete mit anderen Mistel- und Spezialeinheiten den für den Plan »Eisenhammer« gebildeten Gefechtsverband Helbig, der einsatzmäßig der Luftflotte 6 unterstand.
- Die III. Gruppe (BT) bestand nur personalmäßig und hatte keine Einsatzmittel, weil deren Entwicklung auf Schwierigkeiten gestoßen war.
- Die IV. Gruppe war Ausbildungs- und Ersatz-Gruppe, sie hatte auch die »S. O.«-Männer betreut.
- Das Einsatzkommando 200 (FK) mit 9 He 111 und 1 Do 217, ausgerüstet mit fliegenden Bomben Hs 293, war ebenfalls dem Gefechtsverband Helbig unterstellt worden.
- Oberst Helbig, Chef des gleichnamigen Gefechtsverbands, wurde zum Stellvertreter Baumbachs als »Brückenbevollmächtigter« ernannt.
- Außerdem bestand ja noch der Stab KG 200 und der Stab Fliegerführer 200, die eigentlich keine Aufgaben mehr hatten . . .

Am 1. März unterzeichnete Baumbach als Oberstleutnant und Geschwaderkommandore den ersten Befehl zum Einsatz von Mistelgespannen (Faksimile-Wiedergabe Anhang Nr. 8). Er sah die Bekämpfung der Eisenbahnbrücken vor, die bei Warschau, Deblin und Sandomierz über die Weichsel führten. Unter der fliegenden Verbandsführung von Oberleutnant Pilz wurden zusammen mit einem Wetteraufklärer und neun Zielfindern 6 Mistel I und acht Mistel III der 6./KG 200 eingesetzt, die als Staffelzeichen die »Vater und Sohn«-Karikatur des Zeichners E. O. Plauen führte und in Burg bei Magdeburg lag. Dazu kamen noch drei Reserveflugzeuge.
Am 6. März griff eine He 111 des Gefechtsverbands Helbig die Brücken bei Göritz an der Oder an und erzielte mit einer Hs 293 einen Treffer. Der Erste Mistel-Angriff auf Brücken über die Oder wurde ebenfalls bei Göritz am 8. März geflo-

gen. Es wurden 4 Mistel sowie 5 Ju 188 und 2 Ju 88 als Begleitflugzeuge eingesetzt.
Der Start des Angriffsverbands erfolgte zwischen 09.00 und 09.22 Uhr. Es dauerte einige Zeit, bis sich die unterschiedlichen Flugzeuge in der Luft gesammelt hatten.
Die Ju 188 und die Ju 88 hatten den Auftrag, gleichzeitig mit den Mistel anzugreifen. Sie sollten die Flakstellungen an den Brücken mit Bomben belegen. Auf diese Weise sollte den Mistelgespannen der Zielanflug auf die Brücken erleichtert werden.
Es war 10.00 Uhr, als sich der Verband dem Zielraum näherte. Nördlich und südlich des Orts Göritz hatten die Russen nicht weniger als sieben Behelfsbrücken und mehrere Fährenübergänge über den Fluß eingerichtet. Ihre Absicht war klar: es war die Vorbereitung zur Errichtung eines Brückenkopfes westlich der Oder als Ausgangsbasis für den Vormarsch auf Berlin. Auch beiderseits Küstrin waren zahlreiche Brückenbauten erfolgt oder in Vorbereitung.
Es herrschte strikte Funkstille zwischen den Flugzeugen. Die Besatzungen wußten, daß sie in ein mörderisches Flakfeuer aller Kaliber würden hineinfliegen müssen. Einen Überraschungsangriff aus großer Höhe und mit hoher Geschwindigkeit ließ die Wolkendecke nicht zu, die in 3000 Metern Höhe lag.
Die vier Mistelpiloten in ihren engen Bf 109 Kabinen waren jetzt so allein, wie ein Mensch nur sein kann. Sie wußten, daß es auf sie ankam. Sie wußten, daß die Augen ihrer Begleiter auf sie gerichtet waren, daß die Zurückgebliebenen jetzt an sie dachten. Keiner von ihnen hatte vorher eine »scharfe« Mistel geflogen. Es war ja nicht möglich gewesen, Zielanflüge zu üben oder gar die zur Bombe umfunktionierte Ju 88 zu Übungszwecken abzusprengen und in ein angenommenes Ziel zu steuern.
Diese Erprobung fand jetzt am Feind statt. Sie wußten auch, daß man »oben« jetzt auf »Ergebnisse« wartete.
Es gab kein Ausweichen mehr für sie.
Nun, sie haben es dann geschafft – drei von ihnen. Die vierte hatte schon vorher wegen eines Fehlers in der Hydraulikanlage ihre Ju 88 absprengen müssen.

Bei ihrer Rückkehr wurden sie auf dem Gefechtsstand mit Überschwang empfangen. Es gab Glückwünsche von allen Seiten.
Die Beobachtungen der Begleitflugzeuge und der Mistel-Piloten selbst ergaben, daß mindestens zwei Brücken zerstört waren.
Eine Mistel hatte ihr Ziel nur knapp verfehlt und war am Westufer zwischen den Brücken aufgeschlagen und hatte dort einen Riesenkrater hinterlassen.
Die Bombenangriffe der sieben Begleitflugzeuge auf die Flakstellungen hatten während des Angriffs nicht nur eine wirkungsvolle Ablenkung und Zersplitterung der Bodenabwehr bewirkt, sondern die Flak teilweise ausgeschaltet. Allerdings war eine Ju 188 dann durch einen Flakvolltreffer verlorengegangen. Die Besatzung hatte sich aber durch Fallschirmabspringung retten können.
Der Erfolgsbericht über diesen Einsatz ist noch erhalten (Faksimile-Wiedergabe Anhang Nr. 9): Knapper kann man sich nicht mehr fassen.
Was aber wurde wirklich erreicht – im Sinne der Verhinderung des Übergangs der Russen über die Oder?
Man muß wohl zugeben, daß wahrscheinlich »unter dem Strich« gar nichts herausgekommen ist. Zwei militärische Behelfsbrücken wurden für einige Stunden unpassierbar gemacht.
In den Flakstellungen wurde einiger Schaden angerichtet, der aber ebenso schnell wieder behoben sein würde.
Dem Gegner hatte man vielleicht für eine kurze Zeit einen mächtigen Schrecken eingejagt. Aber davon würde er sich schnell erholen, wenn er merkte, daß der Einsatz solcher fürchterlicher Waffen auf Einzelfälle beschränkt blieb.
Ein weiterer erfolgreicher Mistel-Einsatz fand am 31. März gegen die Eisenbahnbrücke von Steinau statt.
Als der Befehl zur Bekämpfung der Brücke in Steinau eingegangen war, setzte die Planung beim KG 200 – oder genauer gesagt: beim Gefechtsverband Helbig – ein:
Wieviele Mistel waren notwendig?
Welche Tageszeit und welche Wetterlage soll gewählt werden?

Wieviel Begleitflugzeuge mit welchen Aufgaben?
Organisation und zahlenmäßiger Umfang des Jagdschutzes?
Welche Flugwege für An- und Rückflug?
Man entschied sich für den Einsatz von sechs Mistel I, die auf dem Flugplatz Burg bereitstanden.
Der Anflug nach Steinau war mehr als 300 Kilometer weit, wobei etwaige Umwege für die Aufnahme des Jagdschutzes noch nicht eingerechnet waren. Einsatzbesprechungen mit der Führung der Jagdflieger ergaben, daß sechs Schwärme, also immerhin 24 Jäger mit der Basis in Schweidnitz/Schlesien als Begleitschutz zur Verfügung standen.
Dementsprechend wurde festgelegt, daß der Mistelverband mit zwei Ju 88 und zwei Ju 188 als Begleitflugzeugen seinen Flugweg von Burg bei Magdeburg aus nach Waldenburg in Schlesien nahm. Dort hatte die »Aufnahme« der Jäger zu erfolgen. Von Waldenburg aus sollte es direkt in nördlicher Richtung auf das etwa noch 70 Kilometer entfernte Ziel gehen.
Ein geschlossener Verband von zehn Bombern und vierundzwanzig Jägern!
Und das Ende März 1945!
Wann hatte es eine derartige Streitmacht der Luftwaffe in jenen Monaten überhaupt noch am Himmel zu sehen gegeben? (Faksimile-Wiedergabe der Anforderung des Jagdschutzes, Anhang Nr. 10).
Alles wurde bis in die kleinste Einzelheit geplant.
Die Flugzeiten wurden errechnet.
Die Ermittlung des Treibstoffbedarfs der Bomber wie der Jäger war besonders wichtig, wurde doch mit jeder Tonne Flugbenzin gegeizt. (Es gab bereits Befehle, die das Warmlaufen und Abbremsen der Motoren reglementierten, damit Treibstoff gespart werden konnte. Da und dort wurden die Flugzeuge schon durch Traktoren auf die Rollfelder und in die Abstellboxen geschleppt.)
Ausweich- und Notlandeflugplätze mußten gesucht und festgelegt werden, was in jenen Tagen auch keine Selbstverständlichkeit mehr war – angesichts der laufenden Bombenangriffe der Gegner.

Ein Vorschlag über die Aufnahme des Begleitschutzes mußte erstellt und weitergereicht werden.
Die vier Begleitflugzeuge sollten den Mistel-Piloten als Lotsen vorausfliegen und am Ziel wiederum durch Angriffe auf Flakstellungen und den nahegelegenen Bahnhof für Zersplitterung der Abwehr sorgen oder als Rückendeckung fungieren, für den Fall daß Jäger am Himmel waren.
Die Aufnahme des Jagdschutzes wurde so festgelegt, daß eine Ju 188 von den Begleitflugzeugen dem Verband vorausfliegt, über dem Flugplatz Schweidnitz kreist und - als Zeichen für den sofortigen Start der bereits wartenden Jäger - Erkennungspatronen (ESN) abschießt.
Der übrige Verband sollte sich inzwischen über dem befohlenen Treffpunkt Waldenburg in einem Linkskreis aufhalten.
Der Führer des Jagdverbandes hatte dann die Bereitschaft zum Weiterflug auf das Ziel dadurch anzukündigen, daß er das führende Kampfflugzeug anflog und mit den Flächen wackelte.
Nun galt es nur noch, eine geeignete Wetterlage abzuwarten.
Und das dauerte Tage!
Dazwischen lagen neue Einsatzbefehle, die wieder abgeblasen wurden, nachdem sie aufreibende Vorarbeiten ausgelöst hatten. Die Flugzeuge mußten jedesmal für den vorgesehenen Einsatz betankt und mit der festgelegten Zuladung an Bomben und Munition versehen werden.
Am meisten litten natürlich die sechs ausgewählten Mistel-Piloten unter dieser Nervenprobe. »Rin in die Kartoffeln, raus aus die Kartoffeln!« Überall herrschte gereizte Stimmung.
Die Spezialisten vom technischen Personal - sonst die Ruhe und Gelassenheit selber - begannen die Lust zu verlieren, angesichts ständig wechselnder Vorbereitungsarbeiten, die sich kurz darauf schon als umsonst erwiesen. Manch einer fauchte »seinen« Mistel-Piloten unfreundlich an, wenn dieser wieder und wieder auftauchte, um sich davon zu überzeugen, ob sein Gespann auch wirklich bis in die kleinste Einzelheit topfit war.

Am 30. März war es dann soweit. Für den 31. war eine Wetterlage vorhergesagt, welche für die Durchführung des Unternehmens Eisenbahnbrücke Steinau geeignet erschien.
Als Startzeit wurde die Zeit zwischen 07.00 Uhr und 08.00 Uhr vorgesehen. Entsprechend wurden die Begleitjäger in Schweidnitz benachrichtigt.
Endgültig wurden die Namen der sechs Mistelpiloten festgelegt. Aufatmen bei denen, die nicht eingeteilt waren, obwohl es hieß: »Die restlichen Piloten halten sich in Reserve.«
Diese ewige dreimal verfluchte Einsatzbereitschaft!
Noch am Abend wurde eine letzte Einsatzbesprechung abgehalten. Der Einsatzoffizier erläuterte anhand von neuesten Luftbildern die Situation am Ziel:
Eine zweigleisige Eisenbahnbrücke überquerte den Strom. Die Gleise führten diesseits in einem weiten Bogen direkt in den großen Bahnhof von Steinau. Der Bahnhof selbst und der Ort Steinau waren bereits im Besitz der Russen.
Dieser außerordentlich wichtige Brückenkopf war natürlich nur so bespickt mit Abwehrwaffen gegen Angriffe auf der Erde wie aus der Luft.
Aus den Luftbildern ging klar hervor, wo die zahlreichen leichten und schweren Flakstellungen lagen.
Der Angriffsplan für die Mistel wie auch für die begleitenden Bombenflugzeuge wurde bis ins Einzelne festgelegt. Mit den Begleitjägern wurde das Verhalten während des Anflugs und über dem Ziel abgesprochen; ihre Aufgabe lag darin, die Mistel-Gespanne und die Begleitbomber gegen feindliche Jagdangriffe so vollständig abzuschirmen, daß das Ziel möglichst ohne Behinderung oder Verluste erreicht werden konnte.
Diese Aufgabe für die Jäger war gar nicht so einfach. Das lag einmal daran, daß die Geschwindigkeitsunterschiede zwischen den verschiedenen Flugzeugtypen ziemlich groß waren. Auch lief es der Mentalität der Jagdflieger zuwider, »engen« Begleitschutz für langsame Bomber fliegen zu müssen, unter Verzicht auf die gewohnte freizügige Beweglichkeit.
Je nach Lage am Ziel konnten die Jäger nach erfolgtem Bombenangriff auch Bodenziele mit Bordwaffen angreifen.

An diesem Vorabend des 31. März 1945 herrschte schon ungewohnt früh Ruhe in den Unterkünften der fliegenden Besatzungen der II. Gruppe des KG 200 in Burg.
Die Piloten der 6 Mistel-Gespanne, wie auch die Besatzungen der vier Bombenflugzeuge hatten ihre Vorbereitungen für den Flug beendet. Ihr unruhiger Schlaf wurde immer wieder unterbrochen durch Gedanken an das, was ihnen bevorstand.
Wie mochte das Wetter sein?
Wenn bloß die Motoren und andere wichtige technische Teile durchhielten!
Zum Glück führte ja der Flugweg nicht in das feindliche Hinterland, sondern lief ausschließlich über eigenes Gebiet...
Würden die Jäger pünktlich auf der Bildfläche erscheinen?
Als dann der U. v. D. um 05.00 Uhr früh durch die Zimmer ging, um die Besatzungen zu wecken, waren diese bereits wach und warteten nervös und ungeduldig darauf, daß sie abgerufen wurden.
Mit grauen, übernächtigten Gesichtern fanden sie sich wie befohlen um 06.00 Uhr auf dem Gefechtsstand ein.
Draußen war es trübe und unfreundlich.
Der »Wetterfrosch« erschien.
Für die Einsatzzeit zwischen 07.00 Uhr und 11.00 Uhr stand es recht gut um das Wetter: im westlichen Teil des beflogenen Raums lag eine durchbrochene Wolkendecke mit Untergrenze bei 2500 Metern über Grund. Weiter nach Osten zu lösten sich die Wolken mehr und mehr auf und sollten über dem Zielgebiet an der Oder ganz verschwunden sein.
Es kam also darauf an, daß der Jagdschutz besonders im Zielraum funktionierte, denn dort gab es keine Wolken als rettende Fluchtmöglichkeit, falls feindliche Jäger angriffen.
Schnell waren die endgültigen Befehle aufgrund der Wetterverhältnisse formuliert und ausgegeben. Parallel dazu wurde das Leitkommando der Jäger in Schweidnitz von der voraussichtlichen Treffzeit der Verbände über dem vereinbarten Ort Waldenburg informiert.
Ein »alter« Oberfeldwebel mit mehr als zweihundert Ju 88 Einsätzen auf dem Buckel wurde zur Nummer Eins der

Mistel-Gespanne bestimmt. Er hatte das Signal zum Angriff zu geben und sich als erster auf das Ziel zu stürzen.
Als Führer des Gesamtverbands sollte der Pilot einer Begleit - Ju 188 fungieren, ein Oberleutnant aus der jüngeren Generation.
Die Startzeit wurde auf 07.15 Uhr festgelegt.
Als die Besatzungen den klapprigen Omnibus bestiegen, der sie zu den Flugzeugen bringen sollte, fröstelten sie.
Vom Rollfeld her dröhnten die Motoren.
Die Warte absolvierten letzte Probeläufe, bevor Besatzungen und Piloten die Maschinen übernahmen.
Auf den Borduhren näherten sich die Zeiger der befohlenen Startzeit.
Die Kabinen waren verschlossen.
Die Mistel-Piloten schätzten wieder und wieder das Wetter ab - beobachteten Wolken und Windrichtung.
Jeder spielte in Gedanken zum x-ten Male die Einzelheiten des bevorstehenden scharfen Angriffs durch.
Unruhe und Ungeduld herrschten in den Kabinen:
Obwohl die vorgesehene Startzeit bereits überschritten war, ließ das Zeichen zum Start immer noch auf sich warten.
Was sollte die Verzögerung?
Wurde der Einsatz abgeblasen, erneut verschoben?
Endlich begannen sich die Luftschrauben der führenden Ju 188 zu drehen.
Dies war das Zeichen für die anderen, ihre Motoren anzulassen.
Dann waren sie in der Luft.
Die Spannung hatte sich gelöst.
Alles war glatt gegangen.
Sie flogen in einem weit auseinandergezogenen Haufen hinter den Bombern her.
Am Treffpunkt in Waldenburg waren es nur noch fünf Mistel, die kreisten und auf den Jagdschutz warteten.
Wo war der Sechste?
Nachdem der Jagdschutz planmäßig aufgenommen war und der Verband Kurs auf das Ziel genommen hatte, scherte eine weitere Mistel aus und verschwand in Richtung Westen.

Die Uhren auf den Instrumentenbrettern liefen.
Die Piloten hatten die Einstellmarken auf die Minute gestellt, die die Zeit des Angriffs markierte.
Noch dreizehn Minuten waren bis dahin zu fliegen.
Alle hatten bereits jetzt das Gefühl, das Schlimmste sei schon überstanden.
Und das, obwohl das Ziel noch nicht einmal in Sicht war und obwohl alle wußten, daß sie dort mit wütendem Flakfeuer aller Kaliber zu rechnen hatten.
Und obwohl inzwischen drüben, jenseits der Oder, sicher die russischen Jäger bereits alarmiert waren.
Schließlich bewegte sich der Verband fast in Sichtweite des Frontverlaufs in Richtung Norden.
Aber es war für die Besatzungen in den Mistel und jene in den Begleitflugzeugen ein lange nicht mehr erlebtes gutes Gefühl, von einem großen Haufen eigener Jäger begleitet zu sein.
Es war bei Feindflügen eigenartigerweise immer so, daß Aufregung und Angst vor dem Start am größten waren.
Zeigte sich dann während des Anflugs auf das Ziel, daß am Flugzeug alles in Ordnung war, daß das Wetter sich günstig entwickelte, daß die eingeschlagene Taktik sich als richtig erwiesen hatte und daß für den Heimflug keine besonderen Schwierigkeiten zu erwarten waren, dann schienen damit derart viele Probleme und Unwägbarkeiten eines Feindfluges beseitigt, daß der eigentlich schwierigste Teil – der Angriff – als einziger »Angstverursacher« übrig blieb.
Man fühlte sich irgendwie frei und konzentrierte sich nur noch auf die Aufgabe am Ziel.
Als der Angreifende hatte man dabei das Gefühl, der Überlegene zu sein. Das mag daher rühren, daß man oft schon vor der eigentlichen Feindberührung meinte, das Schwierigste bereits hinter sich zu haben.
Auf dem Anflug zum Ziel liefen nun die letzten Minuten ab.
Der Himmel war inzwischen wolkenlos und die Sicht sehr gut.
Rechts schräg unten kam der große Oderbogen bei Maltsch in Sicht.

Es waren noch knapp dreißig Kilometer zum Ziel.
Die begleitenden Jäger gaben sich Mühe, noch engeren Kontakt mit den Mistel und den Bombern zu halten.
Jederzeit konnte ein Angriff durch russische Jäger erfolgen.
Es waren nur noch drei Mistel-Gespanne da.
Wo waren die anderen geblieben?
Unterwegs hatte es einmal Beschuß von der eigenen leichten Flak gegeben.
Anlaß zu Unruhe im Verband.
Natürlich wurde in allen Maschinen wieder einmal geflucht und auf die eigenen Kameraden geschimpft.
Drei Mistel-Gespanne waren also schon vor Erreichen des Ziels ausgefallen. Hoffentlich nicht als »Erfolg« der eigenen Flak!
Es wurde strikte Funkstille eingehalten. So wußte keiner etwas Genaueres.
Alle konzentrierten sich jetzt auf den Zielanflug.
Steinau war aus der Höhe von 2500 Metern weit vorne am Horizont noch nicht deutlich auszumachen.
Die Mistelpiloten nahmen sich nicht die Zeit, die Landschaft unter ihnen mit der Karte zu vergleichen.
Sie verließen sich auf die Begleitbomber.
Jene hatten vier Mann als Besatzung an Bord und waren in der Lage, punktgenau zu navigieren.
Obwohl der Fluß jetzt nur wenige Kilometer parallel zu ihrem Kurs verlief, schwieg die russische Flak.
Ob die schliefen?
Die Vorbereitungen für den Angriff wurden getroffen:
Zielgeräte einschalten.
Bordwaffen durchladen, soweit nicht schon geschehen.
Zünderstromkreis für die elektrischen Zünder der Hohlladung einschalten.
Anschnallgurte fester schnallen.
Dazwischen immer wieder ein Blick in die Runde.
Kein feindlicher Jäger zu sehen.
Keine Flakwölkchen am Himmel.
Nervosität im Verband war zu spüren, mehr als man dies mit dem Auge wahrnehmen konnte.
Das Verhalten der einzelnen Flugzeuge im Verband hatte

sich geändert. Jeder suchte sich irgendeine Position, die ihm vorteilhaft für seinen Angriff erschien und die ihm möglichst viel Sicherheit versprach.
Man dachte dabei bereits an das Wegfliegen vom Ziel, aus dem Abwehrfeuer des Feindes heraus . . .
Die Fahrtmesser kletterten um einige Zeigerbreiten. Ganz unbewußt hatten alle ihre Geschwindigkeit etwas erhöht.
Dann drehte die führende Ju 188 deutlich in östliche Richtung.
Das Ziel war jetzt klar zu erkennen:
Die große Eisenbahnbrücke, eine Straßenbrücke und einige Pontonbrücken.
Verabredungsgemäß drehten die vier Bomber direkt auf den Zielraum ein, während die Mistel etwas nach der Seite ausholten.
Die Begleitjäger hatten sich ebenfalls formiert.
Während der eine Teil weiterhin engen Kontakt zu seinen Schützlingen hielt, flog der andere Teil nach vorne weg, um zuerst über dem Ziel zu sein.
Jetzt schoß auch die Flak.
Aber schwach und schlecht liegend.
Die Mistel blieben unbehelligt, ein Zeichen, daß die Ablenkungstaktik der Bomber zumindest vorläufig aufging.
Dann sah man Bomben im Ziel detonieren.
Teils lagen die Treffer im Bahnhof, teils in den Flakstellungen an beiden Ufern des Stroms.
Die Mistel hatten inzwischen Höhe aufgegeben.
Sie flogen mit hoher Fahrt. Die Fahrtmesser standen bereits auf knapp 600 km/h.
Der führende Oberfeldwebel drehte von Süden her zum Endandflug ein.
Noch steiler wurde der Gleitflug.
Die Fahrt stieg weiter.
Er mußte nachtrimmen, um die veränderten Steuerdrücke auszugleichen.
Längst hatte er das Reflexvisier heruntergeklappt und die Helligkeit des Zielkreises eingestellt.
Es kam jetzt darauf an, einen ganz ruhigen Gleitflug anzusetzen.

Schon kleine Kurskorrekturen wirkten sich auf die Genauigkeit der Kreisel der Autopiloten aus.
»Reine Nervensache«, sagten die Piloten, wenn sie sich am Boden über solche Anflüge auf ein waffenstarrendes Ziel unterhielten.
Jetzt aber, im Ernstfall, blieb keine Zeit zum Nachdenken.
Was zeigte der Höhenmesser?
Welche Entfernung bis zum Ziel?
Möglichst bis auf tausend Meter an das Ziel heran, so hatte es geheißen, damit die abgesprengte fliegende Bombe dann das Ziel nicht mehr verfehlen kann . . .
Der Fahrtmesser hat sich bei 650 km/h eingependelt.
Das Gespann liegt beschleunigungsfrei und richtig ausgetrimmt im Gleitflug.
Der Autopilot arbeitet einwandfrei - man kann das Steuer loslassen.
Wo bleibt die gefürchtete Flak?
Was machen die anderen Maschinen?
Jetzt ist die Brücke in allen ihren Einzelheiten genau zu erkennen: es ist eine Eisenkonstruktion, die auf gemauerten Pfeilern ruht.
Um eine nachhaltige Zerstörung zu erreichen, muß ein solcher Pfeiler getroffen werden.
Das Visier zeigt auf den Brückenteil am linken Ufer.
Eine letzte feine Korrektur.
Die Mitte des leuchtenden Fadenkreuzes liegt genau auf dem Pfeiler, der dem Ufer am nächsten ist.
Jetzt - der Druck auf den Auslöseknopf.
Mit der Detonation der Sprengbolzen wird die kleine Führermaschine frei, wird herrlich leicht beweglich, weil das schwerfällige Unterteil nun weg ist.
Im Wegdrehen nach Westen kann der Pilot gerade noch erkennen, wie an dem Punkt, den er anvisiert hat, eine ungeheure Fontäne hochsteigt - ob aus Wasser, aus Dreck oder aus Brückenteilen, das ist nicht feststellbar.
Die Flak schießt verzweifelt, auf beiden Seiten des Ufers bildet sich eine riesige Wolke, die keine Einzelheiten mehr erkennen läßt.
Plötzlich hat sich eine zweite Bf 109 neben ihn gehängt.

Oderbrücke Steinau

(Eisenbahnbrücke)
□ 15 Ost 62 563
Eisen-Holzkonstruktion
8 Bctonpfeiler
2 Holzpfeiler
Länge etwa 400 m
Breite etwa 5 m

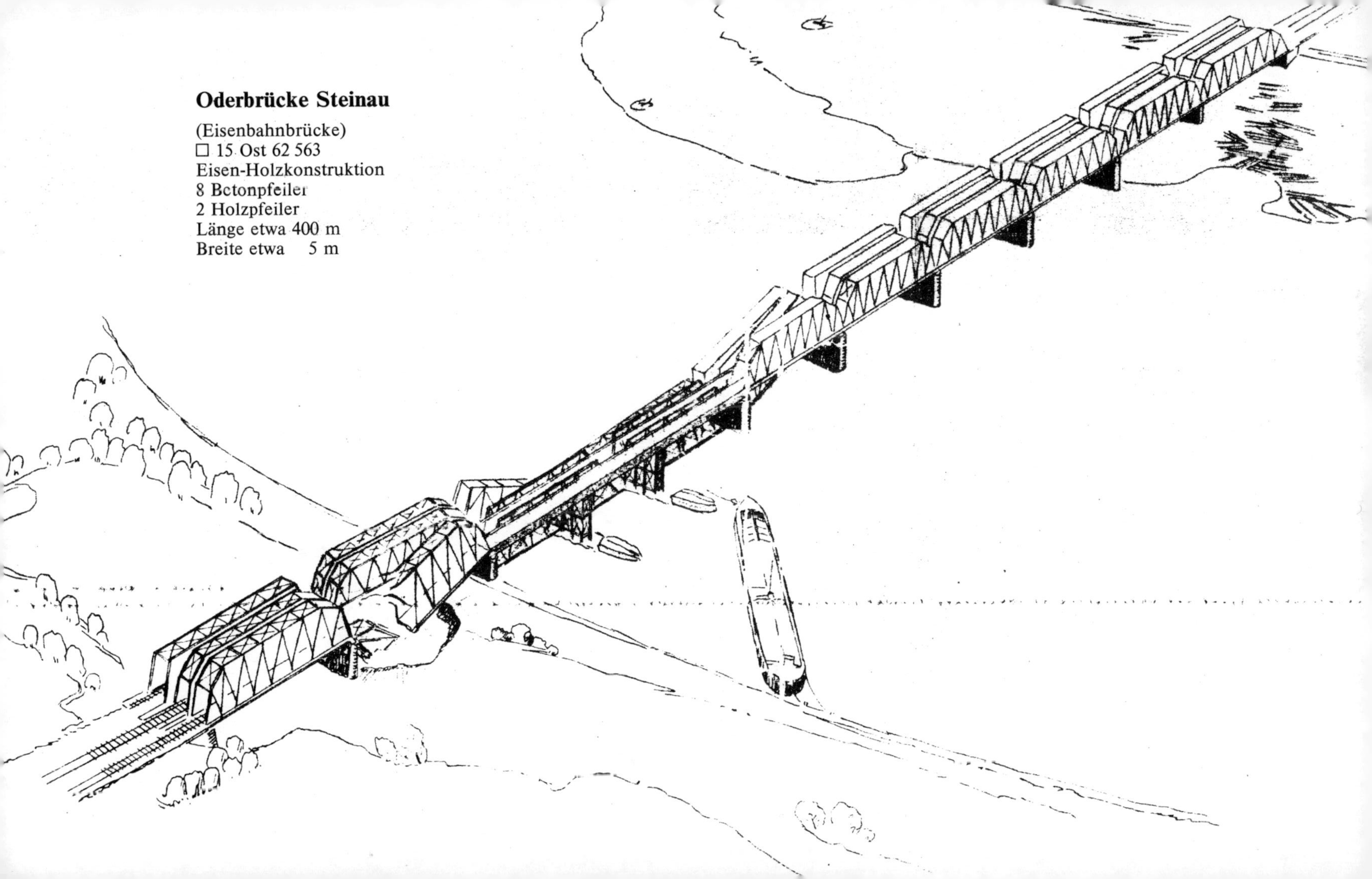

Der erste kalte Schreck, es könnte ein Gegner sein, schlägt um in freudige Erlösung, einen Kameraden neben sich zu haben.
Jeder hält den Daumen in die Höhe und deutet damit an, daß alles bei ihm in Ordnung ist.
Sie fliegen nach Westen, ohne sich darum zu kümmern, wo sie genau sind. Gewohnheitsmäßig haben sie die Stoppuhr gedrückt und verlassen sich darauf, daß irgendwann ein markanter Punkt, eine Eisenbahnlinie, eine Stadt, eine Autobahn kommt, woran sie sich orientieren können.
Sie sind alte Hasen, für die es bei gutem Wetter und zudem über der Heimat keine Navigationsschwierigkeiten mehr gibt.
So jagen sie im Tiefflug nach Hause.
Sie haben ihren ersten scharfen Einsatz mit der Mistel überstanden.
Die nächste Stunde auf dem Gefechtsstand brachte einen ersten Überblick über Erfahrungen und Ergebnisse:
Wie später noch durch ein Luftbild bestätigt, wurde am Westufer ein Pfeiler getroffen. Es entstand ein großer Krater, in den die zerstörte Brückenkonstruktion hineingefallen ist (siehe Abbildungen).
Das bedeutete, daß mindestens für mehrere Tage kein Eisenbahntransport in den Brückenkopf von Steinau hinein erfolgen konnte. Die nüchterne Sprache des offiziellen Gefechtsberichts (Faksimile-Wiedergabe Anhang Nr. 11) läßt kaum ahnen, welche Dramatik sich dahinter verbirgt:

Gefechtsbericht
über Angriff auf Eisenbahnbrücke Steinau am 31. 3. 1945.

1.) Gefechtsverband Helbig mit einsatzmäßig unterstellter II./KG 200 Angriff mit 6 »Huckepack« gegen Eisenbahnbrücke Steinau, 2 Ju 88 und 2 Ju 188 (als Lotsen und Rückendeckung) mit Angriff gegen Brücke und zur Ablenkung auf Bahnhof Steinau.
Begleitschutz 24 Bf 109 J.G.52.
2.) Start: 0723 Uhr - 0735 Uhr.
3.) Landung: 1025 Uhr - 1038 Uhr.
4.) Angriffszeit: 0905 Uhr - 0912 Uhr.
5.) Angriffshöhe: Gleitangriff von 2500 auf 200 m (für Huckepack). Angriff in Höhen um 2500 m für Ju 88 und Ju 188.

6.) Erfolg:
   a) 1 »Huckepack« 0905 Uhr Angriff auf Mittelteil E-Brücke. Gutes Abkommen. Ausfall der Kurssteuerung. Wirkung nicht beobachtet. Anschließend mit Me 109 Tiefangriff mit Bordwaffen auf erkannte Infanteriestellungen.
   b) 1 »Huckepack« Treffer hart neben Brücke im östl. Teil.
   c) 1 »Huckepack« Angriff normal, Treffer wahrscheinlich, jedoch ohne beobachtete Wirkung, Haltepunkt Mitte, gutes Abkommen.
   d) 2 Ju 88 und 2 Ju 188 mit 8 SC 1000 Trialen und 30 SD 70 auf Brücke und Bahnhofsgelände. Einschläge am westlichen Brückenkopf hart neben Brücke und Ostausgang des Bahnhofes beobachätget.
   e) Nach Luftbild: Starke Beschädigung der Brücke im Westteil durch »Huckepack«-Treffer, wahrscheinlich durch »Huckepack« Ziffer c).

7.) Abgebrochen: 3 »Huckepack«.
   Ursache:
   a) 1 »Huckepack« kurz nach Start 0736 Uhr in 70 m Höhe wegen Hydraulikschadens (Fahrwerk nicht eingefahren) unscharf abgesprengt.
   Aufschlag bei Genthin.
   b) 1 »Huckepack« Flugverlauf bis Jagdaufnahme Waldenburg normal, dann Motorausfall des Me 109, Versuch, wieder anzulassen, erfolglos. Daraufhin Rückflug Burg mit zwei verbliebenen Triebwerken. Nach 80 Minuten Schütteln des linken Triebwerkes der Ju 88. »Huckepack« bei Trettin/Torgau abgesprengt. Scharf auf Acker O. Trettin. Detonation beobachtet, vermutlich keine Schäden. Me 109 W. Trettin mit stehendem Motor notgelandet. Totalverlust. Flugzeugführer linken Unterschenkel gebrochen.
   c) 1 »Huckepack« im Anflug Raum Lauban mit Kurs Ost abgesprengt (s. Ziff. 14). Grund: Motor Me 109 stehengeblieben. Me 109 0835 Uhr Görlitz Bauchlandung. 60 % Bruch.

8.) Bombenmenge:
   6 »Huckepack« (Mistel 1).
   8 SC 1000 Trialen.
   30 SD 70.

9.) Verluste:
   1 Me 109 Bruch 60 %.
   1 Me 109 Bruch 99 %.

10. Abwehr: Wenig schwere Flak, schlechtliegend, mäßige leichte Flak. Jäger nicht beobachtet.

11.) Sonstiges: Vernebelung der Brücke von 0912–0915 Uhr. Bahnhof voll belegt.

12.) Wetter: Auf Anflugstrecke 6/10 in 2000 m.
   Schweidnitz bis über Ziel wolkenlos, Sicht 10 km.

13.) Kraftstoffverbrauch: 33 cbm einschl. Begleitschutz.

14.) Besondere Vorkommnisse:
0845 Uhr leichter Flakbeschuß über Görlitz. Keine Schäden, Feuereröffnung lei. Flak-Art. mit insges. 40 Schuß erfolgte trotz erkannter deutscher Hoheitsabzeichen nach Detonation eines abgesprengten »Huckepack« in diesem Raum in der Annahme, daß es sich um einen getarnten Feindverband handle.

15.) Erfahrungen:

a) Techn. Ausfälle liegen mit 50 % sehr hoch. Obgleich es sich hierbei um alte Flugzeuge (Mistel 1) handelte, muß auch für künftigen Einsatz mit ähnlichen techn. Ausfällen gerechnet werden, da Störungen durch lange Stehzeit der Flugzeuge auch bei guter Wartung erfahrungsgemäß in einem unkontrollierten Umfang auftreten können. Die beabsichtigte größere Zielentfernung wird durch bessere Flugzeuge ausgeglichen. Die Einsatzstärke-Bemessung mit 6 »Huckepack« für 1 Brückenziel muß deshalb - vorbehaltlich weiterer Erfahrungen - zunächst als Mindeststärkemaß für ausreichende Erfolgsaussicht angesehen werden.

b) Jagdschutz muß bei Tageseinsatz verhältnismäßig stark bemessen werden, da aus fliegerischen Gründen ein »Verbandsflug« der »Huckepack« nicht erreichbar sein wird (aufgelockertes Fliegen auf Sicht). Jagdschutz vom »Huckepack«-Verband im vorliegenden Fall als gut bezeichnet. Jäger melden naturgemäß erhebliche Erschwerung des Schutzauftrages durch weite Flugzeugabstände. Zur Betriebsstoffersparnis und aus Sicherheitsgründen ist deshalb Einsatz ohne Jagdschutzerfordernis (Anmarsch bei gut sichtiger Nacht - Mondlicht - oder unter ausreichender Wolkendeckung in fdl. Abwehrschwerpunkten) anzustreben.

c) Zielwirkungsbild bestätigt gute Wirkungsmöglichkeit mit »Huckepack« gegen Eisenbahnbrücke trotz sehr geringer Zielausdehnung, die allerdings hohe Anforderungen an das Können der Besatzungen stellt.

Für das Luftflottenkommando
Der Chef des Generalstabes

I.A.
Mahlke
Oberstlt. i. G.

Ein weiterer Mistel-Angriff wurde am 8. April 1945 auf die Eisenbahnbrücke über die Weichsel in Warschau geflogen. Fünf Mistel waren eingesetzt.

Die Piloten kamen mit ihren Fw 190-Führungsmaschinen alle wieder zurück auf den Absprungplatz Rechlin/Lärz. Wegen sehr starker Flakabwehr am Ziel hatten sie es nicht leicht gehabt, den Zielanflug präzise durchzuführen.

Bild Nr.: 070
Datum: 23.3.45
Verband: 2.(F)100
Maßstab 1:10 500
Karte 1:300 000
Blatt Nr.: P 52
Nr. 76192
Feindflug Auswertung abtrennen
Vergleichsbild vom 23.3.45
Oderbrücken Steinau
Oder
n. Raudten
Steinau
Bf.
Auswertung:
Nord-Brücke zerst.
Eisenkonstruktion
Länge ~ je 400 m
Breite ~ 5 m
Mittel- u. Süd-Brücke wieder-
hergestellt Verkehr möglich
4 - ansch. Eisabweiser
5 - Baumaterial
6 - Frachtkähne
7 - Steg

Ausschnittvergrößerung
Maßstab ~1: 2 800
zu lfd. Nr. 16306
58b
58
57
1
1
2
3
4
5

Zwar konnten sie die Detonationen der Mistel beobachten, die erzielte Wirkung war jedoch nicht zu erkennen.
Am 16. April 1945 leiteten die Sowjets ihre letzte große Offensive ein.
Am 17. April erreichte ein geheimes Fernschreiben des Luftflottenkommandos 6 den Gefechtsverband Helbig (Faksimile-Wiedergabe Anhang Nr. 12):

»1.) Lfl. Kdo. 6 bittet um baldmöglichste Zerstörung der eingleisig wiederhergestellten E-Brücke Steinau durch »Huckepack«-Einsatz.
2.) Mitteilung des beabsichtigten Zeitpunkts der Durchführung sowie der Forderungen bzgl. Jagdschutzgestellung an Ia Flieg.
3.) Fernmündlich voraus.

Lfl. Kdo. 6, Der Chef d. Genst.
gez. Kless, Oberst i. G.«

Lange hatten also die Zerstörungen des 31. März nicht vorgehalten . . .
Aber die Mistel-Gespanne gehörten wohl zu den Strohhalmen, an die sich eine verzweifelte Führung klammerte.
Der damalige Leutnant Eckard Dittmann erinnert sich deutlich an die letzten Einsätze, die er als Führender geflogen hat:
»Wir sollten mit sieben Mistel-Gespannen am 26. 4. 45 die Oderbrücken bei Küstrin angreifen. Drei Pfadfinderflugzeuge vom Typ Ju 188 und eine Gruppe Jagdflieger standen zur Übernahme der Navigation bzw. als Jagdschutz zur Verfügung.
Der Start war auf 15.45 Uhr und der Angriff auf 17.00 Uhr festgesetzt. Sieben Mistel standen am Startbahnkopf, sauber hintereinander und genau auf der Mitte. Leider hatte es schon zwei »Plattfüße« beim Schleppen von den Boxen bis an den Start gegeben. Zwei Starts von anderen Plätzen waren dem Vernehmen nach mißglückt. Hauptmann Nolte war als Führer eines Einsatzverbandes und demzufolge als Starterster von der Betonpiste abgekommen. Sein Mistel-Gespann war zusammengebrochen, und er war hundert Meter weiter mit der vom Ständer gerissenen Fw 190 aufgeschlagen und ausgebrannt. Er hatte großes Glück, denn er konnte sich, lichterloh brennend, befreien und weglaufen. Die

Flammen durch Wälzen am Boden zu ersticken, schaffte er nicht. Aber die völlig ahnungslose Feuerwehr löschte Pitt Nolte, die Fw 190 und die Ju 88 mit einem Schaumberg ab.
Der Start wurde abgebrochen, weil Fw. Lukaschek mit seiner ausgebrochenen Mistel eine Boxe rammte und in seiner explodierenden Maschine den Fliegertod fand.
Das Hauptproblem war und blieb, die Mistel bis zum Heben des Schwanzes der Ju 88 geradeaus auf der Startbahn zu halten. Die Sicht nach vorn war bis dahin miserabel und ein Sichtsektor von 40° durch den bulligen Motor der Fw 190 völlig versperrt. Die zweite Hauptsache war, daß der Start des Verbandsführers reibungslos klappte. Sonst waren die Nachfolgenden zusätzlich der seelischen und nervlichen Belastung möglicherweise im Einzelfall nicht mehr gewachsen.
Kann sich jemand ausmalen, was es bedeutet, an einer in ihrer Maschine verbrennenden Besatzung vorbei oder gar darüber weg zu starten? Da muß man sich schon gewaltig am Schlafittchen packen und in den normalen Seelenkurs zurückstauchen.
Mut ist nichts anderes als Überwindung der Angst. Man gab in einer solchen Situation am besten belanglose Weisungen an seine Besatzung. Wie man überhaupt nach außen hin Bierruhe und Beherrschung zeigte.
Ich sagte also nach dem Aussteigen aus dem Bus an den Maschinen mehr beiläufig: »So, nun macht's gut, Kameraden, ich wünsch Euch was und schau mir Eure Knüppelei gleich von oben an.«
So auch der Kommandeur. Er sagte zu mir: »Es ist ja alles klar. Zu besprechen gibt's nichts mehr. Ich wünsche Ihnen Hals und Bein.« Und dann, nicht mehr dienstlich, mit einem Schubs in die Seite beim Abwenden: »Nun mach's gut, Langer, und sieh zu, daß Du jetzt nach oben in Deine Schaukel kommst!«
Ich stieg die wackelige Leiter viereinhalb Meter nach oben und ließ mich in den Sitz der leicht schwankenden Fw 190 gleiten. Der erste Wart folgte und half mir beim Anlegen der Rücken- und Fallschirmgurte. Ich flog entgegen der technischen Konzeption der Fw 190 mit Sitz- und nicht mit Rük-

kenfallschirm. Mir war der Rückenfallschirm zu unbequem.
Der erste Wart zupfte noch hieran und daran, wünschte das Übliche und stieg wieder hinunter. Nun überprüften die Steuerungsleute letztmalig die Funktion der elektrischen Steuerübertragung von der Fw 190 auf die Ju 88 unten. Alles in Ordnung, bedeuteten sie.
Ich ließ den Motor der 190 an. Die Motoren unten wurden von den Warten angelassen. Ich kontrollierte kurz die Instrumente und erledigte alle Schaltungen und Handgriffe nach der mir um den Hals hängenden Liste. Dann war ich fertig.
Der Startoffizier gab mein Handzeichen an die ersten Warte weiter. Sie zogen die Bremsklötze weg. Nun hob Oblt. von Male wieder die Hand. Ich schob erst den Leistungshebel der Fw 190 auf Vollast und dann die der Ju 88. Ich startete schaukelnd und schlug mehrmals mit dem Kopf gegen die Haube. Aber ich kam gut aus dem Platz.
So, nun die Luftschrauben Ju 88 zurückfahren auf größere Steigung, die Spitze aus den Gashämmern, die Landeklappen nacheinander einfahren und die Rudermaschine auf »Flug« stellen, ein wenig nachtrimmen und die Motoren abstimmen.
Ich ging in die Platzrunde. Nacheinander hoben die Mistel aus dem Platz. Es klappte alles. Zum Schluß folgten die drei Ju 188. Sie legten einen sauberen Verbandsstart hin. Unten wurde bestimmt »Entwarnung« gegeben, denn man sah wieder Bewegung auf dem Platz. Vor dem Start war vorsorglich Fliegeralarm gegeben worden, und alle mußten in die Bunker.
Nun hängten wir uns an die weiter sauber Verband fliegenden Ju 188, auch im aufgelockerten Dreier-Verband, in leicht wellenförmigen Fall- und Steigbewegungen. Sie entstanden durch die Verzögerung der elektrischen Steuerung. Für einen Betrachter war es wohl eine eigenartige Luftkavalkade. Was mochten die Menschen unten annehmen? Jetzt kämen unsere »Geheimwaffen« zum Einsatz? Vielleicht.
Wir flogen Süd-Südost-Kurs auf Berlin zu und stiegen auf 3000 Meter, unsere Angriffshöhe. Über Strausberg nahmen

wir, wie vereinbart, unseren Jagdschutz auf, eine komplette Gruppe Fw 190. Sie waren plötzlich da, unsere Jäger. Eben hatte ich erst mit Schrägblick nach unten nach ihnen gesucht. Links, rechts und oben hingen sie.
Wir drehten auf Ostkurs. Die drei Ju 188 gingen in aufgelokkertem Verband zum Gleitangriff über und verschwanden im Dunst. Die Sicht wurde immer schlechter. Es war eine diesige Hochdruckwetterlage. Überall brannte und qualmte es.
Wir überflogen das Kampfgebiet. Die Russen hatten die Oderbrücken unversehrt in die Hand bekommen und diesseits Küstrin einen Brückenkopf bis kurz vor Seelow erkämpft. Alle Angriffe von Stuka- und Schlachtfliegerverbänden erstarben im massiven Flakfeuer. Nun sollten wir es schaffen ...
Zu sehen war jetzt gar nichts mehr. Eigentlich mußten wir an unserem Abkippunkt sein. 4 cm-Flakfeuer setzte ein und verstärkte sich. Meine Mitkämpfer wurden unruhig. Ich spürte es körperlich. Ich löste den Verband durch Wackeln zum Einzelangriff auf. Wir hatten keine Sprechverbindung. Aber als alte Hasen verstanden sie auch so.
Wir brauchten erst Bodensicht, um einen Gleitangriff noch einigermaßen hinzukriegen. So, wie es aufgrund des angesagten Wetters geplant war, ging es nicht – nämlich mit guter Zielsicht zum Bahnneigungsflug aus etwa 10 km Entfernung anzusetzen. Also kurbelten wir in sanften Spiralen nach unten. Jeder für sich.
Das Flakfeuer wurde dadurch auseinandergezogen und wogte in seinem Schwerpunkt hin und her. Einer der Kameraden nach dem anderen entschwand meinen Blicken in dem brandigen Smog. Es stank bis in die Kabine. Ich bekam immer heftigeren Zunder von der Flak. Inzwischen war ich auf siebzehnhundert Meter herunter. Nichts zu sehen. Also weiter fallen lassen und kurbeln.
Da schimmert plötzlich eine Flußschleife aus dem Dunst. Es war die Oder. Ich kannte die Karte fast auswendig. Ich stand einige Kilometer zu weit südlich. Also weite 270°-Kurve. Dann mußte ich auf die Bahnlinie und die Brücken stoßen! Wieder keine Bodensicht mehr. Ich war schon unter tausend

Meter Höhe. Die Russen schossen wie die Irren. Sie mußten mich wohl von unten ganz gut sehen.
Nun ging der Rest sehr schnell. Schemenhaft tauchten Bodenkonturen auf. Dann ein Strich: die Bahnlinie. Ich hatte sie schräg überflogen. Dann die Brücke - die Brücken. Ich kurvte eng nach rechts. Steuerung rein, Kreisel frei. Eine Korrektur, mehr war nicht möglich, eine saubere Arbeit also auch nicht. Höchste Zeit zum Absprengen.
Es knallte und gab einen Schlag von unten. Dann drehte die Fw 190 einige Linksrollen. Ich dachte erst, sie hätten mich abgebraten. Aber die Mühle war nur vertrimmt. Ich hatte sie wieder. Aber ich wußte im Leuchtspurwirrwarr und der miesen Sicht zuerst nicht, wo oben und unten war. Dann gings wieder. Ich drehte ins Hellere, Rötliche. Das mußte die tiefstehende Sonne sein. Und immer wieder die Flak.
Ich drückte ganz an den Boden und massierte Wiesen, Hekken, Kiefernwälder. Die Sicht wurde wieder normaler. Ich huschte im Tiefstflug über eine Panzerbereitstellung am Waldrand. Einer sprang vom Panzer. Wahrscheinlich waren das Russen. Irgendwann glaubte ich, jemanden winken zu sehen. Wo war ich eigentlich?
Vorsichtig zog ich höher. Da sah ich vor mir im Dunst die ersten Vororte von Berlin. Ich war also längst wieder über eigenem Gebiet. Und das mußte der Müggelsee sein. Ich flog westlich an Strausberg vorbei und fand rasch Werneuchen, wo ich rückzulanden hatte.
Ich war gespannt, was die anderen zu berichten hatten. Mit meinem Ergebnis war ich nicht zufrieden und wünschte mir, die anderen hätten mehr erreichen können. Ich fuhr vorsichtig Landeklappen und Fahrwerk aus - es klappte. Ich schwebte ein und landete von Westen, rollte nach rechts und stellte ab.
Als nächste torkelte eine Ju 87 mit zwei 3,7 cm Kanonen in den Platz und landete hopsend und schlingernd. Dann stand sie. Ein Sanka kam. Der Flugzeugführer wurde schwerverwundet herausgehoben. Er hatte die Maschine mit letzter Kraft nach Hause gebracht.
Dann schwebte eine Fw 190 ein und machte neben der Piste eine Bauchlandung. Es war der Oberfähnrich Gutsche aus

unserem Mistel-Verband. Seine Mühle war zerschossen. Er konnte kein Fahrwerk mehr ausfahren. Ihm war es ähnlich wie mir ergangen.
Dann kam keiner mehr. Ich rief die Jäger in Strausberg an. Auch sie wußten nichts. Von sieben eingesetzten Flugzeugführern waren nur zwei zurückgekehrt. Vom Schicksal der restlichen fünf Kameraden weiß ich bis heute nichts.
Am fünften Tag flog ich mit meiner zwar etwas durchsiebten, aber durchaus flugklaren Fw 190 nach Peenemünde zurück. Die Lage wurde auch dort schon mulmig.
Das Raketen- Versuchs- und -Fertigungsgelände war bereits geräumt. Ich konnte mir alles ungehindert ansehen, ohne einem Menschen zu begegnen. Teilweise waren die Anlagen durch die Bomben arg mitgenommen.
Auf dem Platz lag ein großer Haufen verschrotteter, fernzulenkender Henschel-Bomben Hs 293.
Am 30. April sollte die Oderbrücke östlich von Prenzlau bei Tantow mit den restlichen vier Mistel-Gespannen angegriffen werden. Die Russen hatten hier am Westufer der Oder einen Brückenkopf gebildet und bereits bis halbwegs Prenzlau ausgedehnt.
Angriffszeit war auf 09.00 Uhr, Jagdschutzaufnahme auf 08.45 Uhr über Pasewalk festgelegt - die Rücklandung in Rostock-Marienehe auf dem Heinkel-Werksplatz.
Wieder Fliegeralarm. Vier Mistel am Startbahnkopf. Rechts wieder in einigem Abstand der Kommandeur, Hauptmann René. Dazwischen lief wieder Oblt. von Male hin und her.
Alle kamen gut aus dem Platz. Einen nach dem anderen nahm ich freudig mit kurzem Kopfnicken und Handheben in der Warterunde auf. Der Vierte kam nicht. Er hatte, wie ich später erfuhr, seine Fw 190 absprengen und die Ju 88 vor Peenemünde wegen technischen Störung in die Ostsee setzen müssen.
Nach zweimaligem Umrunden des Treffpunktes Pasewalk waren die Jäger da. Zwei Schwärme Bf 109. Dann Abflug zum Ablaufpunkt, Kurs Südost. Ich wollte von dort auf Ost gehen und die Brücke angreifen.
Über dem Brückenkopf reger Flugbetrieb, oben, in mittlerer Höhe und unten am Boden. Ich freute mich, weil ich

meinte: Großeinsatz unserer eigenen Luftwaffe. Aber dann wurde ich optimistischer Narr eines anderen belehrt. Wir flogen in etwa 2700 Metern Höhe. Über dem Brückenkopf lag eine Zwischenwolkendecke, etwa 600 Meter hoch, sich zur Oder hin verdichtend. Wir flogen Ostkurs und mußten jetzt an der Frontlinie sein.

Nun änderten sich die Dinge. Gegen uns zog sich etwas zusammen. Die Lage war klar erkennbar: was da unten, Tiefangriffe fliegend, zu beobachten war - teilweise von Wolken verdeckt - mußten russische Schlachtflugzeuge sein. Und was dazwischen hindurchflitzte, russische Jäger. Und alles übrige nach der Mitte und oben bis 7000 Meter hinauf auch.

Sie hatten etwas gelernt, die Russen. Sie hatten den Brükkenkopf hermetisch abgeriegelt, und unten flogen ungestört ihre »Schlächter« und schossen auf jeden Landser. Was hatten die durchzustehen. Wie mochten sie fluchen, weil sie sich von ihrer eigenen Luftwaffe im Stich gelassen fühlten!

Nach hinten blickend erkannte ich zwei kurvende Messerschmitt Bf 109. Wir standen Westsüdwest vom Ziel über dem Brückenkopf. Der Tanz war schon im Gange. Bis dahin hatten uns unsere Jäger den Rücken gedeckt. Nun konnten sie es nicht mehr.

Wir waren auf uns allein angewiesen. Das Ziel lag noch etwa zehn Kilometer vor uns, halb links. Zu erkennen war es zwischen den Wolken noch nicht. Uffz. Seitz zu meiner Linken hatte aufgeschlossen. Ofw. Braun, rechts neben mir, deutete auf den russischen Jägerhimmel links über uns und mit seiner kurvenden Hand nach halbrechts. Ich verstand. Uffz. Seitz offensichtlich auch. Braun meinte: rechts entlang und von Süden angreifen. Ich wackelte. Es war das vereinbarte Zeichen zum Auflösen und zur Vorbereitung des Einzelangriffs.

Nun war jeder auf sich selbst gestellt. Schützen konnten wir uns mit unseren unbewaffneten, schwerfälligen Bobbies gegenseitig nicht. Wir behinderten uns höchstens.

Uffz. Seitz kam mir mit Fahrtüberschuß von links zu nahe. Ich drückte etwas. Seitz zog über mich hinweg und hängte sich links an den nun nach rechts kurvenden Braun.

Wie Braun - und wahrscheinlich auch Seitz - nun angreifen wollten, war nach Lage der Dinge logisch: von rechts herum. Ich wollte das eigentlich auch. Aber als ich erkannte, was sich da gegen uns von links zusammenbraute, wußte ich, was zu tun war: sofort angreifen, mitten durch den Jägerhaufen hindurch angreifen!
Ich schob die Leistungshebel auf Vollast und nahm die Spitzen wieder auf Kampfleistung zurück. Die Motoren röhrten auf. Die Mühle zitterte und rumpelte. Zum Abstimmen der Motoren blieb keine Zeit. Ich drückte etwas an und flog mit etwa 480 km/h auf mein Ziel zu. Es mußte vor mir hinter den Wolkenschleiern liegen.
Der Reigen begann. Zwei in Sturzspirale angreifende Jak-9 des Höhenjagdschutzes eröffneten ihn. Ich ließ sie gelassen mit einem Affenzahn nach unten vorbeirauschen. Sie hätten vier Revi-Radien vorhalten müssen, aber schon nach eineinhalb Radien war bei ihnen Sichtende durch den Motor. Das wußte ich noch von der Jagdausbildung. Tief vor mir tauchten sie jetzt nach unten durch. Die hatte ich erst einmal vom Hals. Nun ereignete sich etwas, worüber ich heute noch nachgrüble: von links schoben sich zwei Jak-9 in engem Verband an mich heran. Beide Flugzeugführer betrachteten mich neugierig. So flogen sie kurz neben mir, überstiegen mich allmählich, kurvten ein und zogen unmittelbar - zum Greifen nahe - vor mir vorbei. Noch heute glaube ich, ihre aufgerissenen Augen und spannungsgeladenen Gesichter unter ihren grünlich-gelben Kopfhauben vor mir zu sehen. Warum haben sie mich nicht sofort abgeschossen? Wo blieben sie? Ich schaute kurz nach hinten. Sie setzten sich hinter mich! Da waren noch mehr andere. Nun wurde es Zeit, höchste Zeit.
Den Gleitangriff habe ich automatisch eingeleitet. Die Oder war zu erkennen, und am Ende der ostwärts schnürenden Straße mein Ziel: die Oderbrücke. Steuerung rein, Ziel einsteuern, Zielkreisel frei, Korrektur nach oben und Seite im Visier - fertig. Flakfeuer hatte eingesetzt. Es wurde immer stärker. Ich bemerkte es mit einiger Verwunderung, denn für mich existierten nur die Jäger und die Brücke. Es war ein Wettlauf zwischen ihnen und mir. Ich erwartete jeden

Augenblick, von ihnen »abgeholt« zu werden. Dann wollte ich mich noch absprengen und mich so teuer wie möglich verkaufen.
Warum brieten sie mich denn nicht ab?
Erst jetzt bemerkte ich den dichten Vorhang, den die Bodenabwehr zwischen meine brave Mistel und die Jäger legte. Das meiste lag nämlich hinter und nicht vor mir. Erst jetzt bemerkte ich auch die Löcher und Fetzen, die aus meiner Ju 88 unter mir nach oben pilzten. Aber zugleich erkannte ich auch etwas anderes - und fluchte. Die Brücke war bereits zerstört, auf die man mich angesetzt hatte. Verdammter Mist! Aber dann entdeckte ich einige Hundert Meter oderabwärts eine andere, flachere. Vermutlich eine Pontonbrücke. Ich reagierte schon: Kreisel fest, und Steuerkorrektur. Ziel einsteuern, und wieder Kreisel frei. Der Gleitwinkel war nun zu flach. Die Russen schossen wie besessen. Sie schossen wahrscheinlich mit allem, was sie hatten. Woher kamen nur die vielen Leuchtfäden?
Ich war heran, beugte mich nach vorn. Die letzte Zielkorrektur. Da rummste es in meiner Kanzel und stank. Absprengen. Knall und Schlag und - Rollen. Ich drehte mich wieder mehrmals unfreiwillig nach links um meine Längsachse, so vertrimmt war meine Mühle. Nun bloß nicht in die abgesprengte und jetzt ins Ziel gesteuerte Ju 88 fallen! Ich drückte deshalb beim unfreiwilligen Rollen in Rückenlage und versuchte, in Querlage nach links zu ziehen. Die unfreiwillige Rollerei ging viel zu rasch. Jetzt hatte ich meine Fw 190 wieder in der Hand. Den Knüppel hatte ich schräg rechts vorn stehen, um das vertrimmte Flugzeug gerade zu halten.
Da, von links die Jäger! Ich war wohl einen halben unfreiwilligen Rollenkreis geflogen. Gashammer rein und hoch. Ich zog die 190 in Steilspirale links. Ein Rauchpilz quoll am Fluß. Ich wollte in die schützenden Wolken. Aber ich kam nicht hin. Plötzlich war kein Druck mehr am Ruder. Ich hatte die Maschine überzogen. Sie klappte nach außen und kam in ziemlich flaches Trudeln. Auch das noch! Ich hatte erst einige Flugstunden auf der 190 und war zu wenig vertraut mit ihr. Ich wußte: wenn schwere Maschinen erst tru-

deldrehen, bekommt man sie meist nicht mehr heraus, und aussteigen kann man auch nicht. Ich drehte also der Erde zu und versuchte es erst mit Gegenruder und Vollgas und dann mit allen möglichen Ruderstellungen, Gas rein und Gas wieder raus. Nur nicht aufgeben! Sch.....! Aber nun: die Mühle machte plötzlich zwei heftige Schläge in den Flügeln, und dann hatte ich sie wieder. Ich war schon am Boden, aber ich flog. Ich flog - welch plötzliches neues Lebensgefühl!

Wo war ich? Links hinter mir war die Oder, querab. Also über den Brückenkopf. Bloß in den Boden hinein. Tiefstflug. Jetzt sollte mich keiner mehr abbraten. Aber alles war so ruhig. Keine Flak. Blick mit kurzer Drehung links und dann rechts nach hinten: keine Jäger. Das war komisch. Blick auf den noch unruhigen Kompaß: Ostkurs! Du Schreck. Kein Zweifel, ich flog in verkehrter Richtung. Die Sonne war über den Wolken. Daher.

Nun hatte ich aber die Nase voll und wollte nichts mehr riskieren. Also kehrt marsch und ran an den Boden und im Tiefstflug wieder über die Oder zurück.

Da - vor mir Maschinen auf Gegenkurs, etwa 10 bis 20 Meter hoch. Mein Reflexvisier war noch eingeschaltet. Das stimmte mich fast kämpferisch. Ich flog stur geradeaus und fegte hindurch. Es waren zurückfliegende »Schlächter« - Il-2, vermutlich leergeschossen. Sie flogen im Sauhaufen.

Da kamen die nächsten. Zwei wichen aus. Einen nahm ich mir ins Visier. Er wich nicht. Ich drückte mal auf den Knopf. Aber meine Waffen waren ja ausgebaut. Ich flitzte vorbei. Nun unterflog ich die nächste Staffel und noch eine.

Vereinzelt schoß Flak, ganz flach. Die schossen sich selber in die Flanken.

Wiederum ein kurzer Blick nach hinten mit leichtem Drehen links und rechts: hinten war alles frei. Eine Jak-9 fliegt fast querab im Gleitflug auf mich zu und feuert. Sie feuert noch, als ich vorbei bin, und zieht hoch. Sie hat mich, so vermute ich, gar nicht gesehen sondern einen Tiefangriff geflogen. Jetzt wieder Flak von links. Die Garben liegen gut. Ich weiche schnell nach rechts aus und erhalte einen Voll-

treffer in die gehobene linke Fläche. Darin klafft jetzt ein Loch wie ein Kohlkopf mit Fransen.
Der Doppelsternmotor BMW 801 läuft ruhig mit der ihm eigenen klopfenden Härte. Noch ein paar Perlenketten der Flak. Dann nichts mehr.
Ich rutsche immer noch über dem Boden mit Westkurs und überzeuge mich, daß ich rückenfrei bin, also keine Jäger mehr hinter mir habe. Ich müßte nun über eigenem Gebiet sein. Vorsichtig hebe ich die Nase. Ich fliege unmittelbar an Prenzlau vorbei. Auf dem Platz stehen einige Flugzeuge, es ist aber kein Flugbetrieb.
Ich komme an den Lychener Seen vorbei und kann es mir nicht verkneifen, meiner Mutter einen kleinen »Verwandtenbesuch« zu machen. Ich sah sie zum letzten Mal von oben.
Rostock-Marienehe, der Heinkel-Platz ist schnell erreicht. Entgegen meiner sonstigen Gewohnheit, stets erst einen Platz anzudrücken, schwebte ich gleich von Osten über die Warnow ein, denn ich konnte das Landekreuz sehen. Das war mehr zufällig so, aber es war mein Glück. Beim Anschweben wurde nämlich mein Motor sauer. Er hatte, wie ich nachher feststellen konnte, Treffer. Er nahm kein Gas mehr an. Ich drückte, entgegen meinem Gefühl, nach und versuchte nicht, zu halten und hinzuhungern. Mir kam nun die Erfahrung des angeschossenen 190-Kameraden in Prag-Rosin zugute. Unmittelbar am Warnowufer, zwischen Bombenstapeln und Deckungslöchern, setzte ich auf und stand etwa 100 Meter hinter dem Landekreuz. Man schoß mir von drüben dreimal Rot. Dann kapierten die Kameraden und holten mich mit dem Schlepper auf die andere Seite und stellten mich neben einer Reihe werkneuer Volksjäger He 162 ab.
Nun besah ich mir meine brave Fw 190. Sie war doch ziemlich mitgenommen. Ein Treffer hatte die Zylinder gestaucht und zwei Zündkabel abgerissen. Einen glatten Durchschuß hatte ich in der Kabine von hinten links mit faustgroßem Ausschuß vorn rechts, an der Panzerblende vorbei genau in Richtung meines Kopfes. Ich hatte ihn gerade zur letzten Zielkorrektur unmittelbar vor dem Absprengen nach

vorn gebeugt. Von den sonstigen Treffern will ich gar nicht erst reden. Andere Kameraden hatten ganz andere Treffer.
An der Flugleitung traf ich Ofw. Braun. Er hatte sich gerade beim Geschwaderstab zurückgemeldet. Ihm war die Ju 88 von Jägern in Brand geschossen worden, unmittelbar nachdem wir uns zum Einzelangriff getrennt hatten. Er konnte sich im letzten Augenblick von seinem brennenden Untersatz freisprengen und heil nach Hause durchschlagen. Von unserem dritten Kameraden, dem Uffz. Seitz, haben wir nie wieder etwas gehört. Sein Schicksal ist ungewiß.
Auch ich meldete mich zurück. Dann marschierte ich mit Ofw. Braun in lederner Fliegerkombination nach Warnemünde zur Gruppe. Die Kameraden kamen uns auf Holzvergaser-LKWs entgegen und riefen uns zu: sie fuhren in den Infanterieeinsatz.
Ich folgte drei Tage später mit dem Rest der Gruppe . . .«

Die letzten Stationen von »Olga«

Für das Kommando war der Krieg in der gleichen Weise weitergegangen. Täglich wurden Flüge ins alliierte Hinterland vorbereitet. »Unternehmen XY« oder gar »Sonderunternehmen . . .«

Aber das Winterwetter hat doch häufig einen Start verhindert.

Auch die Front im Westen begann zu bröckeln. Die Amerikaner überschritten den Rhein.

Aber von Berlin kamen mit sturer Pünktlichkeit ständig neue Einsatzlisten und die Wiederholung der noch nicht durchgeführten alten Unternehmen.

Unser V-Mann-Quartier war am Überquellen.

Feindliche Truppen rückten nach Süden vor.

Amerikanische Luftangriffe waren fast jeden Tag gegen unseren Flugplatz gerichtet. Sie machten ein weiteres Verbleiben in Frankfurt unmöglich.

Wir konnten uns ausrechnen, wann unsere Flugzeuge und unsere gesamte technische Ausrüstung am Boden zerstört sein mußte.

Bereits am Heiligen Abend 1944 hatte das Kommando bei einem schweren Angriff der Amerikaner allein sechzehn Soldaten verloren, darunter den Oberwerkmeister und meinen Beobachter Hans Fecht.

Es war für mich ein schwerer Schlag, zumal das ganze Unglück vermeidbar gewesen wäre.

Frühzeitig war Luftwarnung gegeben worden. Und rechtzeitig war dafür gesorgt, daß alle Soldaten in bombensicheren Bunkern weit außerhalb des Platzes Schutz gefunden hatten.

Eine Gruppe jedoch nahm einen Lastwagen und fuhr wieder zum Platz zurück. Sie wollte dort möglichst schnell ihren technischen Dienst zu Ende bringen, weil für den frühen Abend eine Weihnachtsfeier vorbereitet war.

Sie waren einfach losgefahren, ohne sich dienstlich abzumelden. Solche Eigenmächtigkeiten wären früher nicht

denkbar gewesen. Vielleicht wollten sie mir auch eine unbequeme Entscheidung ersparen.
Und dann fiel eben ein Bombenteppich dort, wo sie gerade waren.
Am Heiligen Abend 1944.
Die Beerdigung auf einem nahe gelegenen Friedhof war erschütternd. Die Angehörigen der Gefallenen waren anwesend.
Was sollte ich in meiner Grabrede sagen?
Sollte ich von Heldentum reden - große Worte gebrauchen - angesichts eines sinnlos gewordenen Opfers?
Bewußt verzichtete ich auf das sonst übliche militärische Ritual mit Ehrenzug und Ehrensalve.
Von einer Liste mußte ich die Namen der Toten ablesen, um keinen zu vergessen.
Der Verlust meines Beobachters und Freundes Hans Fecht ging mir besonders nahe.
Mit ihm hatte ich 1939 begonnen, die Ju 88 zu fliegen. Wir haben gemeinsam an fast allen Fronten und über See an die dreihundert Einsätze geflogen.
Die Stimmung blieb gedrückt.
Die Dinge verschlechterten sich mit Beginn des Jahres 1945 noch erheblich. Die Wettervorhersage wurde zunehmend unzuverlässiger, und die Navigationshilfen, die noch nutzbar waren, gingen zahlenmäßig laufend zurück. Ausweichflugplätze mit Schlechtwetterlandemöglichkeit gab es nur noch wenige.
Ursache nachlassender fliegerischer Leistungen war auch die nachlassende Moral.
Krankmeldungen häuften sich.
Aus fadenscheinigen Gründen wurden Flüge abgebrochen.
Ein Beispiel: Eine Ju 188 war zu einem Feindflug gestartet, bei dem im westlichen französischen Raum ein PAG mit drei Franzosen abgesetzt werden sollte.
Flugzeugführer war ein Oberfeldwebel, dessen fliegerische Befähigung ich für gut hielt.
Dreieinhalb Stunden nach dem Start war das Flugzeug wieder in Platznähe und forderte die übliche Unterstützung für die Landung an. Es mußte etwas schief gegagen sein, denn

der befohlene Flug hätte mindestens sechs Stunden dauern müssen. Nach der Landung stellte sich heraus: das PAG hing noch in seiner Aufhängung unter der Tragfläche. Die Fallschirmkappe war abgerissen und mitsamt den drei Fallschirmen verlorengegangen. Die drei Franzosen mußten wir halb erfroren mit aller Vorsicht herausheben und sofort dem Arzt übergeben.
Die Besatzung erzählte mir dann eine Geschichte, die ich für frei erfunden hielt:
Einige Zeit nach dem Abflug hätten sie feststellen müssen, daß sie – obwohl Kompaß und Kursteuerung auf westlichen Kurs eingestellt waren – sich in Richtung Osten bewegten. »Zum Glück« sei es dann gelungen, durch Anpeilen von Rundfunksendern den wirklichen Standort festzustellen: irgendwo über der Slowakei.
Das Flugzeug sei im Steigen durch die Wolken gekommen und schwer vereist. Auch die dicke Reißleine für die Kappe des PAG müsse stark vereist gewesen sein. Nur so sei zu erklären, daß die Kappe schließlich abgerissen worden sei. Die drei Agenten könnten wirklich von Glück sagen, daß sie nicht bei der Hundekälte in der großen Höhe erfroren seien.
Nach Feststellung des wirklichen Standorts sei nur noch übrig geblieben, so schnell wie möglich wieder nach Hause zu fliegen.
Ich konnte den Wahrheitsgehalt dieser Geschichte nicht nachprüfen. Die technische Durchsicht der Kompaßanlagen am nächsten Tag ergab keine Beanstandung. Sie funktionierten einwandfrei. Ich holte den Flugzeugführer zu mir und erklärte ihm, daß ich Zweifel an der Wahrheit seines Berichts äußern müsse. Weil ich aber keine Möglichkeit sah, ihm eine Falschmeldung nachzuweisen, blieb mir nur übrig, ihn sofort abzuschieben.
Die täglich kritischer werdende Lage zwang uns dann, »mit Sack und Pack« von Frankfurt nach Stuttgart-Echterdingen zu verlegen. Dieser Verlegung ging ein unbeschreibliches Hickhack voraus. Niemand wollte uns nämlich haben.
Alle Flugplätze im süddeutschen Raum waren mit überlebenden Resten der deutschen Luftwaffe vollgestopft.

»Olga« genoß zwar - papiermäßig - Priorität vor allen anderen Verbänden der Luftwaffe. Das nutzte aber alles nichts, als es darum ging, eine neue Absprungbasis einzurichten. Vom Geschwaderstab - weitab in Berlin - war keine Hilfe zu erwarten. Ich war wieder auf mich allein gestellt.
Fernmeldeverbindungen funktionierten nur noch mangelhaft. Hohe Kommandostellen erklärten sich außerstande, mir zu helfen.
Ich habe mich dann in eine Ju 188 gesetzt und eben alle möglichen Plätze abgeklappert, bis es mir gelang, in Echterdingen einen verständnisvollen Platzkommandanten zu finden, der sich bereit erklärte, mein Kommando aufzunehmen.
Ich schickte ein Vorkommando nach Echterdingen und war erlöst, als endlich Nachricht kam, die Vorbereitungen seien abgeschlossen.
In sicherem Abstand vom bombenbedrohten Flugplatz waren Abstellplätze für die Flugzeuge vorbereitet, Quartiere für Offiziere und Mannschaften waren in den umliegenden Ortschaften gefunden, eine Gastwirtschaft war als Gefechtsstand bestimmt. Telefonleitungen waren verlegt, eine technische Basis für Reparatur- und Wartungsarbeiten war eingerichtet, der Nachschub für Treibstoff war eingeleitet, soweit dies in jenen Tagen noch einigermaßen zuverlässig zu machen war.
Eine besondere Schwierigkeit war die Versorgung mit Verpflegung. Hier gelang es dem tüchtigen Leutnant Schießl, die Küche eines zeitweilig stillgelegten Gasthofs zu mieten und gleichzeitig die Wirtin als Köchin »anzustellen«.
Für unseren seltsam gemischten »Troß« aus V-Leuten und deren Betreuer konnte als Domizil ein Schloß gefunden werden, das etwa 20 Kilometer vom Flugplatz entfernt lag.
Als Lagerraum für die teilweise sehr umfangreiche Ausrüstung der V-Leute war die Turnhalle eines nahegelgenen Dorfs vorgesehen.
Die Überführung der Flugzeuge und der Straßentransport des gesamten technischen Personals und Materials, die normalerweise eine Angelegenheit von ein oder höchstens zwei Tagen gewesen wäre, dauerte länger als eine Woche. Es war

Blohm und Voss BV 138.
Wegen seiner Form von den Fliegern »Bügeleisen« genannt. Lange Flugdauer und große Reichweite machten dieses vielfach eingesetzte Flugboot für besondere Aufklärungs- und Transportaufgaben besonders geeignet.

Die Arado Ar 196 A-3 war ein vielseitig verwendbares Schwimmerflugzeug. Auf dem Bild ist eine Fünfzig-Kilo-Bombe unter dem rechten Flügel sichtbar, für die Bekämpfung von U-Booten oder kleineren Überwasserschiffen.
Zur Versorgung von Agenten im Karelisch-finnischen Seen-Gebiet hatte das KG 200 einige dieser Flugzeuge im Einsatz. Ihre Kennzeichen A 3 + AC und A 3 + BC konnten aus finnischen Archivunterlagen entnommen werden.

Zwei französische Flugboote Leo 246 gehörten ab Frühjahr 1944 ebenfalls zum Bestand des KG 200.
Die Aufnahme entstand auf dem finnischen Seeflughafen Santahamina, südlich von Helsinki. (Beim KG 200 flogen sie mit den Kennzeichen A 3 + HC und A 3 + KC). Von dort aus wurden finnische Fernspähtrupps in ihren Einsatzraum tief im feindlichen Hinterland geflogen. Viele Seen in der nördlichen Tundra boten ideale Landemöglichkeiten.

keine ordentliche Verlegung sondern eher ein fluchtartiges Trecken von einem Ort zum anderen.
Meinen »Anhängseln«, den V-Mann-Führern und ihren Holländern, Franzosen, Arabern, Engländern, Männlein und Weiblein konnte ich lediglich raten, sich selber zu helfen. Sie trafen dann schließlich auch tröpfchenweise in ihrem neuen Quartier bei Stuttgart ein.
Ziemlich als letzter verließ ich dann Frankfurt mit einer kranken Ju 188, deren Hydraulikanlage gestört war, sodaß ich mit ausgefahrenem Fahrwerk fliegen und die Landeklappen von Hand über die Notpumpe betätigen lassen mußte. Auch die gesamte Funkanlage war außer Betrieb.
Wir starteten in der Abenddämmerung und landeten in Echterdingen bei Nacht. Das Risiko eines Nachtflugs ohne Funk- und Navigationsgeräte und mit einem kranken Vogel war immer noch kleiner als sich am Tage den amerikanischen Jagdflugzeugen auszuliefern.
Für Transportaufgaben mit sehr großer Eindringtiefe und mit großen Lasten konnte das Kommando große viermotorige Flugzeuge anfordern, darunter auch amerikanische Beutebomber der Typen B-17 (»Fliegende Festung«) und B-24 »Liberator«. Diese ehemaligen Feindflugzeuge waren für unsere Zwecke umgebaut und soweit erforderlich mit deutschen Instrumenten, Funkgeräten und Navigationseinrichtungen versehen worden.
Es handelte sich um Flugzeuge, die auf deutschem Gebiet notgelandet waren und dabei keine allzugroßen Beschädigungen erlitten hatten. Häufig waren nur die Luftschrauben verbogen gewesen und auf der Rumpfunterseite hatte es ein paar unbedeutende Beulen gegeben. Mit verhältnismäßig geringem Aufwand waren diese Flugzeuge wieder aufgerüstet und flugklar gemacht worden.
Sie standen uns aber nicht in Mengen von rund 200 Stück zur Verfügung, wie auf alliierter Seite mit beachtlicher Übertreibung angenommen wurde – mehr als zwanzig Maschinen dürften zu keinem Zeitpunkt zur Verfügung gestanden haben.
Der Einsatz erbeuteter Feindflugzeuge erfolgte nicht etwa aus Täuschungsgründen, wie man vermuten könnte, oder

weil sie besser waren als vorhandene eigene Typen. Wir verfügten in der Ju 290 über ein hervorragendes viermotoriges Transportflugzeug, das in seiner Eignung und in seinen Leistungen den umgebauten Feindbombern sogar überlegen war. Nur gab es davon eben nur ein paar Stück. Es war auch gar nicht mehr möglich, die erforderlichen Zahlen bei uns herzustellen. Dazu fehlte es an allem: an den Werkstoffen, an der reinen Fertigungskapazität, an den Transportmitteln.
Die Kriegslage zwang zu den größten Anstrengungen, um wenigstens soviel Jagdflugzeuge herzustellen, daß die hohen Verluste einigermaßen ausgeglichen werden konnten.
Es wurde und wird immer wieder behauptet, Beutebomber seien aus Tarnungsgründen eingesetzt worden - oft sogar mit alliierten Kennzeichen.
Das war nicht der Fall. Erstens flogen wir ja bei Nacht, wo sowieso alle Kühe schwarz sind, zweitens flogen unsere Beutebomber grundsätzlich mit deutschen Kennzeichen. Das weisen die Flugbücher eindeutig aus (siehe Anhang Nr. 16).
Es ist einfach eine Tatsache, daß ein Verstoß gegen das Kriegsrecht - und das wäre das Fliegen unter feindlichen Hoheitszeichen gewesen - »nichts gebracht« hätte außer möglicherweise Beschuß durch eigene Flak; außerdem wären die Besatzungen im Falle einer Gefangennahme nicht als Soldaten sondern als Spione behandelt worden. Mir ist kein Fall bekannt geworden, der die englisch-amerikanische Legende von »deutschen Flugzeugen mit alliierten Hoheitszeichen« bestätigt hätte.
Vielleicht hält sie sich deshalb so hartnäckig, weil die Engländer selbst nichts daran fanden, im Mittelmeerraum eine He 115 mit Balkenkreuz zu fliegen - in Sondereinsätzen bei Tage zwischen Malta und Afrika, wo eine solche »Tarnung« durchaus erfolgversprechend war. (Es handelte sich um eine He 115 A-2 Exportausführung. Vor dem Krieg waren 6 Stück an Norwegen und 10 Stück an Schweden geliefert worden. Einige davon gelangten nach England.)
Außerdem berichtet R. E. Gillman in seinem Buch »The Shiphunters« (Verlag John Murray, London, 1976) auf Seite 169:

»Zwischen dem Flugplatz und dem Dorf Luga auf Malta kreuzte ein *slipway* die Straße, der von einem geschlossenen Schuppen zum Wasser führte. Einmal waren ein paar von uns nachts etwas später als üblich im Dorf aufgebrochen und trafen auf plötzliche Aktivität am slipway. Sie wurden sofort von bewaffneten Soldaten umzingelt, die aus der Dunkelheit kamen. Ihre Ausweise wurden im Licht von Taschenlampen genau kontrolliert, sie wurden wie Verbrecher abgetastet und mußten dabei mit dem Gesicht zur Wand stehen und die Hände über dem Kopf halten. Maxie riskierte einen Blick unter seinem Arm hindurch und war erstaunt, als ein großes schwarzes Wasserflugzeug mit deutscher Markierung aus dem Schuppen in das Wasser gerollt wurde. Die Motoren wurden gestartet, und das Flugzeug verschwand in der Dunkelheit.
Die Wachen befahlen den Nachtschwärmern mit Gewehr im Anschlag, den Schuppen zu betreten, wo sie einem Offizier zu weiterer Befragung vorgeführt wurden. Dieser forderte sie auf, alles zu vergessen, was sie gesehen oder erlebt hätten und niemand gegenüber - auch keinem Kameraden - etwas zu erwähnen. Nun fühlten sie sich verständlicherweise in einem Dilemma: wenn es sich um eine Angelegenheit des britischen Geheimdienstes handelte: gut - aber wenn da doch etwas anderes dahinter steckte? Mußte man das nicht melden oder zumindest nachprüfen?
Sie wandten sich am nächsten Tag an den Abwehroffizier auf dem Flugplatz und erzählten ihm das ganze. Er war nicht überrascht, nahm sie aber in sein Büro, machte die Tür zu und erklärte, daß es sich tatsächlich um ein deutsches Flugboot - eine Blohm & Voss - handle, die für Geheimdienstzwecke eingesetzt sei und hauptsächlich britische Agenten bei Nacht an der Küste Siziliens absetze beziehungsweise wieder aufnehme.«
Neben der Legende von den Beutebombern des KG 200 mit alliierten Hoheitszeichen gibt es noch eine andere, die anscheinend nicht auszurotten ist: Die Sache mit den Zyankalikapseln. Immer wieder hört und liest man, die Besatzungen des KG 200 hätten auf ihren Feindflügen Giftkapseln mit sich geführt, um im Notfall Selbstmord begehen zu kön-

nen. Auch diese Erzählungen gehören in das Reich der Fabel!

Von Echterdingen aus flogen wir unsere Einsätze immer seltener. Das lag in erster Linie an dem schlechten Wetter in jenen Frühjahrswochen 1945.

Schuld daran war aber auch, daß es immer schwieriger wurde, die schweren Nachtflüge vorzubereiten und durchzuführen.

Tagsüber erschwerten es uns die alliierten Luftstreitkräfte, den technischen Dienst an unseren Flugzeugen durchzuführen, sodaß oft kleinste Reparaturen und Überholungsarbeiten, die sonst eine Angelegenheit von Stunden waren, Tage in Anspruch nahmen. Ersatzteile mußten durch Kuriere herangeholt werden, weil die normalen Verkehrsverbindungen zusammengebrochen waren.

Ein Unteroffizier, den ich zur technischen Basis des KG 200 nach Finow bei Berlin geschickt hatte, um Kleinteile abzuholen, kam nach geschlagenen zwei Wochen wieder zurück. Ohne Material, verwundet und gerade noch gehfähig. Er war auf dem Rückweg in einen Bombenangriff geraten und hatte die mühsam beschafften Teile verloren.

Aber auch die Einsicht in die Nutzlosigkeit weiterer Opfer führte dazu, daß wir nur noch flogen, wenn uns überzeugend dargelegt werden konnte, daß ein Agent oder eine Versorgungssendung aus dringender Notwendigkeit irgendwo abgesetzt werden mußte.

Den drängenden Agentenführern gegenüber mußten wir uns mehr und mehr auf Ausreden und Notlügen verlegen. Zum Glück gab es auch unter ihnen Leute mit Einsicht und Verständnis, wenn es sich nicht um verbohrte NS-Figuren handelte.

Zum Schluß wurde das Kommando »Olga« noch von einem gräßlichen Unglück heimgesucht: eine B-17 »Flying Fortress« stürzte unmittelbar nach dem Start ab und verbrannte.

Von den elf Besatzungsmitgliedern und zehn »Passagieren« überlebte nur ein einziger. Es war der Heckschütze, der gerade den Heckstand aufsuchen wollte, als der Aufprall erfolgte. Das Rumpfende wurde abgerissen und blieb mit ver-

hältnismäßig geringen Beschädigungen außerhalb des entstandenen Flächenbrandes liegen.
Ich konnte den Hergang des Absturzes aus meiner Ju 188 beobachten, mit der ich mich hinter der B-17 an der Startbahn aufgestellt hatte, um einen Nachteinsatz in den Süden Frankreichs zu fliegen:
Ich sah, wie die Positionslichter der Unglücksmaschine nach dem Abheben langsam in Richtung des Dorfes Echterdingen Höhe gewannen. Dann wichen sie vom geraden Steigflugkurs nach rechts ab.
Ehe ich mir den Vorgang erklären konnte, verschwanden sie hinter Bodenhindernissen.
Unmittelbar danach blitzte eine Stichflamme auf und färbte den ganzen westlichen Horizont feuerrot.
Ich verzichtete auf meinen Start und rollte meine Ju 188 so schnell es die dunkle Nacht und die halbzerstörten Betonbahnen zuließen, zum Ausgangspunkt zurück. Dort erwartete mich bereits ein Wagen. Wir fuhren in Richtung der Absturzstelle.
Es bot sich uns ein grauenhaftes Bild.
Das Flugzeug war auf das freie Feld knapp jenseits des Dorfes Echterdingen gestürzt. Es muß ganz flach und gesteuert auf den Boden gebracht worden sein, denn die Spur von der Stelle des ersten Aufschlags bis zu den letzten Trümmern war mindestens 400 Meter lang.
Überall züngelten noch die Flammen.
Es roch nach Brand.
Man stolperte über Leichen.
Zivilbevölkerung, meist Frauen, stand verschreckt in der Dunkelheit. Ein erstes Rettungskommando des Fliegerhorstes war zur Stelle und suchte nach Überlebenden.
Längst waren wir von unten bis oben mit Blut, Dreck und Öl verschmiert.
Erst als ganz sicher war, daß außer dem Heckschützen, der sofort in ein Lazarett transportiert worden war, kein Überlebender in den Trümmern lag, verließen wir den grausigen Platz.
Zurück blieb ein Feuerwehrkommando, eine Wache und einige Beauftragte der örtlichen Parteiorganisation.

Auf der Rückfahrt zum Flugplatz war ich immer noch nicht fähig, meine Gedanken zu ordnen.
Ein Glück, daß Leutnant Schießl bei mir war, dessen geschulter Juristenverstand jetzt dringend nötig war: bei den elf toten Passagieren handelte es sich, wie wir inzwischen erfahren hatten, um nichts weniger als prominentes Personal der französischen »Exilregierung« Petain/Laval!
Diese sollten - oder wollten - angesichts des vollkommenen deutschen Zusammenbruchs im französisch-spanischen Grenzgebiet mit dem Fallschirm abgesetzt werden.
In der Nacht formulierten wir die ersten Berichte über den Hergang des Absturzes, soweit dies bei dem entstandenen Durcheinander möglich war.
Eine telefonische Vorausmeldung nach Berlin dauerte stundenlang und wurde dort offenbar nur halb verstanden.
An Schlaf war nicht zu denken.
Dreckig, wie wir waren, empfingen wir in den Vormittagstunden einen Kriegsgerichtsrat vom Luftgaukommando Stuttgart, der mit der juristischen Voruntersuchung beauftragt war. Offenbar war er über die Identität der prominenten Passagiere orientiert. Gleichzeitig erschien ein uniformierter Ingenieur und erklärte sich für die technische Untersuchung zuständig. Dieser hatte im Gegensatz zu seinem juristischen Kollegen eine fertige Meinung zu dem Absturz, noch bevor er sich das Trümmerfeld überhaupt angesehen hatte.
»Natürlich Sabotage!«
Seine Untersuchung erstreckte sich dann auch gar nicht zuerst auf technische Ursachen des Absturzes. Vielmehr wollte er herausfinden, ob das Unglücksflugzeug vor dem Start auch genügend bewacht und gesichert gewesen sei. Sofort legte er es darauf an, mir die Verantwortung für die Bewachung der Flugzeuge zuzuschieben. Obwohl er wissen mußte, daß die Wachaufgaben der Horstkommandantur oblagen.
Glücklicherweise hatte ich den Kriegsgerichtsrat von Anfang an auf meiner Seite, sonst hätte die Angelegenheit schlecht für mich ausgehen können.
Er äußerte sofort den Verdacht, daß der Ingenieur die strikte Weisung hatte, einen Fall von Sabotage zu finden. Damit

wäre dann der empfindliche politische Aspekt der Sache leichter zu bewältigen gewesen.
Tagelang liefen die Verhöre und Untersuchungen.
Wildfremde Menschen aller Dienstgrade und Gattungen kamen und gingen.
Der Abschluß war dann ein »vorläufiges Untersuchungsergebnis«, aus dem hervorging, daß die Ursache des Absturzes nicht mit Sicherheit festgestellt werden könne, und daß mir als dem für das Flugzeug Verantwortlichen »zunächst« keine direkte Schuld nachzuweisen sei.
Dazwischen lag die feierliche Beerdigung, welche angesichts der prominenten Toten mit allem damals noch möglichen Pomp ablaufen mußte.
Auch hier hatte ich trotz aller anderen Belastungen »zuständigkeitshalber« die gesamte Leitung und die Grabrede zu übernehmen.
Ein weiteres Nachspiel ergab sich insofern, als noch Tage nach dem Absturz von der Bevölkerung bündelweise Banknoten der verschiedensten Währungen gefunden und bei mir abgegeben wurden. Der Wind hatte sie weit verstreut, möglicherweise auch die hochschießende Wärme des Brandes.
Wir nahmen das Geld in Verwahrung und haben es am Ende verbrannt wie alle anderen Unterlagen auch.
Immer wieder haben wir um die Ursache des Unglücks gerätselt. Der erste Flugzeugführer der Maschine war ein besonders erfahrener Oberfeldwebel, im Zivilberuf Erprobungsflieger.
Er hatte eine ausreichende Flugerfahrung auf der amerikanischen Viermotorigen. Eine Schuld seinerseits war ausgeschlossen.
Ein Triebwerksschaden schien ebenfalls ausgeschlossen. Dies war aus den zahlreichen Augenzeugenberichten zu entnehmen.
Obwohl die Nacht sehr dunkel war, schied auch das Wetter als Ursache aus, denn es war windstill mit guter »Feuersicht«. Wir konnten nur Vermutungen anstellen, mehr nicht.
Geklärt wurde das Unglück nie.

Am 7. April 1945 mußten wir erneut verlegen, weil die vorrückenden Amerikaner und Franzosen bedrohlich schnell näher an Stuttgart herankamen.
Auf die täglichen Wehrmachtberichte im Rundfunk war längst kein Verlaß mehr. Um über die Lage informiert zu sein, befragte man da besser die Trupps deutscher Soldaten, die in zunehmender Zahl und in mehr oder minder geordnetem Rückzug die Straßen bevölkerten.
Im ganzen süddeutschen Raum gab es keinen einzigen Flugplatz ausreichender Größe mehr, der uns mit unseren großen Maschinen aufnehmen wollte. Überall wurde ich barsch abgewiesen mit der Bemerkung, man sei überbelegt, oder, der Flugplatz sei infolge Feindeinwirkung oder weil kein Treibstoff vorhanden sei oder aus tausend anderen Gründen nicht mehr geeignet, einen Einsatzverband wie »Olga« aufzunehmen.
Um nicht in Echterdingen den Franzosen oder den Amerikanern in die Hände zu fallen, ließ ich kurzerhand alles für eine Verlegung nach Fürstenfeldbruck bei München vorbereiten. Von diesem Platz war bekannt, daß wenigstens die Startbahn noch in Ordnung war.
Wieder entstand das Problem, unser umfangreiches technisches und sonstiges Gerät im Straßentransport nach Bayern zu schaffen.
Wir verfügten gerade noch über drei mittlere Lastwagen. Davon waren zwei auf Holzgasbetrieb umgestellt. Diese konnten nur mit leichten Lasten beladen werden, sonst hätten sie die Berge der Schwäbischen Alb nicht geschafft.
Allein unsere noch vorrätigen PAG beanspruchten den vorhandenen Laderaum, von dem ganzen technischen Gerät, Bürogerät, Funkanlagen, Werkzeugen, Fallschirmen und sonstigem Kram gar nicht zu reden.
Es war klar, daß mehrere Fahrten notwendig waren.
Die Transporte konnten wegen der Tiefflieger nur nachts durchgeführt werden.
Wir konnten nur das Allernotwendigste mitnehmen und mußten uns von allem trennen, was entbehrlich war. Es ergab sich die groteske Situation, daß sich auf dem Standort Echterdingen keine Stelle für die Übernahme und Einlage-

rung der zum Teil recht wertvollen und unter anderen Umständen begehrten Ausrüstung zuständig erklärte.
So packten wir in einer halbzerstörten Halle alles auf einen großen Haufen - wohl mindestens eine Ladung für zwei Güterwaggons - und machten uns davon.
Welche Zustände!
Durch einen Zufall erfuhren wir, daß irgendwo bei Daimler-Benz in Untertürkheim nagelneue LKW herumstanden, die durch irgendeine Wehrmachtsstelle »verwaltet« wurden. In einer schnellen »Nacht- und Nebelaktion« gelang es dann unserem tüchtigen Oberwerkmeister zusammen mit einigen Soldaten, einen herrlichen Siebeneinhalbtonner samt neuem Anhänger zu »organisieren«. Dieselöl fanden wir in reichlicher Menge auf dem Flugplatz. Das Problem des Landtransports war damit einigermaßen gelöst. Schließlich mußte ja auch das ganze Bodenpersonal befördert werden. Wie weit, wo und wann die Eisenbahn noch fuhr, konnte niemand sagen.
Als alles zum Abmarsch fertig war und ich mich beim Horstkommandanten abmelden wollte, geriet ich dort in eine geradezu makabre Episode: Ein eleganter BMW-Sportwagen fuhr vor. Ihm entstieg ein sportlich-strammer General mit aparter weiblicher Begleitung in extravagantem Pelz. Er stellte sich als »General für Räumung und Zerstörung« vor. Er fand alles »bestens vorbereitet«, nur »die Luft recht trokken«, worauf der biedere Horstkommandant bedauerte, bloß mit einem klaren Schnaps dienen zu können, der gnädig akzeptiert wurde. Und schon war der Herr wieder entschwunden. Die Dame hat er natürlich mitgenommen. Ihr schweres Parfüm hielt sich noch eine Weile im Zimmer.
Der Oberst schüttelte den Kopf und sah mich wortlos an ...
In strömendem Regen bestieg ich meine Ju 188. Die Besatzung hatte ungeduldig auf mich gewartet, ebenso der Erste Wart und einige Techniker, die den Platz als Letzte verlassen und mit meinem Wagen nachkommen sollten.
»Ein Glück, daß schlechtes Wetter ist!«, sagte ich, »sonst hätten wir nachts fliegen müssen, und da hätte uns in Fürstenfeldbruck kein Schwein die Platzbefeuerung eingeschaltet!«

Nach dem Abheben und noch bevor wir die Platzgrenze erreicht hatten, nahmen uns schon die unteren Wolkenfetzen auf. Unten wurde es dunkel – fast schwarz. Wir flogen blind, stiegen stetig, um die nahen Berge der Schwäbischen Alb sicher zu überfliegen.
Aus Regen wurde Schnee.
Dieses eigenartige Zischen gibt es nur, wenn man durch Schneegestöber fliegt.
Ich schaltete die Enteisungsanlage ein.
Sicher ist sicher!
Wir versuchten zu vergessen, daß wir dem Kriegsende und einem ungewissen Schicksal entgegenflogen.
Die Stoppuhr auf dem Steuerhorn zählte Sekunden ab.
Außer ihr und dem Kompaß gab es keine Navigationshilfsmittel mehr für uns. Nach Ablauf der vorberechneten Zeit mußte ich mich vorsichtig, immer die Anzeige des elektrischen Höhenmessers beobachtend, nach unten tasten. Vorausgesetzt, daß die unserer Rechnung zugrundeliegende Windrichtung und Windstärke auch stimmte, mußten wir dann wenige Kilometer vor dem Zielflughafen Bodensicht erhalten.
Einen Augenblick lang dachte ich an die vorausgeflogenen Flugzeuge.
Hoffentlich waren sie unter diesen Bedingungen gut heruntergekommen. Hoffentlich hatte nicht ein wildgewordener Flak-»Befehlshaber« durchgedreht und unsere Flugzeuge bei der Landung beschossen. Alles schon dagewesen!
Wir ziehen unsere Anschnallgurte fester an.
Motoren drosseln, Kühlerklappen schließen, Kraftstoffzusatzpumpen einschalten, Luftschrauben verstellen.
Ich gehe in einen flachen Sinkflug über und achte peinlich genau auf die Fluggeschwindigkeit, denn sonst ist unsere ganze Rechnung umsonst gewesen.
Anzeige: 380 Kilometer pro Stunde.
Unten wird es dunkel – ein Zeichen, daß der Boden näher kommt.
Es schneit immer noch stark.
Erdsicht!

Wir fliegen durch Wolkenfetzen, vielleicht fünfzig Meter über Grund.
Das Schneetreiben erlaubt kaum Sicht nach vorn.
Eine Eisenbahn - abgestellte Flugzeuge unter uns - der Platz!
Aus einer engen Bodenkurve heraus lande ich, kaum daß die grünen Signallampen angezeigt haben, daß das Fahrwerk ausgefahren ist.
Am Platzrand erkenne ich dunkel, wo die beiden viermotorigen Riesenvögel - meine B-17 - stehen.
Darauf rolle ich zu.
Kaum sind wir ausgestiegen, werden wir von den Besatzungen umringt, die mir klar machen, daß hier der Teufel los ist.
Ich soll sofort »zum General« kommen.
Das habe ich erwartet. »Mehr als uns wieder fortjagen kann er auch nicht«, sage ich. Ja, und auch das nur, wenn er einen Platz weiß, der in der Lage ist, uns aufzunehmen, und uns die Möglichkeit bietet, von dort aus zu fliegen. Denke ich.
Während ich im Vorzimmer auf meine »Vorladung« zum General warte, versichere ich mich vorsorglich noch einmal, ob ich jenes rote Stück Papier bei mir habe, das mir bescheinigt, daß ich in dringlichem geheimem Auftrag handle, und daß mir von allen Stellen der Wehrmacht und der Partei jede notwendige Unterstützung zu gewähren sei.
Er war mitteljung, grauhaarig.
Das Ritterkreuz, das er trug, mußte er »selbst erworben« haben, jedenfalls machte er den Eindruck.
Im gleichen Augenblick erkannte ich ihn. In den langen Jahren des Krieges hatten wir uns mehrmals auf verschiedenen Flugplätzen getroffen.
Er war Jagdflieger. Ich war Kampfflieger.
Das erwartete Donnerwetter blieb aus.
»Sie haben mir gerade noch gefehlt!«
»- - -«
»Und den roten Wisch da mit Ihrer Dringlichkeit können Sie sich ruhig in die Haare schmieren. Zumindest, solange Sie hier sind.«
Ich mußte ihm schildern, wie wir Echterdingen verlassen

hatten, und berichten, daß es nur noch eine Frage von Tagen sei, bis der Feind den Platz besetze.
»Haben Sie noch Treibstoff in Ihren Maschinen?«
»Ja.«
»Dann sehen Sie zu, daß Sie so schnell wie möglich hier wieder verschwinden. Helfen kann ich Ihnen dabei nicht. Vielleicht können Sie nach Oberpfaffenhofen. Das ist zwar der Werkflugplatz von Dornier, aber vielleicht hilft Ihnen dort Ihr rotes Papier.«
Ich war entlassen.
Aber auch so klug wie zuvor.
Oberpfaffenhofen wollte uns natürlich die Aufnahme verweigern, wie alle anderen Plätze zuvor. Schließlich gelang es mir unter Hinweis auf KG 200, daß wir Landeerlaubnis erhielten.
Schnell waren die Maschinen wieder klar, und nach wenigen Minuten Tiefflug setzten wir nacheinander auf der Betonbahn von Oberpfaffenhofen auf.
Den Geschwaderstab in Berlin von unserem neuen Standort zu benachrichtigen, war unmöglich. Es gab keine Verbindung mehr. Wir waren jetzt auf uns allein angewiesen. An Feindflüge war wohl nicht mehr zu denken, denn es war kaum zu erwarten, daß unser »Agententroß« uns überhaupt noch einmal finden würde.
So brachten wir unsere Flugzeuge möglichst weit außerhalb des Platzes in Sicherheit und bezogen ein Barackenquartier in der Nähe.
Bereits am nächsten Morgen kam Leutnant Schießl mit den Lastwagen an, und wir konnten uns einrichten.
Durch Zufall erfuhr ich dann, daß der gesamte Stab des KG 200 in letzter Minute aus Berlin herausgekommen war und sich in der Nähe des Flugplatzes Holzkirchen niedergelassen habe.
Dies war die Chance, so schnell als möglich einen Befehl zu erwirken, der das weitere Schicksal von »Olga« regelte.
Nachdem wir nun nicht mehr fliegen konnten, hatten wir auch keine Daseinsberechtigung mehr in der bisherigen Form.
In einem Wald nahe der Flugplatzgrenze fanden meine Sol-

daten einen »herrenlosen« jedoch flugklaren Fieseler »Storch«. Den übernahm ich einfach, ohne mich um einen etwaigen rechtmäßigen Besitzer zu kümmern.
Ich mußte unbedingt so schnell wie möglich nach Holzkirchen und dort den Geschwaderstab suchen.
Mit dem Auto war dies nicht mehr möglich.
Alle Straßen waren durch zurückflutende Truppen verstopft. Mein Auto wäre beschlagnahmt worden, sah man doch in zunehmender Zahl sogar Generäle, die sich zu Fuß in Richtung der imaginären »Festung Alpen« aufgemacht hatten...
Blieb also nur das Flugzeug. Problematisch war, daß ich den Platz Holzkirchen nicht kannte und nur ungefähr wußte, wo er lag.
In aller Heimlichkeit wurde der Storch in der Abenddämmerung klar gemacht. Niemand durfte etwas merken. Aus unseren Flugzeugen entnahmen wir den notwendigen Treibstoff, um randvoll aufzutanken. Ich wagte es nicht, den langen Weg von der Waldschneise zu der Startbahn von Oberpfaffenhofen zu rollen. Der Lärm wäre aufgefallen.
Ausgerechnet für diesen Abend war ich vom Platzkommandanten eingeladen worden. So früh wie möglich verabschiedete ich mich dort.
Ich kannte den Storch zwar von einigen harmlosen Schönwetterflügen her. Diese Erfahrung genügte jedoch nicht, um zu beurteilen, wieweit Pilot und Flugzeug der ungewöhnlichen Aufgabe gewachsen sein würden: Start aus einer Wiese, die rundum mit Hochwald bestanden ist, Flug bei Nacht mit kaum ausreichender Instrumentierung, Suche in der Nacht nach einem lagemäßig nicht genau bekannten Flugplatz, der sicherlich kriegsmäßig gegen Sicht aus der Luft getarnt war, und möglicherweise Nachtlandung irgendwo auf einer freien Fläche, die ich für einen Flugplatz hielt.
Mein Beobachter kletterte mit mir in das ungewohnte Gehäuse. Karte, Taschenlampen und Notizen für unseren Flug hatten wir in den Knietaschen.
Die Nacht war sternklar – gottseidank! Der Mond war noch nicht aufgegangen.
Der Storch war neben den üblichen Instrumenten lediglich

mit einem vergleichsweise primitiven Wendezeiger und einem kleinen Notkompaß für Flüge bei schlechter Sicht ausgestattet. Bevor ich den kleinen 250 PS Motor anließ, mußte ich mir in der Dunkelheit nochmals alle Hebel, Knöpfe und Instrumente »zusammensuchen«.
Die Maschine stand am äußersten Rand der Wiese. Der Motor war warmgelaufen, alle Instrumente zeigten an.
Am jenseitigen Waldrand war ein Soldat mit einer Taschenlampe postiert, der die Richtung angab. Mein Scheinwerfer blinkte kurz auf zum Zeichen, daß ich startklar war.
Die Taschenlampe blinkte.
Ich gab Vollgas und ließ die Bremsen los.
Nun mußte ich abwarten, was der Storch tat, und dann versuchen, richtig zu reagieren.
Man kommt sich als Flieger großer Flugzeuge auf einem selten geflogenen kleinen Vogel immer etwas hilflos vor, weil zu dessen Handhabung so wenig zu tun ist.
Hat man einmal Vollgas gegeben, kann man eben nur abwarten, ob der Start so abläuft, wie man sich das denkt.
Mein Storch holperte vorwärts.
Voraus waren hohe Fichten. Ich konnte nicht sagen, wie weit sie noch weg waren.
Die Holperei erschien mir endlos, bis die Stöße im Fahrwerk leichter wurden, und ich spürte, daß wir flogen.
Ich suchte den Fahrtmesser, fand ihn aber auf dem ungewohnten Instrumentenbrett nicht sofort. Noch drückte ich die Nase des Storchs nach unten, um Fahrt aufzuholen.
Dann – »nach Gefühl« – nahm ich den Steuerknüppel nach hinten und konnte die Sterne sehen.
Ich war froh über den primitiven Wendezeiger, ohne den ich kaum in der Lage gewesen wäre, Fluglage und Richtung zu halten. Es geht halt nichts über eine solide Blindflugerfahrung!
Dann ging ich auf Kurs Richtung Nordspitze Starnberger See. Die Nacht war noch dunkel, auch wenn sich jetzt am östlichen Horizont mit einem lichten Streifen der aufgehende Mond ankündigte. Der See war gut zu erkennen. Eine leichte Kurskorrektur brachte uns in die neue Richtung auf Holzkirchen zu.

Die Stoppuhr lief. Als Auffanglinie, die ich nicht überfliegen durfte, mußte mir die Autobahn dienen, die bei Holzkirchen einen markanten Knick hat. Von dort mußte ich auf gut Glück westlich davon den Flugplatz finden.
Unsere Nerven wurden bei der blinden Nachtfliegerei mit dem kleinen einmotorigen Vogel doch etwas strapaziert. Nach 20 Minuten Flugzeit schwebte ich im Licht des Mondes, der jetzt Konturen am Boden erkennen ließ, auf eine freie Fläche zu, die mir nach vorherigem Überfliegen im Strahl des Scheinwerfers als hindernisfrei und - hoffentlich - eben erschienen war.
Möglichst geringe Fahrt!
Landeklappen voll ausgefahren.
Flugzeug »an den Propeller hängen«.
Der Storch setzte auf, seine hohen Federbeine gingen sanft in die Knie. Ich bremste so stark, daß gerade noch ein Kopfstand vermieden werden konnte. Es war sinnlos, in irgendeiner Richtung weiter zu rollen.
Ich ließ den Motor ein paarmal aufheulen. Vielleicht hörte man das irgendwo.
Dann stellte ich ab.
Tiefe Stille.
Wir wollten eben aussteigen, um zu Fuß auf die Suche zu gehen. Da machte mich mein Beobachter auf grüne Blinkzeichen aufmerksam, die links weit weg aufleuchteten.
Der Einwinker, der uns empfing, war ein Obergefreiter von der Flugleitung Holzkirchen. Er redete uns in kumpelhaftem Du an - unsere Uniformen waren unter der Fliegerkombination nicht zu erkennen: »Spinnt Ihr? Was wollt Ihr denn hier?«
Alles war schnell erklärt. Er führte uns in eine Baracke, in der die Flugleitung untergebracht war. Außer ihm war niemand da.
Er versah den Nachtdienst allein.
Von der Anwesenheit des Geschwaderstabs KG 200 wußte er nichts. Erst nach langem Herumfragen erfuhren wir, daß wenige Kilometer südlich auf einem bewaldeten Hügel in den letzten Tagen ein Zeltlager errichtet worden sei, in dem es »von Luftwaffenleuten nur so wimmle«.

Als um 05.30 Uhr die erste Dämmerung heraufzog, setzten wir uns wieder in den Storch, um aus der Luft nach diesem Lager zu suchen. Schon zehn Minuten später hatten wir die schlecht getarnten Zelte erkannt und den Vogel auf eine Wiese am Waldrand gesetzt.
Unsere Landung wurde offenbar nicht bemerkt.
Dann kam uns jemand entgegen, und wir erfuhren, daß tatsächlich der gesamte Stab des KG 200 hier untergekrochen war.
Wir hörten, daß Kommodore Baumbach in Berlin geblieben sei und Major v. Harnier mit seiner Vertretung beauftragt habe.
Wir wurden zu seinem Zelt geführt.
»Mönsch, Pietro, wo kommst Du denn her?«
Wir kannten uns seit Anfang des Krieges, Adolf von Harnier war mein Kommandeur in besonders schweren Monaten auf Sizilien und Sardinien gewesen. Wir Zwei gehörten zu der Handvoll Überlebenden des KG 30, die von Anfang an und ohne jede Unterbrechung diesen Krieg an seinen schlimmsten Fronten mitgemacht hatten.
Wohl kaum eine Freundschaft kann fester geschweißt sein als eine so gewachsene.
Er zog mich in sein Zelt, das er mit zwei anderen Offizieren teilte.
»Frühstück gibts später«, sagte er.
»Aber jetzt köpfen wir meiner letzten Flasche den Hals, die ich mir eigentlich für den »Endsieg« aufgehoben habe!«
Ich mußte erzählen, was aus »Olga« geworden war.
Das letzte, was man noch wußte, war der B-17 Absturz in Echterdingen. Man hatte sich große Sorgen um uns gemacht, aber keine Möglichkeit gefunden, uns zu helfen.
Seit dem 25. April sei der Geschwaderstab in aller Form aufgelöst. Und so gesehen habe er also überhaupt keine Befehlsgewalt mehr über mich. Und demnach könne wohl auch niemand mehr anordnen, das Kommando »Olga« aufzulösen.
Wir verabredeten, daß ich so schnell wie möglich mit meinem Häuflein hierherkommen würde, um das unausbleibliche Ende abzuwarten.

Tragödie in Echterdingen bei Stuttgart im März 1945: Kurz nach dem Start stürzte eine B 17 »Flying Fortress« ab und verbrannte auf freiem Feld.
Oberfeldwebel Knappenschneider und seine Besatzung fanden – mit Ausnahme des Heckschützen – den Tod.
Ebenfalls den Tod fanden zehn an Bord befindliche französische Männer. Sie sollten in jener Nacht an einem bestimmten Punkt an der französisch-spanischen Grenze mit dem Fallschirm abgesetzt werden.
Es handelte sich um Angehörige der französischen Exilregierung, die gegen Kriegsende im Hohenzollernschloß in Sigmaringen Zuflucht gefunden hatte. Nun, im Angesicht des deutschen Zusammenbruches wollten sie ihre ehrenhaft gemeinten Aktivitäten von anderer Stelle aus fortsetzen.
Die Bilder zeigen den Verfasser in seiner Eigenschaft als den damaligen Führer des »Kommando Olga« des KG 200 bei der feierlichen Beerdigung auf dem Friedhof in Echterdingen und die Gräber der unglücklichen Franzosen, die dort gut betreut werden.

Ein Bild fast wie auf einem Güterbahnhof: Eine Ju 290 wird über die schwere herabgelassene Heckrampe beladen.
Von den beteiligten Männern wissen nur die wenigsten, woraus die geheimnisvolle Fracht besteht und für welches Ziel sie bestimmt ist.
Die Aufnahmen wurden 1944 in Ruga gemacht.

Ein schwerer He 177 – Bomber wird für den Start vorbereitet.
Gegen Ende des Krieges standen diese Flugzeuge dem KG 200 für Transport- und Aufklärungsaufgaben zur Verfügung. (Wegen allzu häufiger Triebwerksbrände hatte sich dieser Typ den Spitznahmen »Reichsfeuerzeug« erworben).

Es war der Morgen des 27. April 1945.
Schon im Weggehen hielt mich Adolf von Harnier noch einmal zurück: »Hast Du eigentlich noch Sprit in Deinen Flugzeugen?« »Natürlich habe ich - tausende von Litern.«
»Sprit bräuchten wir nämlich dringend, wir haben zwar Autos aber nichts in den Tanks. Und wir rechnen uns eine kleine Chance aus, daß uns die Amerikaner, wenn sie uns erst einmal geschnappt haben, sportlich und fair, wie sie sind, mit unseren Autos nach Hause fahren lassen.« (Der Optimist!)
Der Entschluß, die Flugzeuge nur wegen des Benzins in den Tanks noch einmal zu überführen, fiel mir schwer.
Der Tag versprach klaren Himmel. Das bedeutete totale Beherrschung des Luftraums durch die amerikanischen Jäger.
Wir konnten uns mit unseren dicken Brummern allenfalls »nach Feierabend« in die Luft trauen - in den wenigen Minuten zwischen Dämmerung und Dunkelheit.
Trotzdem versprach ich, es zu versuchen, vorausgesetzt, daß der Grasplatz von Holzkirchen überhaupt für eine Landung unserer großen Vögel geeignet sei.
Im Tiefflug »unterhalb der Hecken« steuerte ich den Storch zurück nach Oberpfaffenhofen. Dort landete ich wieder auf der abgelegenen Waldwiese.
Niemand hatte bemerkt, daß das Flugzeug überhaupt in der Luft gewesen war.
Nach Darstellung der Lage sagte ich dem angetretenen Kommando »Olga«, daß die Möglichkeit bestehe, zusammen mit dem Stab des Geschwaders bei Holzkirchen das Vorrücken der Amerikaner abzuwarten und irgendwie zu versuchen, einer Gefangennahme zu entgehen. Ein sinnvoller Einsatz oder weiterer Kampf sei nunmehr gegenstandslos geworden.
Und dann trafen wir alle notwendigen Vorbereitungen zu unserer letzten »Verlegung« in die Wälder südlich von Holzkirchen.
Zwei Tage waren notwendig, um nach bewährter Methode Zelte, Ausrüstung, Lebensmittel, Geld - und nebenbei auch Zivilkleidung - zu besorgen.
Am 29. April war es dann soweit. In der ersten Morgendäm-

merung, noch bevor die amerikanischen Tiefflieger in der Luft waren, starteten alle großen Maschinen und als Letzter ich mit »meinem« Storch zu dem kurzen Sprung nach Holzkirchen.
Noch ehe die Amerikaner am Himmel über Holzkirchen erschienen, waren unsere Flugzeuge versteckt und so gut wie möglich gegen Fliegersicht getarnt.
Der Zweck war erreicht: wir konnten etliche tausend Liter Benzin aus den Maschinen pumpen und schnellstmöglich in die Tanks der Kraftfahrzeuge füllen oder in sicheren Verstecken lagern. In der Nähe des Waldlagers fanden wir in Dörfern und auf verstreuten Höfen Unterkunft. Unsere Quartiergeber, durchweg Bauern, umsorgten uns, soweit dies möglich war. Sie berieten uns bei der Vorbereitung von Verstecken in den Wäldern. Abends traf man sich in kleineren oder größeren Gruppen, um Pläne zu schmieden, wie man der Gefangenschaft entgehen und auf welchen Wegen man nach Hause gelangen könnte.
Adressen wurden ausgetauscht: »Wenn Du einmal nicht weiter weißt - hier kannst Du mich finden!«
Von großer Sorge waren die Kameraden erfüllt, die aus dem Osten des Reichs stammten, wo den Meldungen zufolge der Russe in unmenschlicher Weise wütete. Sie waren plötzlich heimatlos geworden und wußten nichts vom Schicksal ihrer Angehörigen . . .
Unsere nicht mehr benötigte Ausrüstung ging an die Bauern: Einige hundert Fallschirme waren darunter - trotz grüngrauem Tarnmuster begehrtes Material für seidene Unterwäsche und sonstige Bekleidung! -, dann Werkzeuge jeder Art, ein kleiner Kran - eben der gesamte technische Apparat einer fliegenden Einheit.

Das Ende

Die Gedanken gingen an die übrigen Kameraden des KG 200.

Wo mochten sie wohl sein? Welches Schicksal erwartete sie? Nun, die II./KG 200 in Burg bei Magdeburg hatte die flugklaren Maschinen - die »Beleuchter« der 5./200 - an die I./KG 66 abgegeben. Die in Burg befindlichen »Mistel«, das waren noch rund 50 Gespanne, konnten nicht mehr weggestartet werden. Das Personal der Gruppe wurde zur Erdverteidigung in Burg eingesetzt.

Die III./KG 200 (BT) wurde einsatzmäßig der Luftflotte Reich unterstellt.

Das Einsatzkommando 200 (FK) mit neun He 111 und einer Do 217 blieb beim Gefechtsverband Helbig, der alle zur Brückenbekämpfung eingesetzten Kräfte umfaßte (Stab und II./LG 1, KG (J) 30, Restteile II./KG 200, Einsatzkommando 200 (FK), II./KG 4 und I./KG 66).

Die 3./KG 200 mit ihrer beachtlichen Transportkapazität lag auf Rügen und wurde von Baumbach in Flensburg zusammengezogen.

Auch die Riesenflugboote BV 222 lagen dort.

Sie waren vorbereitet, um eine größere Personengruppe - gedacht war an die politische Führung des Reichs - an einen versteckten Platz an der Küste von Grönland zu bringen. Dort, in sicherer Abgeschlossenheit - so stellte man sich vor - hätte man für einen langen Zeitraum überleben können, um dann erst den Versuch zu machen, unbehelligt irgendwie wieder »in das Leben zurückzukehren«.

Ein abenteuerlicher Plan, der mehr von Pfadfinderromantik als von Tatsachensinn zeugt. Er kam nicht zur Durchführung. Schließlich bleibt die Frage nach Baumbach und seiner Rolle. Er soll Ende April noch zum Chef der »Regierungsflugstaffel« (was man auch darunter verstehen mag) ernannt worden sein. Vielleicht hat er sich diese Position zuschreiben lassen, um jene Bewegungsfreiheit zu haben, die ihm in dieser kritischen Phase notwendig erschien.

Baumbach ist in diesen Wochen für manchen Luftwaffenführungsstab unauffindbar gewesen, wie aus einer Vortragsnotiz der 2. Abteilung des Generalstabs der Luftwaffe vom 17. 4. 1945 hervorgeht (Faksimile-Wiedergabe Anhang Nr. 13). Der darin spürbare Vorwurf war wohl fehl am Platz. Baumbach war viel unterwegs, wenn auch weniger in Sachen Einsatz KG 200. Die Schwerpunktaufgabe Oderbrükken wußte er bei Oberst Helbig in guten Händen.

Versteckt hat er sich nicht. Nur kam ihm der Zusammenbruch der meisten Nachrichtenverbindungen gelegen. Feige war er auch nicht: er hat in jenen Wochen (zusammen mit seinem Freund, dem Rüstungsminister Speer) versucht, hinter den Kulissen auf Entscheidungen einzuwirken, die weitere sinnlose Zerstörungen verhindern halfen. Er hat bewiesen, was Schiller »Männertrotz vor Königsthronen« genannt hat. Und das war in der damals hyperneurotischen Atmosphäre mit Gefahr von Leib und Leben verbunden. Einiges kann man in seinem Buch »Zu spät?« (Neuauflage Motorbuch Verlag, Stuttgart) nachlesen.

Von der 1./KG 200 befanden sich außer dem Kommando »Olga« noch kleine Kommandos in Österreich. Eines davon unterstand dem Hauptmann Braun, der nach Hörsching bei Linz verlegt hatte.

Braun erhielt in den letzten Apriltagen den Besuch des Majors i. G. Bellmann, der ihm mündlich einen Auftrag zu einem Flug ins neutrale Ausland überbrachte:

Eine Personengruppe sollte nach Spanien geflogen werden. Das Flugzeug sollte samt Besatzung dort bleiben.

Bei der Personengruppe handelte es sich um höchste Angehörige der französischen Exilregierung, die zuletzt ihr Domizil im hohenzollerischen Sigmaringen hatte und nun im Angesicht des deutschen Zusammenbruchs dem Zugriff der Sieger entzogen werden sollte. Die streng geheime mündliche Einweisung des Hauptmanns Braun wurde in einem schriftlichen Protokoll festgehalten. das gleichzeitig als »Flugauftrag« für die Besatzung formuliert war (Faksimile-Wiedergabe Anhang Nr. 14):

Unter dem Datum des 30. April 1945 hieß es da, der Hauptmann und seine 10 Mann umfassende Besatzung habe den Auftrag, mit der Ju 290, Kennzeichen PJ+PS, sobald als

möglich bei nächst geeigneter Wetterlage eine bestimmte Personengruppe nach Barcelona zu fliegen.
Sollte ein Rückflug nicht mehr möglich sein und sollte die Besatzung in Spanien interniert werden, so habe sich Hauptmann Braun beim deutschen Luftattaché in Madrid zu melden. Das Flugzeug solle den Spaniern zum Verkauf angeboten werden.
Es folgte eine Belehrung, wonach die Soldaten auch danach den militärischen Gesetzen unterlägen und ausdrücklich noch einmal zu strengster Verschwiegenheit verpflichtet worden seien. Diese Verpflichtung mußte Hauptmann Braun durch seine Unterschrift bestätigen.
Selbst hier und in dieser Situation wurde in einer Aktennotiz ausdrücklich festgehalten: »Von einem Umspritzen des Flugzeugs sowie irgendeiner Tarnung ist abzusehen. Besatzung fliegt in Uniform wie zum Feindflug.« (Faksimile-Wiedergabe Anhang Nr. 15). Allerdings kam es nicht mehr zur Durchführung des Flugs. Die Franzosen kamen nie in Hörsching an, sie sind einfach unterwegs in dem vollkommenen Chaos auf den Verkehrswegen hängengeblieben.
Für Hauptmann Braun allerdings hatte jener schriftliche Flugauftrag im Durcheinander der letzten Tage die Wirkung eines Schutzbriefs, der ihn davor bewahrte, andere sinnlose Flüge durchführen zu müssen. Er mußte mit seinem Flugzeug noch einmal ausweichen und kam über Königgrätz dann am letzten Tag des Kriegs in München an.
In Königgrätz hatte er noch den Generaloberst von Greim getroffen, der ihn in seiner Eigenschaft als Chef der Luftflotte 6 nach seinem Auftrag fragte. Auch ihm zeigte er seinen »Schutzbrief«. Als er dann hörte, warum Braun noch nicht nach Spanien geflogen war, stellte er Braun frei, auch »ohne französische Regierung« nach Spanien zu fliegen.
Braun zog es vor, siebzig deutschen Soldaten zum Heimflug nach Deutschland zu verhelfen. In München wurden sie alle von den Amerikanern gefangen genommen ...
Auch für uns bei »Olga« waren die letzten Tage mit den Zeichen des nun plötzlichen totalen Zusammenbruchs niederdrückend und von Sorge um die Angehörigen zuhause und um die unmittelbare Zukunft erfüllt.

Ich hatte meinen Storch neben dem Bauernhof, der mein letztes Quartier war, am Waldrand abgestellt.
Auf der anderen Seite der Wiese führte eine Hauptstraße auf den Tegernsee und das Gebirge zu.
Ein ununterbrochener Heerwurm wälzte sich hier nach Süden. Auf der Flucht. Zu Fuß und auf seltamen, klapprigen Fahrzeugen.
Gerüchte gingen um. Das gängigste war immer noch das mit den »im Gang befindlichen Verhandlungen mit den westlichen Gegnern« mit dem Ziel, die gegenseitigen Feindseligkeiten einzustellen und gemeinsam gegen die Sowjets vorzugehen, gegen die wahren Feinde Europas mit ihren Weltrevolutionsplänen.
Es waren gar nicht so wenige, die sich an diese Parole klammerten und sofort bereit gewesen wären, noch einmal von vorn anzufangen und die Bolschewisten wieder aus der Heimat zu vertreiben.
Doch dann ging alles schneller als wir dachten. Wie jeden Morgen bereitete ich den Storch für einen Flug in Richtung Norden vor, um mir ein Bild vom Standort der vorrückenden Amerikaner zu machen. Das Wetter erlaubte in diesen Tagen Flüge bei Tageslicht, weil die Wolken so niedrig hingen, daß sich kein amerikanisches Jagdflugzeug in die Luft traute.
Für den Storch waren schlechte Sicht, niedrige Wolken und heftige Niederschläge kein Problem.
Ich hielt mich dabei immer neben der Straße. Wo es möglich war, landete ich und fragte die sich absetzenden Landser nach der Lage.
Meine »Aufklärungsergebnisse« ließen erkennen, daß es nicht mehr lange dauern würde, bis auch der Flugplatz Holzkirchen in der Hand der Sieger war.
Deshalb wollte ich mit dem Oberfeldwebel Freiberg noch einmal zu dem Platz fliegen und nachsehen, ob alle Flugzeuge zur Sprengung vorbereitet waren.
Wir tankten den Storch mit der Handpumpe »bis zum Stehkragen« voll.
Das Wetter war miserabel.
Schon beim Einbiegen auf den Flugplatz fiel mir auf, daß

keinerlei Aktivität zu erkennen war. Ich überflog den Platzrand und landete in der Nähe unserer abgestellten Flugzeuge.
Aus instinktiver Vorsicht stellte ich den Motor nicht ab. Kaum hatte der Oberfeldwebel die Beine auf den Boden gesetzt, als es knallte und ein Spinnennetz von Leuchtspurmunition sich über unser Flugzeug legte. Im Storch schlugen erste Treffer ein, aber insgesamt lag das MG-Feuer schlecht. Ob das am schlechten Wetter oder an der Entfernung lag, war nicht auszumachen. Einerlei, ich beschloß trotz der Schießerei, wieder aus dem Platz herauszustarten, und winkte meinen Begleiter wieder herein. Er schien kurz zu überlegen, war dann aber mit einem Sprung in der Maschine und auf dem Sitz hinter mir. Gleichzeitig schob ich den Gashebel nach vorn und startete. Während sich die Schießerei aus verschiedenen Richtungen verstärkte, zog ich das Flugzeug in einer Rechtskurve steil in den verhangenen Himmel hinein. Immer wieder klatschten einzelne Treffer in das Flugzeug. Nach dem Überfliegen der südöstlichen Platzgrenze kam die Autobahn in Sicht. Und nun sah ich die ersten amerikanischen Soldaten: auf der Autobahn hielt eine kilometerlange Fahrzeugkolonne – LKW und Panzer, deren Oberseiten durch große weiße Sterne gekennzeichnet waren.
War ich der Schießerei auf dem Flugplatz glücklich entronnen, so setzte jetzt schlagartig ein Feuerhagel von der Autobahn her ein. Glücklicherweise erfolgte die Knallerei ziemlich planlos und ohne sorgfältiges Zielen.
Ich widerstand der Versuchung, in die Wolken zu ziehen und suchte mir im Tiefflug einen Durchschlupf zwischen den Schützen vom Flugplatz und denen von der Autobahn.
Ebenso schnell, wie das Schießen begonnen hatte, hörte es auch wieder auf, als wir über Hecken sprangen und auf Umwegen zu unserer Wiese zurückkehrten.
Nach vierzig Minuten waren wir wieder am Boden. Der Storch wies fast zwei Dutzend Einschußlöcher auf.
Die Amerikaner hatten in den letzten zwölf Stunden entgegen ihrer bisherigen Gewohnheit einen großen Sprung nach Süden gemacht und waren gerade auf Höhe des Flugplatzes

Holzkirchen angelangt, als ich ahnungslos dort landete – als willkommene Zielscheibe.
Nun wußten wir, daß unsere Stunden als deutsche Soldaten gezählt waren. Die ersten verließen uns, um entsprechend ausgedachter Pläne der Gefangenschaft zu entgehen. Wir hatten dazu »Original«-Entlassungsscheine für Wehrmachtsangehörige (Luftwaffe) nach Vorlage aus der Schreibstube vervielfältigt und mit einem Stempel eines Ersatz-Heimat-Flak-Btl. versehen. Ich habe alle diese Scheine unterschrieben. Jeder Einzelne hat einen solchen »Ausweis« bekommen, außerdem einen Sack mit haltbaren Lebensmitteln, und einen letzten Wehrsold von 87 Reichsmark, und die meisten ein Fahrrad.
Alle haben sich bei mir abgemeldet. Wir haben uns noch einmal die Hand gegeben. Und manchem, dem ich es nicht zugetraut hätte, standen Tränen in den Augen.
So sind wir auseinandergegangen. Die einen, die ein Ziel hatten, nach Haus. Die anderen blieben bei den Bauern. Ich selbst hatte Glück unterwegs und traf bereits am 12. Mai bei meinen Eltern ein.
Den Hauptmann Braun und seine Besatzung hatten die Amerikaner in eine Art Phantasieuniformen gesteckt. Sie überführten die verschiedensten deutschen Flugzeugmuster, welche die Amerikaner zur gründlichen Auswertung nach Amerika bringen wollten, auf Flugplätze in Frankreich.
Auch seine Ju 290 gehörte dazu.
In Orly bei Paris schulte er noch eine amerikanische Besatzung auf die Ju 290 um und durfte dann – wohl der letzte aktive Pilot der deutschen Luftwaffe – nach Hause fahren.

+++

Es wurde bereits erwähnt: Unmittelbar nach dem Ende des Kriegs machten vor allem die Amerikaner, aber auch die anderen Alliierten, eine gezielte Jagd nach Angehörigen des in ihrer Sicht »ominösen Geheimgeschwaders«.
Sicher waren dafür zwei Gründe maßgebend: man hoffte Kriegsverbrecher zu finden und man suchte Informationen

über verschwundene und »in Sicherheit gebrachte« Nazigrößen und die Tätigkeit der deutschen Geheimdienste.
Es gab jedoch weder einen Verbrecher im Geschwader noch ein Flugzeug, das in den letzten Tagen des Krieges »verschwunden« war. (Der ganze Bestand des KG 200 ist den Siegern in die Hände gefallen.) Und auch die Neugierde bezüglich der Geheimdienste konnte nicht befriedigt werden.
Es gab nie einen besonderen Vorwurf oder gar einen Prozeß gegen einen Angehörigen des KG 200.
Das Ergebnis der alliierten Bemühungen um die Klärung des »Spionagegeschwaders Hitlers« war wohl so enttäuschend normal, daß sich niemand traute, das öffentlich auszusprechen. Und so lebt die Legende weiter und beflügelt die Phantasie von Filmautoren und Romanciers.
Der Autor wollte mit diesem Buch zeigen, was war - und nicht unbedingt, was hätte sein sollen. Sicher wird es jedoch Besserwisser geben, die zwar nichts miterlebt haben aber doch gerne aus heutiger Sicht klarmachen möchten, was man damals als Flieger und als Soldat anders hätte denken, tun oder lassen sollen. (Als ob Geschichte sich ändern ließe!)
Aber was kann man schon dagegen machen?

Nachwort und Dank

Eigene Erinnerungen an Erlebnisse als Angehöriger des KG 200, Aufzeichnungen in Tagebüchern, Flugbüchern und anderen Unterlagen waren der Anstoß zu dieser Arbeit.
Es bedurfte jedoch jahrelanger (oft vergeblicher) Recherchen in in- und ausländischen Archiven und vieler Gespräche mit ehemaligen Kameraden, um mit den hier dargestellten Tatsachen und Ereignissen einen Gesamteindruck dieses in jeder Hinsicht besonderen fliegenden Verbandes vermitteln zu können.
Bei der Auswahl der in dem vorliegenden Buch verwerteten Informationen habe ich mich auf das beschränkt, was als historisch gesichert erscheint und als typisch für das Geschehen angesehen werden kann.
Eine lückenlose Geschichte des immer noch geheimnisumwitterten KG 200 vorzulegen, scheitert einfach an der Tatsache, daß offenbar die meisten dokumentarischen Unterlagen bei Kriegsende sorgfältig vernichtet wurden oder sonstwie verloren gingen. So wäre es für den Verfasser eine dankbar begrüßte Hilfe, wenn er aus dem Leserkreis möglichst viel Resonanz in Form von Kritik, von dokumentarischen Unterlagen, von Fotos und Erinnerungswissen erhalten würde.
Mein Dank gilt den Herren Noack und Dr. Haupt vom Bundesarchiv in Freiburg bzw. Koblenz. Sie haben es mir in großzügiger Weise ermöglicht, Dokumente und Bilder zu suchen und auszuwerten aus Beständen, welche zum großen Teil noch ungeordnet und unbearbeitet ihrer Obhut anvertraut waren.
Besonderen Dank meinem Freund und Kameraden Eckard Dittmann für dessen lebendige Schilderungen eigener Erfahrungen und Erlebnisse. Herrn Oberst a. D. Braun danke ich dafür, daß er mir bereitwillig umfangreiche und wertvolle Informationen aus seinen persönlichen Erinnerungen gab.
Aus den vielen Gesprächs- und Briefpartnern, die mir im

Verlauf meiner Recherchen geholfen haben möchte ich die nachstehenden Namen hervorheben:
Alfred Oppermann, Oberst a. D. A. Koch, Oberstltn. a. D. Wilhelm Kuschke, Oberstltn. v. Pechmann, Hauptmann Valtonen aus Finnland, Theo Prein, Karl Kössler, Oskar Rumler, General Wolfgang Kessler, Egon Blohm, Oberst a. D. Kurt Randl-Semper.
Nicht zuletzt ist zu danken Herrn Wolfgang Schilling vom Motorbuch-Verlag, Stuttgart, auf dessen Initiative diese Arbeit zurückzuführen ist.
Das Bild- und Dokumentenmaterial, soweit nicht aus eigenem Archiv, verdanke ich dem Bundesarchiv Freiburg und Koblenz, dem Imperial War Museum, London, den Herren Egon Blohm, Karl Rauchfuss, Terushi Jimbo aus Japan, Oberst a. D. Franz Kirch.

Anhang

Der Reichsmarschall des Großdeutschen Reiches
und Oberbefehlshaber der Luftwaffe
(Genst.Gen.Qu.2.Abt.)

H.Qu., den 23.11.

2. Abt. (II)

Az. 11 b 16.10 Nr. 13 820/44 g.Kdos. (IIB)

90 Ausfertigungen
16. Ausfertigung

Betr.: Umgliederung von Kampfverbänden auf Jagdflieger-Stärken.

1.) Mit sofortiger Wirkung werden folgende Kampfverbände auf Jagdflugzeugmuster umgerüstet und auf Jagdfliegerstärken umgegliedert:

Gen.Kdo.IX.Fl.Korps

Stab Kampfgeschwader 6
Ln.Komp.(mot)/K.G.6
I./Kampfgeschwader 6
mit allen unterstellten Einheiten
II./Kampfgeschwader 6
mit allen unterstellten Einheiten
III./Kampfgeschader 6
mit allen unterstellten Einheiten

Stab Kampfgeschwader 27 "Boelcke"
Ln.Komp.(mot)/K.G.27 "Boelcke"
I./Kampfgeschwader 27 "Boelcke"
mit allen unterstellten Einheiten
II. Kampfgeschwader 27 "Boelcke"
mit allen unterstellten Einheiten
III./Kampfgeschwader 27 "Boelcke"
mit allen unterstellten Einheiten

Stab Kampfgeschwader 30
Ln.Komp.(mot)/K.G.30
I./Kampfgeschwader 30
mit allen unterstellten Einheiten
II./Kampfgeschwader 30
mit allen unterstellten Einheiten

Stab Kampfgeschwader 55
Ln.Komp.(mot)/K.G.55
I./Kampfgeschwader 55
mit allen unterstellten Einheiten
II./Kampfgeschwader 55
mit allen unterstellten Einheiten
III./Kampfgeschwader 55
mit allen unterstellten Einheiten

- 2 -

Die umgerüsteten und umgegliederten Verbände erhalten zusätzlich zu ihrer bisherigen Bezeichnung die Kennzeichnung

"J"

z.B. "Gen.Kdo.IX.(J)Fl.Korps"
"Stab Kampfgeschwader (J) 6"
bzw. "I./Kampfgeschwader (J) 6"

2.) Im Zuge der Umrüstung und Umgliederung werden

a) aufgelöst:

IV./Kampfgeschwader 6 mit allen unterstellten Einheiten
IV./Kampfgeschwader 27 mit allen unterstellten Einheiten
IV./Kampfgeschwader 30 mit allen unterstellten Einheiten
IV./Kampfgeschwader 55 mit allen unterstellten Einheiten

b) aufgestellt:

III./Kampfgeschwader (J) 30
mit F.B.K. (mot)
und 9.-11.Staffel

Erg.-Kampfgruppe (J)
mit F.B.K. (mot)
und 1.-4.Staffel

3.) Die Umgliederung der F.B.K. (mot) der Kampfgruppen auf Stärken der Stabskompanien der Jagdgruppen wird zunächst zurückgestellt. Bis dahin sind die F.B.K.(mot) der Kampfgruppen (J) entsprechend ihrer neuen Aufgabe (Wartung von Jagdflugzeugmustern) umzurüsten. Entsprechender Befehl ergeht durch Chefing.d.Lw. im Benehmen mit Genst.Gen.Qu.2.Abt.

4.) Durchführung durch Lfl.Kdo. Reich im Einvernehmen mit Gen.d. Kampfflieger und Gen.d.Jagdflieger.

5.) Als K.St.N. gelten:

für Gen.Kdo.IX.(J)Fl.Korps	K.St.N.	gem.OKL.Genst.Gen.Qu. Nr.16195/44 g (2.Abt.) v.25.5.44 (IIA)	
Stab eines Kampfgeschwader (J)	K.St.N.	1131	(L)
Ln.Komp.(mot) eines K.G. (J)	K.St.N.	3361	(L)
Ln.Zug I.-III.Gr. eines K.G. (J)	K.St.N.	1192 a	(L)
Stab einer Kampfgruppe (J)	K.St.N.	1132	(L)
F.B.K.(mot) einer K.Gr. (J)	K.St.N.	1336	(L)
Kampfstaffel (J)	K.St.N.	1134	(L)
Stab einer Erg.K.Gr. (J)	K.St.N.	1442	(L)
Erg.Kampfstaffel (J)	K.St.N.	1444	(L)

-3-

6.) Personal und Material der gem. Ziffer 1 umgegliederten Einheiten sind - soweit geeignet - in die Kampfeinheiten (J) zu übernehmen.

Personal und Material der gem. Ziffer 2a aufgelösten Einheiten sind zur Aufstellung der III./K.G.(J) 30 und Erg.-Kampfgruppe (J) (eine Erg.-Staffel je K.G.(J)) und zur Deckung von Fehlstellen der gem. Ziffer 1 umgegliederten Einheiten zu verwenden.

Personal und Material der F.B.K.(mot) können auf Planstellen der Kampfstaffeln (J) übernommen werden.
Auffüllung der F.B.K.(mot) erfolgt jedoch nicht.

7.) Neuzuweisung von Personal erfolgt nicht.
Erforderlicher Austausch von Personal ist durch Gen.Kdo.IX.(J) Fl.Korps umgehend zu melden an:

Genst.Gen.Qu.6.Abt.
L.P.
Wehramt II
Gen.d.Jagdflieger.

8.) Besetzung der Planstellen für Material erfolgt

a) für Flugzeuge:	durch Genst.Gen.Qu.6.Abt.
b) für Schulfugzeuge:	im Rahmen des Möglichen durch Gen.d.J.
c) für Gerät:	durch Chef d.Nachschubw.d.Lw. nach Weisung Genst.Gen.Qu.6.Abt.

Zuweisung von Kfz. erfolgt nicht.

9.) a) Für Jagdeinsatz ungeeignete Flugzeugführer stehen mit ihren Besatzungen Gen.d.Kampfflieger für verbleibende Kampfverbände zur Verfügung.

b) Nicht benötigtes sonstiges Personal steht LP bzw. Lw.Wehramt zur Verfügung und ist in die Ersatzluftwaffe zu überführen.

10.) Nicht benötigtes Material steht wie folgt zur Verfügung:

a) Flugzeuge:	Genst.Gen.Qu.6.Abt.
b) Spezialkraftfahrzeuge:	Chef d.Kraftfahrw.d.Lw.
c) Gerät:	Chef d.Nachschubw.d.Lw.

11.) Zur Umrüstung und Umschulung verlegt Gen.Kdo.IX.(J)Fl.Korps mit unterstellten Einheiten nach Weisung Lfl.Kdo.Reich in den Raum Protektorat - Oberdonau.

Vorgesehene Flugplätze sind umgehend durch Lfl.Kdo.Reich nach Festlegung im Benehmen mit Genst.Gen.Qu./Abt.Lw.Bodenorg. an Lw.Führungsstab (Ia) zu melden.

-4-

12.) Reihenfolge der Umrüstung wird gesondert befohlen. Entsprechender Vorschlag ist umgehend durch Gen.Kdo.IX.(J)Fl.Korps vorzulegen an:

Lw.Führungsstab (Ia)
Genst.Gen.Qu.6.Abt.
Gen.d.Kampfflieger
Gen.d.Jagdflieger

13.) Lehrpersonal für Umschulung ist durch Gen.d.Jagdfl. im Rahmen des Möglichen auf Anforderung IX.(J)Fl.Korps zu stellen. Ausbildung der Verbandsführer regelt Gen.d.Jagdflieger.

14.) Flugbetriebsstoffzuteilung für Umschulung erfolgt durch Genst. Gen.Qu.4.Abt.

15.) Es werden unterstellt:

a) Gen.Kdo.IX.(J)Fl.Korps
truppendienstlich: Lfl.Kdo.Reich
ausbildungsmäßig: Gen.d.Jagdflieger

b) Verbände gem.Ziffer 1 und III./K.G.(J) 30
in jeder Hinsicht: Gen.Kdo.IX.(J)Fl.Korps

c) Erg.Kampfgruppe (J)
zunächst unter Gen.Kdo.IX.(J)Fl.Korps.
Endgültige Regelung wird später gesondert befohlen.

16.) An der kriegsgliederungsmäßigen Zugehörigkeit der umgegliederten Einheiten ändert sich nichts.
III./K.G.(J) 30 gehört kriegsgliederungsmäßig zum Lg.Kdo.III
Erg.Kampfgruppe (J) zum Lg.Kdo.VII
Ersatztruppenteile sind durch Lg.Kdo.III bzw. VII festzulegen.

17.) Bezüglich Mobl.Nr., Fp.Nr., Erkennungsmarkenverzeichnis der umgegliederten Einheiten und Abgabe der Akten der aufgelösten Einheiten ist gem. Vfg. OKL.Gen.Qu. Nr.15000/44 geh. (2.Abt. I) vom 11.5.44 zu verfahren.

18.) Stand der Durchführung ist durch Lfl.Kdo.Reich zum 1. und 15.j.M., beginnend am 1.12.44, zu melden an Genst.Gen.Qu.2.Abt.

Verteiler: (nur im Entwurf)
an zuständige Dienststellen des OKL und RdL sowie an beteiligte Lfl.Kdos. und kriegsgliederungsmäßig zuständige Lg.Kdos.

gez. Göring

F.d.R.
[signature]
Oberstleutnant i.G.

Nur durch Offizier!

Chefsache!

Nur durch Offizier!

Eine Ausfertigung

aI

An

O. K. L. - Fü. St. Ia (Robinson)

gltd.: O. K. L. - Fü. St. Ic (Robinson)

K. G. 200, Kommodore, Berlin- Gatow (nachrichtlich)

Mit Anschriftenübermittlung!

113

Bezug: SSD- FS O.K.L.-Fü.St. (Rob.) Nr. 10303/44 g.Kdos.Chefsache v. 19.10.

Betr.: Scherhorn- Aktion.

Zum Bezugs- FS meldet Lfl.Kdo.6 nach Absprache mit H.Gr. Mitte und K.G. 200 folgende Absicht:

1.) Bei nächster geeigneter Wetterlage Absetzen von 3 deutschen Funkern zur Herstellung einer leistungs - fähigen Funkverbindung und als erneute Sicherungs- maßnahme.

2.) Zwei Tage später Absetzen eines deutschen Kommandos zur Landeplatzerkundung (Fähnrich Wild) sowie eines Stabsarztes der H.Gr. Mitte für ärztliche Versorgung.

3.) Nach erfolgter und gemeldeter Landeplatzerkundung durch Fähnrich Wild Einsatz von 4 Arado 232 nach Möglichkeit in einer Nacht zur einmaligen Großversorgung (2o to) sowie Rückführung der Schwerverwundeten und nicht Marschfähigen.
Anschliessend ist Antreten der Kampfgruppe beabsichtigt.

4.) Weitere Versorgung während des Rückmarsches ist vorgesehen, im einzelnen noch nicht festliegend.

5.) Lfl.Kdo. 6 bittet um Genehmigung der beabsichtigten Einsätze und Kommandierung der verfügbaren Arado 232 (mindestens 6) von XIV. Flg.Korps zum K.G.200.

Luftflottenkommando 6
Der Chef des Generalstabes
gez.: K l e s s, Oberst i.Genst.
Br.B.Nr. 766 / 44 geh.Kdos.Chefsache.

Chef-Sache!
Geheim

Fernschreibstelle

Fernschreibname | Laufende Nr.

Geheime Kommandosache

Angenommen
Aufgenommen

Datum: 19
um: Uhr
von:
durch:

Befördert:
Datum:
um: Uhr
an:
durch:
Rolle:

Luftflottenkommando 6
Chefsache
Eing.: … 1944
Nr.

Vermerke: + SSD ROBINSON 012161 19. 10. (2200) -

Fernschreiben AN LFL KDO 6

GLTD: AN KG 200 - LFL KDO 6 - VO LW B CHEF GENST D H -
LW FUEST ROEM EINS C KURFUERST -
ADJ REICHSMARSCHALL NACHRICHTLICH
- GEHEIME KOMMANDOSACHE CHEFSACHE NUR DURCH OFFIZIER -
BEZUG: LFL KDO 6 ROEM EINS C NR 2412/44 GKDOS CHEFSACHE
VOM 17. 10. - 1.) MIT DURCHFUEHRUNG VERBINDUNGSAUFNAHME
UND VERSORGUNGSFLUEGE FUER DEUTSCHE KAMPFGRUPPE RAUM
BERESINO WIRD KG 200 BEAUFTRAGT, DAS ENG ZUSAMMENARBEIT
MIT LFL 6 UND HEERESGRUPPE MITTE. FLUGZEUGE UND
BETRIEBSSTOFF STELLT KG 200. SONDERZUWEISUNG ERFOLGT NICHT.
2.) ZUNAECHST BESTEHEN KAMPFGRUPPE FESTSTELLEN UND
ERKUNDUNG LANDEPLAETZE DURCHFUEHREN. RUECKKEHR
ERKUNDUNGSOFFIZIERS ERFORDERLICH, DA FUNKSPRUECHE NICHT
ALS AUSREICHEND SICHERE MELDUNG ANZUSEHEN.-
3.) ABSICHTEN SIND VOR DURCHFUEHRUNG ZU MELDEN=
I. V. GEZ: K R E I P E, OKL FUEST (ROBINSON) NR 10303/44
CHEFSACHE ++
+ 2300UHR EINE CHEFSACHE OKL FUEST (ROBINSON) NR. 10303/44
GKDOS CHEFS. ERHALTEN WOCH OBLT. LJKQ+

Unterschrift des Aufgebers | Fernsprech-Anschluß des Aufgebers

Abschrift Anhang 3

Fernschreiben

Chef-Sache
Geheime Kommandosache
Geheim
Lufthorchkommando

SSD Robinson 012161 19.10. (2200)
An Lfl. Kdo. 6
Gltd. an KG 200 - Lfl.Kdo.6 - VO LW B Chef Genst DH -
Adj. Reichsmarschall nachr.
Geheime Kommandosache, Chefsache, nur durch Offizier.
Bezug: Lfl. Kdo. 6 roem. 1 C Nr. 2412/44 GKDOS Chefsache
vom 17.10.

1.) Mit Durchführung Verbindungsaufnahme und Versorgungsflüge für duetsche Kampfgruppe Raum BERESINO wird KG 200 beauftragt, das eng zusammenarbeitet mit Lfl.6 und Heeresgruppe Mitte. Flugzeuge und Betriebsstoff stellt KG 200, Sonderzuweisung erfolgt nicht.
2.) Zunachst bestehen Kampfgruppe feststellen und Erkundung Landeplätze durchführen.
Rückkehr Erkundungsoffiziers erforderlich, da Funksprüche nicht als ausreichend sichere Meldung anzusehen.
3.) Absichten sind vor Durchführung zu melden.

i.V. Gen. Kreipe, OKL-Füst (Robinson) Nr. 10303/44

(Handschriftl. Notiz): Gen. Kreipe gem. R. vom 21.10.2330
mit Ausfall des "Zurückkehr-Erk.Offz."
einverstanden.

Anhang 3 a

Anlage zu Lfl.Kdo. 6, Führ.Abt. I, Nr. 1865/45 g.Kdos. 57

Abschrift von Abschrift!

Der Führer

Hauptquartier, den 1. März 1945.

Br.B.Nr. 301 / 45 g.Kdos.

1.) Ich beauftrage den Oberstleutnant Baumbach, Kommodore des Kampfgeschwaders 200, mit der Bekämpfung aller feindlichen Übergänge über Oder und Neiße.

2.) Oberstleutnant Baumbach hat hierzu sämtliche geeigneten Kampfmittel aller Wehrmachtteile, der Rüstung und Wirtschaft zum Einsatz zu bringen und hinsichtlich der Durchführung aufeinander abzustimmen.

3.) Er untersteht dem Oberbefehlshaber der Luftwaffe und wird eingesetzt im Bereich des Luftflottenkommandos 6.

4.) Durchführungsbestimmungen seines Auftrages erläßt der Oberbefehlshaber der Luftwaffe im Einvernehmen mit dem Chef des Oberkommandos der Wehrmacht.

gez. Adolf Hitler

F. d. R.

gez. v. Below

Oberst

F. d. R. d. A.

[signature]

Oberstlt.i.Genst.

2313

Geheime Kommandosache

87

Luftflotte 6
Der Oberbefehlshaber
Nr.85/45 g.Kdos.

1904/5

H.Qu., den 6. 3. 45
17.Ausfertigungen
16.Ausfertigung

Betr.: Bekämpfung der fdl. Übergänge über Oder und Neisse.

1.) Der Führer hat mit der Ausschöpfung aller Kampfmittel für die Bekämpfung der Übergänge über Oder und Neisse den Oberstltn. Baumbach beauftragt.
Er ist zu Forderungen an OKH und OKM und Verbindungsaufnahme mit den erforderlichen örtl. Kdo.-Stellen des Heeres und der Kriegsmarine berechtigt.
Zur Erfassung aller sonstigen Möglichkeiten, insbes. techn.Art, arbeitet Oberstlt. Baumbach mit dem Reichsminister für Rüstung und Kriegsproduktion sowie mit den örtl. Parteidienststellen und Verwaltungsbehörden (Wasserbauämtern usw.) unmittelbar zusammen.

2.) Unterstellungsverhältnis:
Oberstlt. Baumbach untersteht für seine Person dem Oberbefehlshaber d.Lw. unmittelbar. Zum Einsatz aller Mittel der Luftwaffe ist er dem OB der Lfl.6 einsatzmässig unterstellt und im Stab Lfl.6 eingesetzt.

3.) Kampfauftrag:
a) Brückenschläge über Oder und Neisse sind ausschlaggebende Voraussetzung für jede fdl. Grossangriffsführung gegen Berlin und in das Herz des Reiches. Ihre rechtzeitige laufende Zerstörung durch die Kampfmittel aller Wehrmachtteile ist daher von schlachtentscheidender, möglicherweise kriegsentscheidender Bedeutung.
b) Oberstlt. Baumbach regelt unter Ausschöpfung aller Möglichkeiten den einheitlichen und sich ergänzenden Einsatz aller Kampfmittel der Lw., des Heeres und der Kriegsmarine gegen fdl. Brückenschläge über Neisse und Oder zwischen Görlitz und Stettin derart, dass diese möglichst rasch nach ihrer Herstellung zerstört werden. Besondere Wichtigkeit kommt der unverzüglichen Brückenvernichtung in den vor Angriffsbeginn erkannten Schwerpunktsabschnitten und in den während der

- 2 -
1926

Abwehrkämpfe fallweise sich neubildenden Brennpunkten des Kampfes zu.
In Zusammenarbeit mit Heer und Kriegsmarine hat er dafür Sorge zu tragen, dass im Hinblick auf die Betriebstofflage Lw.-Einsatz nur gegen die Brückenschläge durchgeführt wird, gegen die die Kampfmittel des Heeres und der Kriegsmarine auch unter Zurückstellung anderer Aufgaben nicht zum Einsatz gelangen können.

4.) Im einzelnen ist der Einsatz der Lw.-Verbände wie folgt zu handhaben:
   a) Einsatz KG 200 mit Spezialteilen (ferngelenkte Bomben, Mistel usw.) durch Oberstlt. Baumbach unmittelbar.
   b) Einsatz der Schlachtverbände des II. und VIII. Flg.Korps ergänzend zu a) ist durch Führ.Abt. zu veranlassen.
   c) Einsatz von Nachtschlachtverbänden des II. und VIII.Flg. Korps, ggf. mit Ausleuchtung wie b).
   d) Erprobung, Einsatz und Entwicklungsforderungen aller sonstigen techn. Möglichkeiten der Lw., u,a. "Wasserballon" (auch von Hand einsetzbar), Absprühen von Phosphor oder brennendem Öl usw.
   e) Ausnützung aller aus der Brückenbekämpfung sich ergebenden günstigen Möglichkeiten für überraschende oder ergänzende Angriffsführung, z.B. gegen Stauungen und Ansammlungen an angegriffenen Brückenköpfen. Verseuchung besonders wichtiger Brückenköpfe mit SD 2 mit Störzündern und Langzeitzündern.

5.) Zwecks Zusammenarbeit mit dem Heer bedient sich Oberstlt. Baumbach je nach taktischen Erfordernissen der Flivos der Lfl.6 bei Heeresgruppen, Armeen oder ggf. Generalkommandos, soweit sie nicht seiner persönlichen Verbindungsaufnahme bedarf, zu der er durch Führerbefehl ermächtigt ist.
Die Kdo.-Dienststellen des Heeres werden gebeten, Oberstlt. Baumbach bei der Durchführung seiner entscheidend wichtigen Aufgabe wo nur irgend möglich zu unterstützen und insbes. Anregungen und Anforderungen hinsichtlich beobachtetem Artl.-Einsatz zur Brückenzerstörung (evtl. Balloneinsatz mit Jagd- und Flakschutz) und Stör- oder Vernichtungsfeuer gegen die

1927

- 3 -

durch Luftangriffe hervorgerufenen Stauungen zu entsprechen. Ferner ist in seinen Auftrag die Ausnützung des Einsatzes von Pionierkampfmitteln und sonstigen Sonderkampfmitteln eingeschlossen.

6.) Zwecks Zusammenarbeit mit der Kriegsmarine zum Einsatz der besonderen Kampfmittel (Kleinkampfmittel) ist er berechtigt, neben den entsprechenden Forderungen an das OKM Verbindung mit den örtl. Marinedienststellen aufzunehmen und sich des MVO der Lfl.6 zu bedienen.

7.) Oberstlt. Baumbach bestellt als ständigen Vertreter und Sonderbearbeiter für den Lw.-Einsatz gegen Brückenziele in der Führungsabt. der Lf.6 den Führer des Gefechtsverbandes Helbig, Oberst H e l b i g.

Verteiler:

Gen.Kdo. II.Flg.Korps	1.Ausf.
Gen.Kdo. VIII. Flg.Korps	2. "
Gen.Kdo. I.Flakkorps	3. "
Gen.Kdo. II. "	4. "
Okdo. H.Gr.Mitte mit N.A.f. 4.Pz.Armee	5.u.6. Ausf.
Okdo. H.Gr. Weichsel mit N.A.f. 9. und 3.Pz.-Armee	7., 8.u.9.Ausf.
Mar.Okdo. Ostsee	10. Ausf.
Oberstlt. Baumbach	11. "
Adjutantur d.Wehrm.beim Führer Oberst v. Below	12. "
Lfl.Kdo.6/Ia/Ic	13. "
" /MVO	14. "
" /O.Qu.	15. "
~~" /KTB ....~~	~~16. "~~
" /OB (E)	17. "

v. Gr[illegible]

Generaloberst

1928

Anhang 5

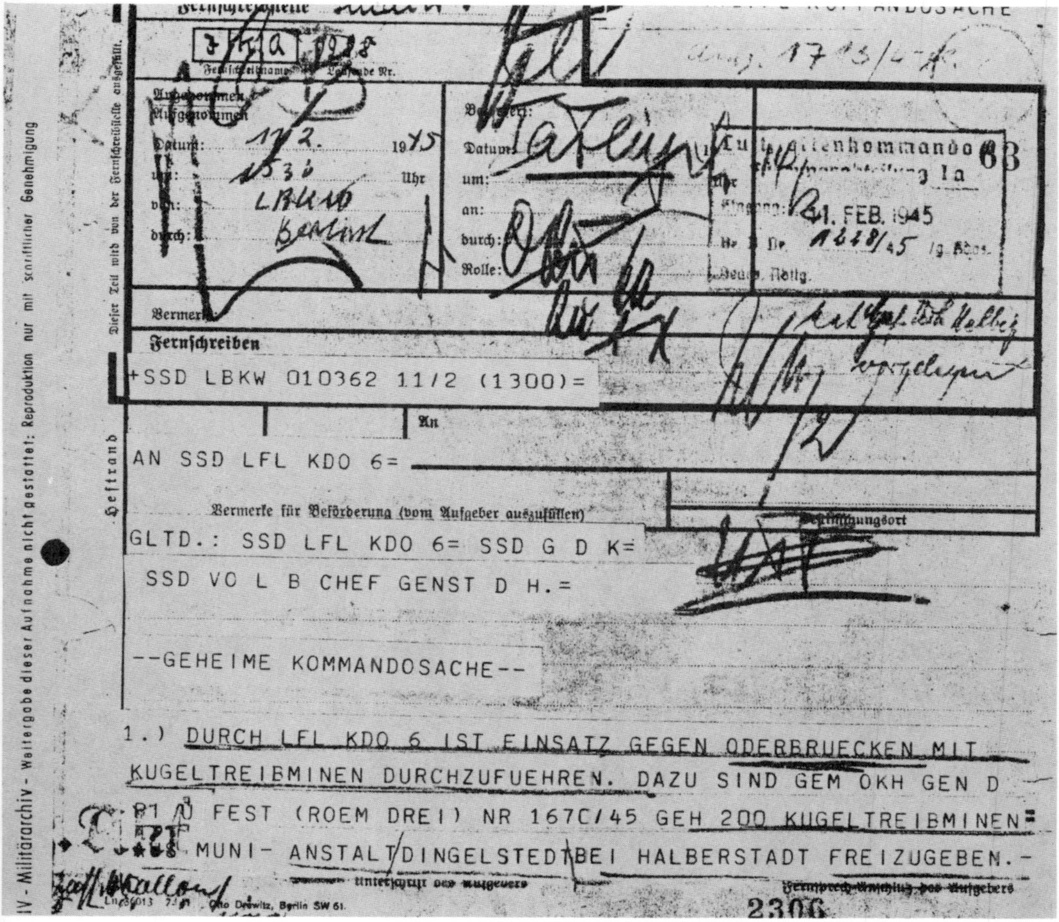

Fernschreiben

+SSD LBKW 010362 11/2 (1300)=

AN SSD LFL KDO 6=

Vermerke für Beförderung (vom Aufgeber auszufüllen)

GLTD.: SSD LFL KDO 6= SSD G D K=
SSD VO L B CHEF GENST D H.=

--GEHEIME KOMMANDOSACHE--

1.) DURCH LFL KDO 6 IST EINSATZ GEGEN ODERBRUECKEN MIT KUGELTREIBMINEN DURCHZUFUEHREN. DAZU SIND GEM OKH GEN D 81 A FEST (ROEM DREI) NR 1670/45 GEH 200 KUGELTREIBMINEN= ... MUNI- ANSTALT DINGELSTEDT BEI HALBERSTADT FREIZUGEBEN.-

Luftflottenkommando 6 ... Führungsabteilung Ia
Eingang: 11. FEB. 1945
Nr. 1248/45 g. Kdos.

2306

2.) G.D K UNTERRICHTET UMGEHEND LFL 6 UEBER EINSATZFRAGEN UND FUEHRT EINWEISUNG DES FUER EINSATZ IN AUSSICHT GENOMMENEN VERBANDES DURCH. EINSATZ HAT IM EINVERNEHMEN MIT DEN OERTLICH ZUSTAENDIGEN HEERESDIENSTSTELLEN SO ZU ERFOLGEN, DASS GEFAEHRDUNG IM EIGENEN BESITZ BEFINDLICHER BRUECKEN NACH MOEGLICHKEIT VERMIEDEN WIRD.-

3.) GEN QU 4. ABT WIRD MUNITION BESCHLEUNIGT DER LFL 6 ZUFUEHREN.-

4.) FERNMUENDLICH VORAUS AN BETEILIGTE STELLEN.=

OKL FUEST (ROB) NR 20246/45 G K (OP 1)
IA GEZ: CHRISTIAN, GEN MAJ+

[illegible] G.d.K. [illegible] (Empfang) [illegible] G.d.K. [illegible]

T.O. 14.(Eis)/K.G.55 nach Wiener-Neustadt (II./K.G.4) zur Unterstützung [illegible] in Kraft gesetzt. [illegible] 13/2.

Anhang 6

Geheime Kommandosache! 64

KR - Fernschreiben! 1. 3. 1945.

An

KR OKL Führungsstab, Kurfürst 3 Ausfertigungen
KR OKL Gen.d.Kampfflg., Berlin-Rangsdorf /. Ausfertigung

Bezug: FS OKL Füst. (Rob.) Nr. 20246/45 g.Kdos. (op 1) v. 11.2.45.

1.) Vorbereitungen für Kugeltreibmineneinsatz wurden gem. Bezug sofort eingeleitet.
Nach eingehender Prüfung der Einsatzvoraussetzungen und -Bedingungen wird jedoch der Einsatz für unzweckmäßig gehalten, da:

a) Kugeltreibmine 41 mit nur 12 kg Sprengstoff geringe Wirkung hat und nur gegen Ziele bis zu einer Höhe von 1,40 m über Wasserspiegel anspricht. Einsatz daher überhaupt nur gegen Pontonbrücken bei Massenabwurf erfolgversprechend.

b) Pontonbrücken nur dann dauerhaft zerstört werden, wenn 5 - 6 Pontons der Brücke zum Sinken gebracht werden. Pontons sinken erst bei mehreren Treffern durch Kugeltreibminen.

c) von Abwurfstelle Kugeltreibminen bis zum Ziel möglichst geradliniger Stromverlauf ohne Hindernisse Voraussetzung, da an Bunen, Ufern und sonstigen Hindernissen anstoßende Minen zur Detonation gebracht oder durch Anlandung unwirksam werden. Zweckmäßigster Abwurf in unmittelbarer Zielnähe nicht möglich, da Zünder der Kugeltreibmine erst 10 - 20 Minuten nach Abwurf scharf wird.

d) zum Abwurf der zur Zerstörung einer Pontonbrücke veranschlagten Mindestanzahl von 200 Kugeltreibminen 8 - 10 He 111 ~~benötigt werden~~ je nach Belademöglichkeit verfügbarer He 111 H 16 und H 20 benötigt werden, und damit Einsatz im Hinblick auf Betriebsstofflage und geringe Erfolgsaussichten unwirtschaftlich wird.

e) Abwurf im Tiefflug in Zielnähe (im Bereich der lei. Flak) erforderlich, sodaß Bombenangriff bei gleichem Kräfteaufwand, Treffwahrscheinlichkeit und Verlustrisiko infolge größerer Bombenwirkung erfolgversprechender erscheint.

2.) Da in den derzeitigen Schwerpunkträumen keine Pontonbrücken vorhanden sind, kann es sich bei dem befohlenen Kugeltreibminen-Einsatz ohnehin zunächst nur um vorbereitende Maßnahmen handeln. Es wird jedoch vorgeschlagen, grundsätzlich von derartigem Einsatz abzusehen, da die bestenfalls mögliche Wirkung zu gering ist.

Verteiler:

O.Qu./Chefing.	1. Ausf.
Chef/I/KTB	2. "
Ia Flieg (E)	3. "

gez. v. G r e i m
Lfl.Kdo. 6, Führ.Abt. I,
Nr. 1713/45 g.Kdos.

2287

Anhang 7

Lfl.Kdo. 6,
Führ.Abt.I,
Nr. 1725/45 g.Kdos.

Abschrift von FS

2 Abschriftsausfertig
.Abschriftsausfertig

58

OKL Füst. Nr. 15326/45 g.Kdos. (T) Ia v. 1.3.1945.

SSD an Lfl.Kdo. 6

nachrichtl.: SSD Lfl.Kdo. 6
SSD Chef TLR.
SSD Gen. Qu. 6. Abt.

Ia Handakte

Geheime Kommandosache

Bezug: FS Lfl.Kdo. 6 Nr. 101/45 g.Kdos. v. 26.2.45.

Entwicklung "Wasserballon" unter Abstützung auf Bauelemente der Bombenfertigung erfolgt:

1.) Terminlage:

BM 1000 (200 kg Sprengstoff):

Erste Mustergeräte Mitte März, 3,5 m Tiefgang schließt Verwendung bei derzeitiger Lage aus. Daher FLAM C 500 (200 kg Sprengstoff): Entwicklungsbedarf 2 bis 3 Monate. Auslieferungstermin nicht vor 3 Monaten.
Außerdem: FLAM C 250 (50 kg Sprengstoff): In Entwicklung und Erprobung. Technisches Problem noch nicht voll gelöst. Auslieferungstermin Mitte April erscheint fraglich.

2.) Taktische Bindungen:

BM 1000: Abwurfhöhe 40 bis 300 m.
Abwurfgeschwindigkeit nicht über 550 km/h.
Mindestwassertiefe 3,8 m (Tiefgang 3,5 m).
Wirkungsbeginn mit Sonnenaufgang - Selbstzerlegung mit Einbruch der Dunkelheit.

FLAM C 500: Abwurfhöhe und -Geschwindigkeit und Wirkungsbeginn wie BM 1000. Mindestwassertiefe beim Treiben 2 m (ca. 1,75 m Tiefgang), am Objekt ca. 4 m (wirkungsbedingt, Wasserschlag).

FLAM C 250: Abwurf im Tiefflug. Abwurfgeschwindigkeit bis 400 km/h.
Wirkungsbeginn wie BM 1000. Keine Selbstzerlegung durch Zeitzünder möglich (Schutzmaßnahmen).
Alle Geräte beim Treiben an der Wasseroberfläche sichtbar (zünderbedingt). Vernichtung durch gezielten Schuß möglich.

Zusammenfassend könnten zur Verfügung gestellt werden:

Zur Zeit Kugeltreibmine 41.

Mitte April FLAM C 250 (bei störungsfreiem Entwicklungsablauf).

Anfang Juni FLAM C 500.

Zu diesen Zeitpunkten läßt Wasserstand der Flüße außer Rhein und ein Teil der Donau Einsatz kaum zu. Diese Lage bedingt Rückgriff auf vorhandene Mittel:

außer Kugeltreibmine - Bombe, FK gegen alle und Mistel gegen hochwertige Objekte. Kostspieliger Aufwand FK bietet sich auf Grund Betriebsstofflage und vorhandener Körper entsprechend höherer Treffwahrscheinlichkeit besonders an und wird in Kauf genommen. Auf Befehl des Herrn Reichsmarschall sind FK jedoch zunächst in erster Linie durch KG 200 gegen die Weichselbrücken einzusetzen.

OKL Füst. Nr. 15326/45 g.Kdos.(T) Ia gez.Christian,
Generalmajor

F. d. R.

Oberstlt.i.G.

2312

Kampfgeschwader 200
Ia Br.B.Nr.1713/45 gkdos

Gefechtsstand, den 1.3.1945.

59

5 Ausfertigungen
1 Ausfertigung

Ohne Anlage

Einsatzbefehl.

1.) **Lage.**
Eisenbahnbrücken Warschau, Deblin und Sandomierz für gesamten Nachschub sowjetischer Angriffsfront lebensnotwendig.
Eisenbahnbrücke Warschau:
Beschaffenheit, siehe Zielunterlagen.
Eisenbahnbrücke Deblin:
Unzureichend teilzerstörte Eisenkonstruktion, instandgesetzt, Länge 450 m, Breite 10 m.
Eisenbahnbrücke Sandomierz:
Kriegsbrücke Holzkonstruktion, Länge 480 m, Breite 2.50 m.
Nähere Einzelheiten siehe Zielunterlagen.
Flak- und Jagdabwehr gemäß Vororientierung.

2.) II./KG 200 bekämpft am 1.3.45 bei geeigneter Wetterlage diese 3 Brücken.

3.) **Kräfte.**
6 Mistel I, 8 Mistel III, 9 Zielfinder + 3 Reserveflugzeuge
1 Wetteraufklärer.

4.) **Bereitschaft:**
a) Bereitschaft für Mistel- und Zielfinderflugzeuge gemäß Vorbefehl so, daß Start ab 9.oo Uhr erfolgen kann.
b) einhalbstündige Bereitschaft für Wetteraufklärer ab 4.30 Uhr.

5.) **Durchführung:**
a) Auslösung des Einsatzes gemäß Wetteraufklärung durch KG 200 mit Stichwort "Dreck", Datum, Uhrzeit. Uhrzeit = Startzeit.
b) Hierzu Einsatz eines Wetteraufklärers mit Geschwadermeteorologe. Start 5.oo Uhr
Flugweg: Burg - Qu 15 Ost 9239 - 25 Ost 1378 - 25 Ost 1122 - 15 Ost 9239 - Burg.
Meldungen: Einhalbstündlich Streckenwetter, Zielwetter mit Wetterbeurteilung ob Angriffsdurchführung möglich, halbstündlich Streckenwetter vom Rückflug.

2309

Startfreigabe durch Geschwader.

c) Wettermindestbedingungen:

aa) Start: 3oo - 5oo m Wolkenuntergrenze, Sicht über 5 km.

bb) Frontüberflug: Wolkenuntergrenze 15oo m.

cc) Strecke: mindestens 5oo m Untergrenze, 8 - 10/10.

dd) Ziel: mindestens 1ooo m Untergrenze, 8 - 10/10, Sicht 10 km.

ee) Rücklandehäfen: Untergrenze 3oo m, Sicht 3 - 5 km.

d) Start:

Zielgruppenweise in Burg frühestens 09.oo Uhr.

Startreihenfolge: Angriffsgruppe Deblin (5 Mi III, 3 Zielfinder)
Angriffsgruppe Sandomierz (3 Mi III, 3 Zielf.)
Angriffsgruppe Warschau (6 Mi I, 3 Zielfinder)

e) Marschformation:

Alle 3 Angriffsgruppen geschlossen bis Abflug des Jagdschutzes.

f) Flugwege:

Alle 3 Zielgruppen gemeinsam: Burg - Jüterbog-Damm - Qu 15 Ost 9262. Von dort Angriffsgruppenweise direkt zu den einzelnen Zielen.

g) Aufnahme Jagdschutz gem. mündlicher Rücksprache Einsatzleiter II./KG 200 - Ia II.Fl.Korps (Armada - Biesenthal).

h) Flughöhe:

Auf Anflug: Untere Wolkengrenze, sodaß bei Jagdangriff in die Wolken gezogen werden kann

i) Fliegender Verbandsführer:

Oblt. Pilz, II./KG 200.

k) Zielmarkierung:

Durch Zielfinder mit Fühlunghalter-Leuchtzeichen.

l) Angriffszeit:

Entsprechend Startzeit.

m) Angriffshöhe (Absprengentfernung):

1000 Meter.

n) Rückmarsch:

aa) Zielfinder nach Burg

bb) 109 und 190 auf zugeteilte Rücklandehäfen. 2310

o) Rücklandehäfen:

Für Zielfinder: Burg

Für Bf 109 stehen zur Verfügung: Stolp-Reitz, Vietzker-Strand, Kolberg

Für FW 190 stehen zur Verfügung: Kamenz, Finsterwalde, Dresden-Klotzsche, Großenhain, Weidengut, Benneschau, Prossnitz, Costelitz, Olmütz-Süd.

6.) <u>Beladung:</u>
Sondermunition .

7.) Verhalten in besonderen Fällen: Gemäß mündlicher Anweisung an Einsatzleiter.

8.) <u>Wirkungsbilder:</u>
Durch Zielfinder (Handkameras und Robot)

9.) <u>Nachrichtenbefehl:</u>
Siehe Anlage.

10.) <u>Melde- und Berichtswesen:</u>
Wie bei Unternehmen Drachenhöhle.

11.) <u>Gefechtsstand KG 200:</u>
Fliegerhorst Standal

ges. Baumbach

Oberstltn. und Geschwaderkommodore

Verteiler: im Entwurf

Für die Richtigkeit

[signature]

Major

2211

177

Erfolgsmeldung
(Kampfverbände)

Tag: 8. 3. 45.
Stunde:
Melder:
Aufgenommen:

8.3.
1945

1. ~~Korps~~ Gef.-Verband Helbig
2. Verband: II./K.G.200
3. Zahl: 4 Mistel, 5 Ju 188,
4. Typ: 2 Ju 88
5. Startzeit: 09.00 – 09.22 Uhr
6. Ldg-Zeit:
7a. Angr.-Zeit: 10.00 – 10.12 Uhr
7b. „ -Höhe: Gleitangriff von 3000 auf 800 m.
8. Auftrag: Angriff auf Brücken bei Göritz.

9. Erfolg: 1 Mistel 10.06 Uhr auf südl. Brücke zu kurz abgekommen, wegen Treffer in Kurssteuerung.
1 Mistel Treffer hart neben nördl. Brücke (Mittelstück zerstört.)
1 Mistel auf südl. Brücke von West nach Ost, Treffer hart neben Brücke, Mittelstück zerstört.
2 Ju 88 4 Ju 188 Horizontalangriff auf Flakstellungen im Zielgebiet mit AB 500/SD 1. Flakstellung Westufer der Oder, 250 m westl. nördl. Brücke stellte Feuer ein.
Angriff aus 2700 – 3300 m.

10. Abgebrochen:
a) Zahl: 1 Mistel.
b) Ursache: Fehler in Absprenganlage 09.32 Uhr Absprengen bei Belzig.

11. Bomben (Zahl u. Art): 10 AB 500/SD 1, 22 AB 70/SD 1. 28 Mark L grün, 2 AB 500/B 3, 28 Zünder 55 b.

12. Abschüsse (Zahl u. Art): keine.

13. Verluste (Zahl u. Art, durch): 1 Ju 188 Totalverlust durch Flakvolltreffer. Absturz SW Fürstenwalde. Besatzung mit Fallschirm abgesprungen.

14. Abwehr:
Jagdabwehr keine.
Erdabwehr: Gutliegende Flak aller Kaliber.

15. Sonstiges: Südl. Brücke als zerstört erkannt. Schwimmende Brückentrümmer im Wasser. 10.05 Uhr Aufschlagbrand einer Mistel zwischen den Brücken am Westufer.

16. Wetter:

1815

Kraftstoffverbrauch: 22.200 B 4

KR Blitz-Fernschreiben! 30.3.1945 306

An Fl. Flg.Korps Lauterbach
Gen.Kdo. VIII. Flg.Korps, vorgesch.Gefechtsstand Schweidnitz,
Oberstlt. Möller
II./K.G. 200, Burg 3 Ausfertigungen
mit a.U. 4. Ausfertigung

- -

Betr.: Jagdschutz für Mistelangriff E-Brücke Steinau am 31.3.45.

1.) Gefechtsverband Helbig veranlaßt Vorausflug 1 Ju 88 S 3 oder Ju 188 so, daß dies Flugzeug 10 Minuten vor befohlener Aufnahmezeit des Jagdschutzes Flg.Horst Schweidnitz in 300 m Höhe in Linkskurve umfliegt. Dabei Schießen ESN und Fallschirmleuchtpatrone.
2.) Daraufhin sofortiger Start Begleitgruppe (6 Schwärme) und Anhängen an Ju 88 S 3 (Ju 188) und Abflug nach Versammlungsort Waldenburg. Dabei Steigen auf 2000 m.
3.) Über Waldenburg in Linkskurve warten, bis Eintreffen Mistelverband (6 Ju 88 mit daraufgesetzter Bf 109 und 3 Ju 188) in 2000 m. Bei Frühereintreffen Mistel warten diese in Linkskurve über Ort in gleicher Höhe.
4.) Übernahme Jagdschutz durch Jagdverband wird gemeldet durch Anflug 1. Mistelflugzeug von links unter Wackeln um Längsachse durch Jagdverbandsführer.
5.) Daraufhin geht Mistelverband mit 3 Schwärmen engem Begleitschutz und 3 Schwärmen weitem Begleitschutz auf Zielkurs.
6.) Voraussichtliche Versammlungszeit wird fernmündlich durch Gefechtsverband Helbig voraus gemeldet.

Verteiler:

Gefechtsverband Helbig	1.	Ausf.
Oberst Helbig	2.	"
Lfl.Kdo. 6:		
Chef / I / KTB	3.	"
Ia Flieg (E)	4.	"

Lfl.Kdo. 6, Der Chef d.Genst.
I.V.gez.Schmidt, Oberst i.Genst.
Führ.Abt. I, Nr. 2482/45 g.Kdos.
(Ia Flieg)
F. d. R.
[signature]
Oberstlt. i.Genst.

404

147

Luftflottenkommando 6
Führungsabteilung I

H.Qu., 4.4.1945.

Br.B.Nr. 2548/45 g.Kdos.

Ausfertigungen
Ausfertigung

15.4.

Anlagen: 5 Zielwirkungs- und
Vergleichsbilder

Gefechtsbericht 37, 3.

über Angriff Eisenbahnbrücke Steinau am ~~1. 4.~~ 1945.

1.) Gefechtsverband Helbig mit einsatzmässig unterstellter II./K.G.200 Angriff mit 6 "Huckepack" gegen Eisenbahnbrücke Steinau, 2 Ju 88 und 2 Ju 188 (als Lotsen- und Rückendeckung) mit Angriff gegen Brücke und zur Ablenkung auf Bhf. Steinau.

Begleitschutz 24 Bf 109 J.G.52.

2.) Start: 07.23 Uhr - 07.35 Uhr.

3.) Landung: 10.25 Uhr - 10.38 Uhr.

4.) Angriffszeit: 09.05 Uhr - 09.12 Uhr.

5.) Angriffshöhe: Gleitangriff von 2 500 auf 200 m (für "Huckepack"). Angriff in Höhen um 2 500 m (für Ju 88 und Ju 188).

6.) Erfolg:

a) 1 "Huckepack" 09.05 Uhr Angriff auf Mittelteil E-Brücke. Gutes Abkommen. Ausfall der Zielbeobachtung. Wirkung nicht beobachtet. Anschließend Me 109 Tiefangriff mit Bordwaffen auf erkannte Inf.-Stellungen.

b) 1 "Huckepack" Treffer hart neben Brücke im westl. Teil, Haltepunkt westl. Drittel.

c) 1 "Huckepack" Angriff normal, Treffer wahrscheinlich, jedoch ohne beobachtete Wirkung, Haltepunkt Mitte, gutes Abkommen.

d) 2 Ju 88 und 2 Ju 188 mit 8 SC 1000 Tri. und 30 SD 70 auf Brücke und Bahnhofsgelände. Einschläge am westl. Brückenkopf hart neben Brücke und Ostausgang des Bahnhofs beobachtet.

e) Nach LB: Starke Beschädigung der Brücke im Westteil durch "Huckepacktreffer", wahrscheinlich durch "Huckepack" Ziffer c).

7.) Abgebrochen: 3 "Huckepack".

Ursache: a) 1 "Huckepack" kurz nach Start 07.36 Uhr in 70 m Höhe, wegen Hydraulikschaden (Fahrwerk nicht eingefahren) unscharf abgesprengt. Aufschlag bei Genthin.

-2-

2287

b) 1 "Huckepack" Flugverlauf bis Jagdaufnahme Waldenburg normal, dann Motorausfall der Me 109, Versuch, wiederanzulassen, erfolglos, Daraufhin Rückflug Burg. Nach 80 Flugminuten Schütteln des linken Motors der Ju 88. "Huckepack" bei Prettin/Torgau abgesprengt. Scharf auf Acker O Prettin. Detonation beobachtet, vermutlich keine Schäden. Me 109 W Prettin notgelandet. Totalverlust, Flugzeugführer linken Unterschenkel gebrochen.

c) 1 "Huckepack" im Anflug Raum Lauban mit Kurs Ost abgesprengt (s.Ziff.14). Grund: Motor Me 109 stehengeblieben. Me 109 08.35 Uhr Görlitz Bauchlandung, 60% Bruch.

8.) Bombenmenge: 6 "Huckepack" (M 1).
8 SC 1 000 Tri.
30 SD 70.

9.) Verluste: 1 Me 109 Bruch 60%
1 Me 109 Bruch 99%.

10.) Abwehr: Wenig schwere Flak, schlechtliegend, mässige lei. Flak. Jäger nicht beobachtet.

11.) Sonstiges: Vernebelung der Brücke von 09.12 - 09.15 Uhr. Bahnhof voll belegt.

12.) Wetter: auf Anflugstrecke 6/10 in 2000 m. Schweidnitz bis über Ziel wolkenlos, Sicht 10 km.

13.) Kraftstoffverbrauch: 33 cbm einschl. Begleitschutz.

14.) Besondere Vorkommnisse:

08.45 Uhr leichter Flakbeschuß über Görlitz. Keine Schäden. Feuereröffnung lei. Flak-Artl. mit insges. 40 Schuß erfolgte trotz erkannter deutscher Hoheitsabzeichen nach Detonation eines abgesprengten "Huckepack" in diesem Raum in der Annahme, daß es sich um einen getarnten Feindverband handle.

15.) Erfahrungen:

a) Techn. Ausfälle liegen mit 50% sehr hoch. Obgleich es sich hierbei um alte Flugzeuge (M 1) handelte muß auch für künftigen Einsatz mit ähnlichen techn. Ausfällen gerechnet werden, da Störungen durch lange Stehzeit der Flugzeuge auch bei guter Wartung erfahrungsgemäß in einem unkontrollierbaren Umfang auftreten können. Die beabsichtigte größere Zielentfernung wird dabei durch bessere Flugzeuge ausgeglichen. Die Einsatzstärkebemessung mit 6 "Huckepack" für 1 Brückenziel muß deshalb - vorbehaltlich weiterer Erfahrungen - zunächst als Mindestkräftemaß für ausreichende Erfolgsaussicht angesehen werden.

-3-

2288

b) Jagdschutz muß bei Tageinsatz verhältnismässig stark bemessen werden, da aus fliegerischen Gründen ein "Verbandsflug" der "Huckepack" nicht erreichbar sein wird (aufgelockertes Fliegen auf Sicht). Jagdschutz vom "Huckepackverband" im vorliegenden Fall als gut bezeichnet. Jäger melden naturgemäß erhebliche Erschwerung des Schutzauftrages durch weite Flugzeugabstände. Zur Betriebsstoffersparnis und aus Sicherheitsgründen ist deshalb Einsatz ohne Jagdschutzerfordernis (Anmarsch bei gut sichtiger Nacht - Mondlicht - oder unter ausreichender Wolkendeckung in fdl. Abwehrschwerpunkten) anzustreben.

c) Zielwirkungsbild bestätigt gute Wirkungsmöglichkeit mit "Huckepack" gegen Eisenbahnbrücke trotz sehr geringer Zielausdehnung, die allerdings hohe Anforderungen an das Können der Besatzungen stellt.

Verteiler:

OKL Füst.Ia 1. Ausf. mit 7 Anlagen
Gef.Verband Helbig 2.-3. " " "
nachrichtlich:
Gen.Kdo.VIII.Flg.Korps 4. " " "
Flivo H.Gr.Mitte 5. " " "

Lfl.Kdo.6:
Chef/I/KTB 6. " " "
Ic 7. " " "
Ia Flieg.(E) 8. " " "

Für das Luftflottenkommando
Der Chef des Generalstabes

I.A.
[signature]
Oberstlt.i.G.

2289

Geheime Kommandosache!

281

KR - Fernschreiben! 17.4.45.

An
Gefechtsverband Helbig über Lw.Kdo.Nordost, Biesenthal
nachr.:
Lw.Kdo. Nordost, Biesenthal 3 Ausfertigungen
OKL, Füst. Ia, Robinson 1. Ausfertigung

- -

1.) Lfl.Kdo. 6 bittet um baldmöglichste Zerstörung der eingleisig wiederhergestellten E-Brücke Steinau durch "Huckepack"-Einsatz.
2.) Mitteilung des beabsichtigten Zeitpunktes der Durchführung sowie der Forderungen bzgl. Jagdschutzgestellung an Ia Flieg.
3.) Fernmündlich voraus.

Lfl.Kdo. 6, Der Chef d.Genst.
gez. K l e s s , Oberst i.G.
Führ.Abt. I, Nr.2860/45 g.Kdos.
(Ia Flieg)

Verteiler:

Chef / I / KTB	1. Ausf.
Ic	2. "
Ia Flieg (E)	3. "

3835

Ia/Flieg 17. 4. 1945

Generalstab d. Lw.
2. Abt.
Eing. 21.4.1945 II
1877 gKdos

V o r t r a g s n o t i z

Betr.: Fliegerführer 200.

1.) Stab Fl.Führer 200 und Stab K.G. 200 seit 6 Tagen in Verlegung, z.Zt. von Oschatz nach Holzkirchen.
Oberstlt. Baumbach seit 14 Tagen nicht aufzufinden.

2.) Unterstellte Verbände wie folgt eingesetzt:

a) I./K.G. 200 für Aufgaben RSHA.
Unterbringung: Stab u. 1./200 in Süddeutschland, [illegible]0 T[illegible]w, 3./200 Bug auf Rügen.

b) II./K.G. 200 Burg.
Klare Flugzeuge (Beleuchter der 5./K.G. 200) an I./K.G. [illegible]0 abgegeben. In Burg befindliche Mistel können nicht mehr weggestartet werden.
Personal der Gruppe zur Erdverteidigung Burg eingesetzt.

c) III./K.G. 200 (BT) Blankensee. Lfl. Reich einsatzmässig unterstellt.

d) Einsatzkommando 200 (FK) 9 He 111 und 1 Do 217 in Parchim.
Einsatzmässig Gefechtsverband Helbig unterstellt.

3.) Stab Fl.Führer 200 und Stab K.G. 200 haben z.Zt. keine Aufgaben.
Unterstellte Gruppen sämtlich durch andere Dienststellen eingesetzt.
Oberstlt. Baumbach hat als Bevollmächtigter für Brückenbekämpfung bisher nichts wesentliches für die Bekämpfung der Oder- und Elbebrücken beigetragen. Alles, was bisher geschehen ist, wurde durch Oberst Helbig veranlasst.
Alle zur Brückenbekämpfung eingesetzten Kräfte (Stab und

-2-

II./L.G. 1, K.G. (J) 30, Restteile II./K.G. 200, Einsatzkommando 200 (FK), II./K.G. 4, I./K.G. 66) unterstehen dem Gefechtsverband Helbig, der in jeder Hinsicht dem Lw.Kdo. Nordost unterstellt ist.

4.) Vorschlag:

a) Auflösung Stab Fl.Führer 200 und Stab K.G. 200. Durchführung Lw.Kdo. West, Personal zur Fallschirmarmee.

b) Auflösung II./K.G. 200.

Bei I./K.G. 66 befindliche Teile zu dieser Gruppe versetzen. Restliches Personal unter Anrechnung auf Heeresabgaben de örtlichen Abschnittskommandeur in Burg zur Verfügung stellen.

c) Auflösung Einsatzkommando 200 unter Angliederung an II./KG 4.

d) I./K.G. 200 einsatzmässig Ia Luft RSHA (wie bisher), truppendienstlich Stab u.1. Lw.Kdo.West, 2.u.3. Lfl.Kdo.Reich

e) III./K.G. 200 (BT) in jeder Hinsicht Lfl. Reich unterstellen.

f) Entsprechende Befehle durch Gen.Qu. 2.Abt.

Verteiler:
Chef Ia
Gen.Qu. 2.Abt.
Ia/Flieg.

243

Luftflottenkommando 6
Führungsabteilung I/Ic
Br.B.Nr.1136/45 g.Kdos.

O.U., 30.4.45.

~~3 Ausfertigungen~~
2.Ausfertigung.

Aktennotiz

Betr.: Flugauftrag Ju 29o, Hptm.Braun I./K.G.2oo
Hörsching - Barcelona.

Hauptmann Braun wurde als Flugzeugführer und Kommandant Ju 29o PJ + PS mündlich durch Major i.Genst.Bellmann in folgenden Auftrag eingewiesen:

Hauptmann Braun mit Besatzung:

Hptm.Braun	1.Flugzeugführer u.Kommandant
Ofw.Aufdemkamp	2."
Oblt. Hasold	Beobachter
Ofw. Throne	1.Funker
Uffz.Schlegel	2. "
Ofw. Burow	1.Mechaniker
" Mosblech	2. "
Uffz.Krippner	Bordschütze
" Schmidt	"
" Etzelsdorfer	"
" Titschkus	1.Wart

fliegt sobald als möglich bei nächst geeigneter Wetterlage eine von OB West bestimmte Personengruppe nach Barcelona.

Sofern nach Landung Rückflug nicht möglich und Internierung erfolgt, ist Hauptmann Braun beauftragt, sich beim deutschen Luftattaché in Madrid zu melden und diesem das Flugzeug im Überführungszustand zum Verkauf an die Spanier zur Verfügung zu stellen.

Hauptm.Braun wurde belehrt, daß die Besatzungsmitglieder weiterhin als Soldaten gelten und dahingehend den militärischen Gesetzen unterstellt bleiben. Auf strengste Verschwiegenheit in allen militärischen Angelegenheiten und insbesondere in Bezug dieses Sonderauftrages wurde Hptm.Braun hingewiesen.

I.A.
Bellmann
Major i.Genst.

Zur Kenntnis genommen und
Verpflichtung unterschrieben:
Braun
Hauptmann

Flug ist nach Rücksprache mit O.B. West Abt. i.G. ... ausgefallen. Bellmann 3/5.

Verteiler:
I./K.G.2oo Kdr. 1.Ausf.
Chef/I/KTB, Io(z.Akt Abwehr) 3.Ausf.
2.Ausf.

238

Führungsabteilung I/Ic 30.4.45.

Aktennotiz

Betr.: Einsatz Ju 290 nach Spanien.

Nach Rücksprache mit Oberstlt.i.G.Kienitz, Chef Ic i.V. wurde festgelegt, daß für Überbringung einer Delegation nach Spanien 1 aufgerüstete Ju 290 des K.G. 200 eingesetzt werden soll.

Von einem Umspritzen des Flugzeuges sowie irgend einer Tarnung ist abzusehen.

Besatzung fliegt in Uniform wie zum Feindflug.

Major i.G.

Verteiler:

I/KTB

Ic (zum Akt Abwehr)

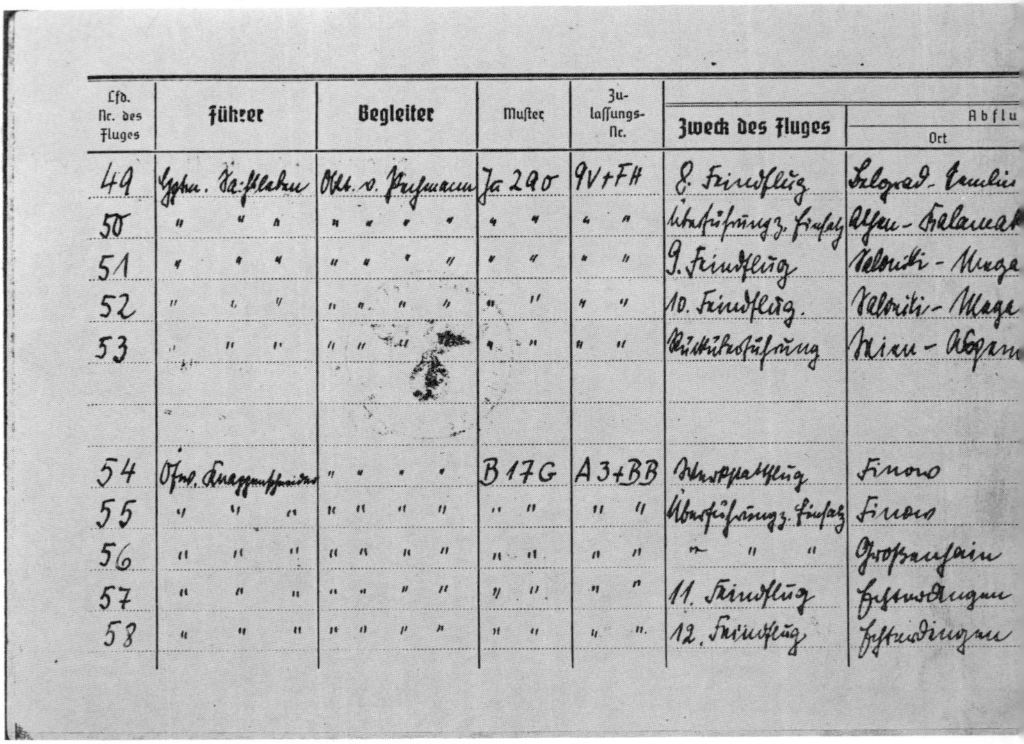

Lfd. Nr. des Fluges	Führer	Begleiter	Muster	Zulassungs-Nr.	Zweck des Fluges	Abflug Ort
49	[illegible]	Oblt. v. Pechmann	Ju 290	9V+FH	8. Feindflug	Belgrad-Semlin
50	" " "	" " " "	" "	" "	Überführung z. Einsatz	Athen-Kalamaki
51	" " "	" " " "	" "	" "	9. Feindflug	Saloniki-Megara
52	" " "	" " " "	" "	" "	10. Feindflug.	Saloniki-Megara
53	" " "	" " "	" "	" "	Rücküberführung	Wien-Aspern
54	Ofw. Knappenschneider	" " " "	B 17 G	A 3+BB	Werkstattflug	Finow
55	" " "	" " " "	" "	" "	Überführung z. Einsatz	Finow
56	" " "	" " " "	" "	" "	" " "	Großenhain
57	" " "	" " " "	" "	" "	11. Feindflug	Echterdingen
58	" " "	" " " "	" "	" "	12. Feindflug	Echterdingen

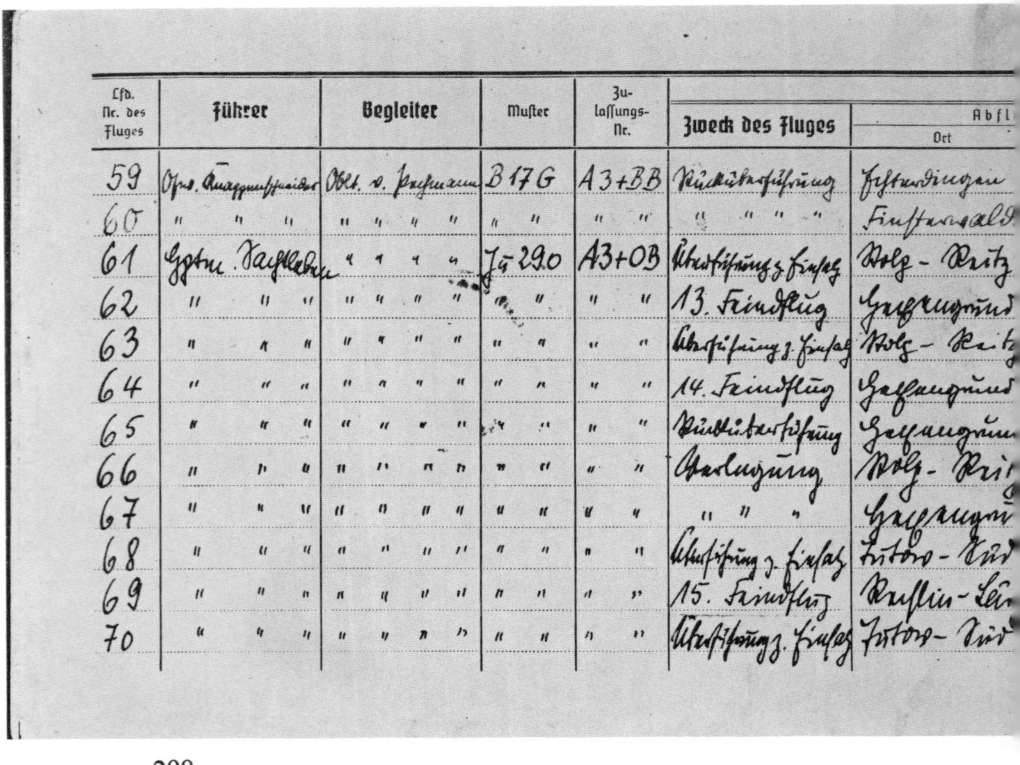

Lfd. Nr. des Fluges	Führer	Begleiter	Muster	Zulassungs-Nr.	Zweck des Fluges	Abflug Ort
59	Ofw. Knappenschneider	Oblt. v. Pechmann	B 17 G	A 3+BB	Rücküberführung	Echterdingen
60	" " "	" " " "	" "	" "	" " " "	Finsterwalde
61	[illegible]	" " " "	Ju 290	A3+OB	Überführung z. Einsatz	[illegible]
62	" " "	" " " "	" "	" "	13. Feindflug	[illegible]
63	" " "	" " " "	" "	" "	Überführung z. Einsatz	[illegible]
64	" " "	" " " "	" "	" "	14. Feindflug	[illegible]
65	" " "	" " " "	" "	" "	Rücküberführung	[illegible]
66	" " "	" " " "	" "	" "	Verlegung	[illegible]
67	" " "	" " " "	" "	" "	" " "	[illegible]
68	" " "	" " " "	" "	" "	Überführung z. Einsatz	[illegible]
69	" " "	" " " "	" "	" "	15. Feindflug	[illegible]
70	" " "	" " " "	" "	" "	Überführung z. Einsatz	[illegible]

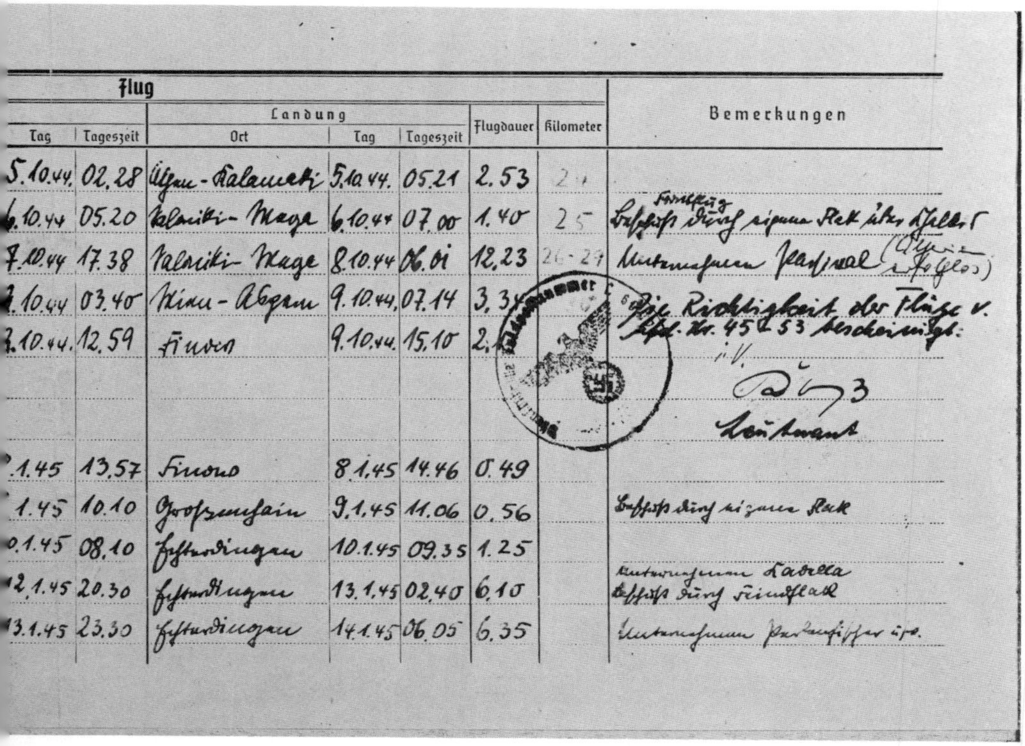

Flug: Tag	Tageszeit	Landung: Ort	Tag	Tageszeit	Flugdauer	Kilometer	Bemerkungen
5.10.44	02.28	Agram-Kalamaki	5.10.44	05.21	2.53	24	
…10.44	05.20	Kalamaki-Mage	6.10.44	07.00	1.40	25	Frontflug Beschuss durch eigene Flak über [illegible]
…10.44	17.38	Kalamaki-Mage	8.10.44	06.01	12.23	26-29	Unternehmen [illegible] (ohne Erfolg)
…10.44	03.40	Wien-Agram	9.10.44	07.14	3.34		Die Richtigkeit der Flüge v. lfd. Nr. 45–53 bescheinigt: i.V. [Unterschrift] Leutnant
…10.44	12.59	Finow	9.10.44	15.10	2.[illegible]		
…1.45	13.57	Finow	8.1.45	14.46	0.49		
…1.45	10.10	Großenhain	9.1.45	11.06	0.56		Beschuss durch eigene Flak
…1.45	08.10	Echterdingen	10.1.45	09.35	1.25		
…1.45	20.30	Echterdingen	13.1.45	02.40	6.10		Unternehmen Labella Beschuss durch Feindflak
…3.1.45	23.30	Echterdingen	14.1.45	06.05	6.35		Unternehmen [illegible] usw.

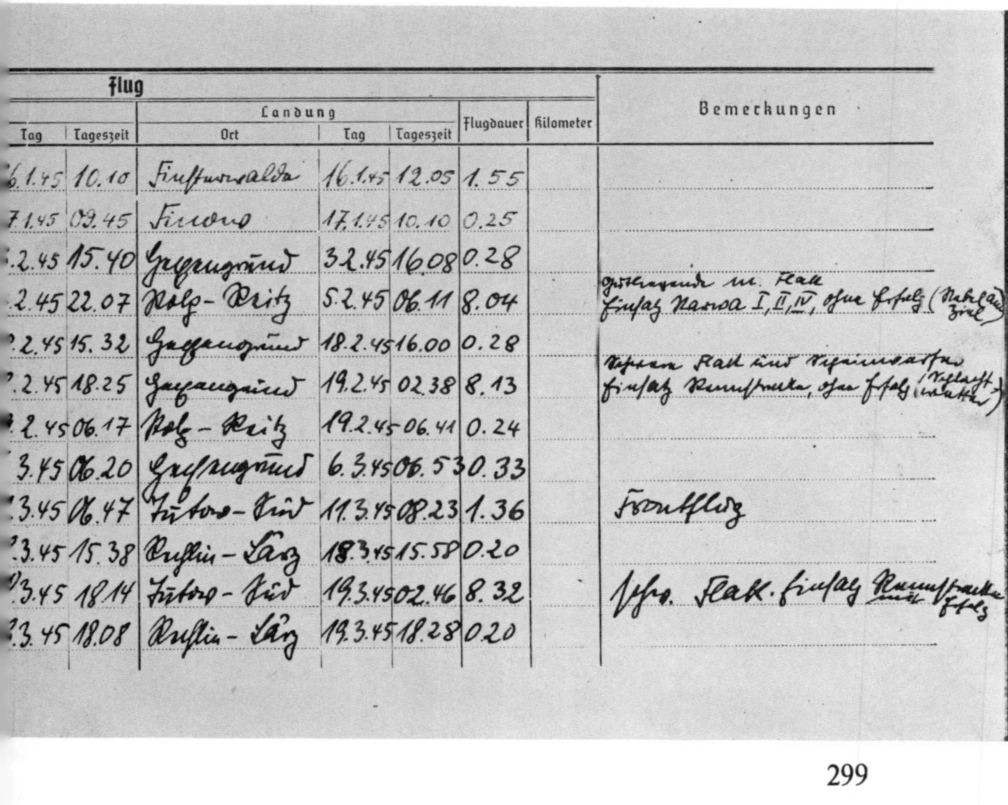

Flug: Tag	Tageszeit	Landung: Ort	Tag	Tageszeit	Flugdauer	Kilometer	Bemerkungen
…1.45	10.10	Fürstenwalde	16.1.45	12.05	1.55		
…1.45	09.45	Finow	17.1.45	10.10	0.25		
…2.45	15.40	[illegible]	3.2.45	16.08	0.28		
…2.45	22.07	[illegible]	5.2.45	06.11	8.04		[illegible] m. Flak Einsatz Narva I, II, IV, ohne Erfolg (Nebel am Ziel)
…2.45	15.32	[illegible]	18.2.45	16.00	0.28		
…2.45	18.25	[illegible]	19.2.45	02.38	8.13		Eigene Flak und [illegible] Einsatz Rennstrecke, ohne Erfolg (Vielleicht Wetter)
…2.45	06.17	[illegible]	19.2.45	06.41	0.24		
…3.45	06.20	[illegible]	6.3.45	06.53	0.33		
…3.45	06.47	Jüterbog-Süd	11.3.45	08.23	1.36		Frontflug
…3.45	15.38	Rechlin-Lärz	18.3.45	15.58	0.20		
…3.45	18.14	Jüterbog-Süd	19.3.45	02.46	8.32		schw. Flak. Einsatz Rennstrecke mit Erfolg
…3.45	18.08	Rechlin-Lärz	19.3.45	18.28	0.20		

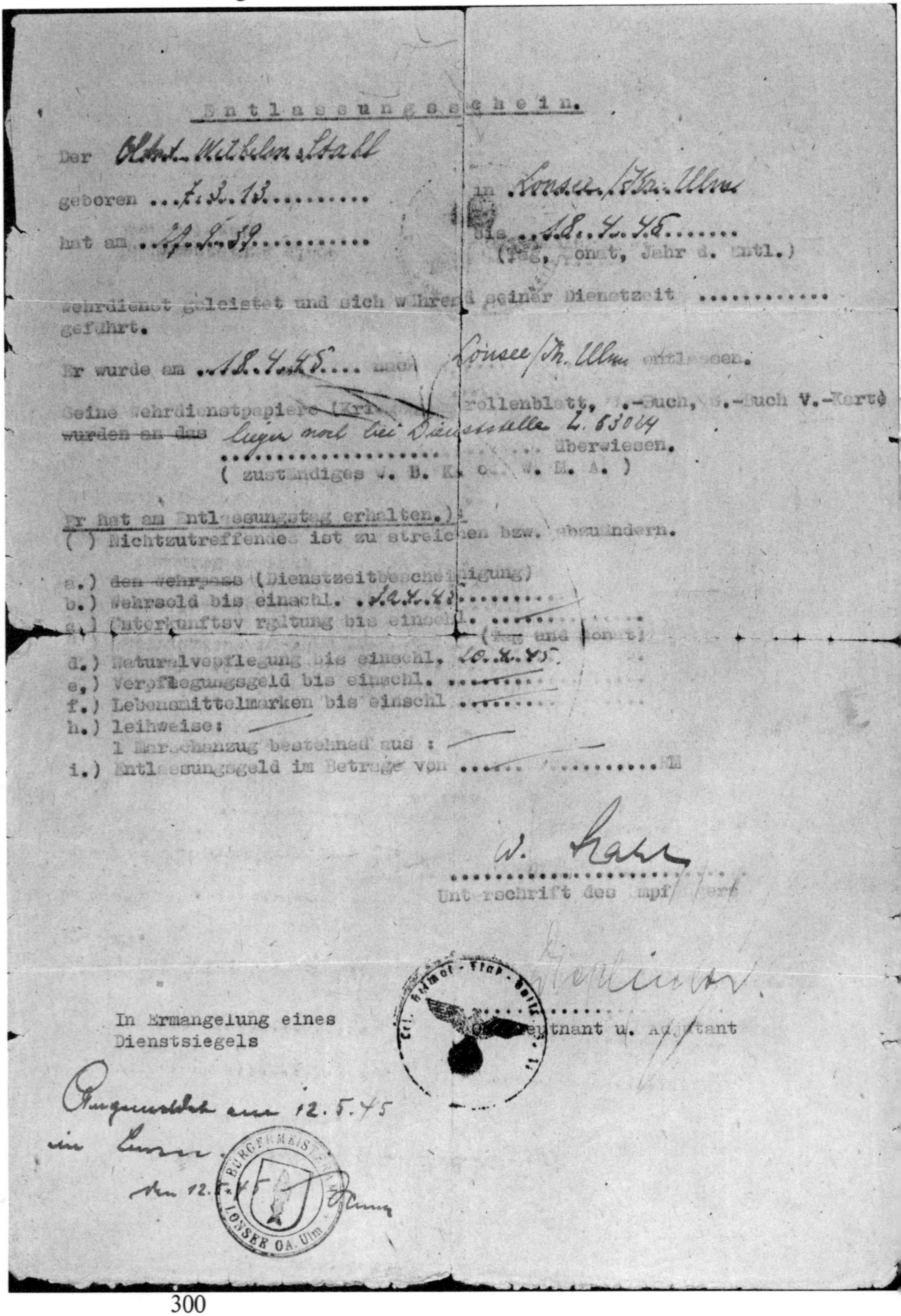

Entlassungsschein.

Der Oblt. Wilhelm Stahl

geboren 7.3.13 in Lonsee/Kr. Ulm

hat am 29.8.39 bis 18.4.45
(Tag, Monat, Jahr d. Entl.)

Wehrdienst geleistet und sich während seiner Dienstzeit .... geführt.

Er wurde am 18.4.45 nach Lonsee/Kr. Ulm entlassen.

~~Seine Wehrdienstpapiere (Kriegsstammrollenblatt, W.-Buch, S.-Buch V.-Karte~~
~~wurden an das~~ liegen noch bei Dienststelle L 63064
.... überwiesen.
(zuständiges W. B. K. od. W. M. A.)

Er hat am Entlassungstag erhalten.)
( ) Nichtzutreffendes ist zu streichen bzw. abzuändern.

a.) ~~den Wehrpass~~ (Dienstzeitbescheinigung)
b.) Wehrsold bis einschl. 12.4.45
c.) ~~Unterkunftsvergütung bis einschl.~~ .... (Tag und Monat)
d.) Naturalverpflegung bis einschl. 20.4.45
e.) Verpflegungsgeld bis einschl. ....
f.) Lebensmittelmarken bis einschl ....
h.) leihweise: —
I Marschanzug bestehend aus : —
i.) Entlassungsgeld im Betrage von ....RM

W. Stahl
....
Unterschrift des Empfängers

[Signature]
....
Oberleutnant u. Adjutant

In Ermangelung eines
Dienstsiegels

Angemeldet am 12.5.45
in Lonsee.

Den 12.5.45 [Signature]